誰說文言文很沒趣？

用文史放大鏡看高中必讀的15篇經典

陳嘉英 著

五南圖書出版公司 印行

推薦序

指月引光——古文閱讀的領航

《指月錄》有段話說道：「菩薩用手指向明月時，鈍根之人只見菩薩的手，利根之人卻能透過那手指看到了明月。」菩薩心有明月，能洞燭明月之美，因而指月示眾的用心與深情，昭然若揭。然而，受眾能否循著菩薩所指見著明月，親炙明月光澤，除了取決於根性利鈍之外，更取決於明師菩薩的善引。所謂善引，可能是開示方向；可能是直切核心；也可能是開方解病。

如果文學經典可被視爲一輪一輪的明月，那麼嘉英老師鐵定是那指月示人的明師菩薩。所謂經典，即是歷經時代、世代淘洗、淬鍊，且能持續對人們產生意義、引起普世同情共感的作品。本書所選一〇八課綱推薦的十五篇古文，算不算經典？見仁見智，但是，嘉英老師卻透過文本的解構與重構，創造出這些篇章形似經典的價值。因爲，從嘉英老師說解文本的架構及脈絡可見，她企圖指引讀者回望文本所從出的歷史——孕育文本的「古代場域」。今人的古代，實乃古人的當代。因此，「再現」文本根植的歷史、文化、社會、政治、經濟等左右文學創作的背景因素，更能測度文本內涵底蘊的深淺度。因爲，文學底蘊的深淺，攸關閱讀感染力的深淺與能否傳之久遠。

在引領讀者認識創作背景的同時，嘉英老師又帶領讀者進入文本可供「轉化」、適用於當代生活情境、符應當代世界、社會與個人的相關議題。例如〈燭之武退秦師〉講國際談判；〈大同與小康〉談禮法與正義；〈勸和論〉說共享與互利。其次，文本所挾帶的共通人性，亦穿越古代到現代的跟前來，例如想方設法爲自己開脫的〈諫逐客書〉；張設飯局、比權較力的〈鴻門宴〉。還有那古今人都受用的處世哲思，像聲明「此處不留爺自有留爺處」的〈虯髯客傳〉；遭逢困境、勇於自渡超克、以理化情的〈赤壁賦〉；還有那堅持「士爲知己者死」的孔明；以入世人締造出世桃源的陶淵明；以筆代罵的霸氣韓愈；標高自己審美品味的袁宏道；不甘閨閣凡庸的張李德和。這些「古人」的作品，經過嘉英老師的點撥爬梳，個個生命飽滿、形象立體。神奇的是，這些古人的身心憂患、情思理想，依稀彷彿都映現在你我的生命經驗裡。這類的同情共感，既古典又現代，這或也是文學之所以能夠越界、感染成千上萬世代的魅力所在。

有人說：「文學是一個個文字的特殊排列組合，人類透過文學來表達和解釋周遭世界。」嘉英老師在這本書裡，不僅精準地拆解文字、循章摘句地串講，又輔以旁徵博引的知識來建構一本通透文本、劍指文心的閱讀祕笈——既有閱讀經驗的深拓，又有閱讀策略的運用。讀者倘能依循嘉英老師張設的脈絡精讀、細讀古文，不僅能通盤理解文章其內容的多樣性與豐富性，更可以拓展自己的閱讀經驗，深化心智與感受力。在嘉英老師的指引下，這十五篇古文「儼然就是經典」。而身爲讀者的你我，更與嘉英老師共同參與了這創造經典價值的美好歷程。

閱讀嘉英老師的古文「示現」，就像是一場穿梭古今、追星摘月的華麗探險。一旦身歷其境，恍如天上人間，不知今夕何年。

嘉義女中　卓翠鑾

自序

誰說讀古文沒趣？那是你沒放在大座標下讀出味道來

《凝視古典美學》是我出版的第一本書，那時候從沒想過這一步之後，會在時間裡走出長長的一條路；更沒料到，從許多上岸的老師們口中得知這本書是通過教甄必備的祕笈。

這一切都始於柯慶明老師的古典美學課。每週從臺大季節容顏如畫更迭的感知裡，走向文學院典雅綠廊的跫音，就像穿越時空回到山中書院那樣帶著朝聖、懷著詩情。老師的性情亦儒亦俠，一篇篇古文在他或低眉慨嘆或高亢激昂的朗誦，或繾綣悠吟、悠閒暢然的詮解中，蔓生爲逸興遄飛的聲情哲思。

一篇篇古文是一場場啓蒙。屈原孤臣孽子的處境，導致自我生命的獨特性醒覺、對文明與社會本質的反省；秋夜潯陽江頭琵琶女與白居易的琵琶聲裡，傳遞的是相互救贖的肯定；柳宗元尋找自我的〈永州八記〉、水月無邊簫聲怨慕悲哀的〈赤壁賦〉、〈岳陽樓記〉中展現的仁者格局、亭臺樓閣另類的遊觀美學與生命省察……，這些嶄新而深邃的論述品題，既凸顯古文美感特質的「境界」，又同時跨越意識「境界」的視野。老師在課堂間涵泳千年，遊涉古今的示範，讓我們明白「古」、「今」並不是二元對立的高牆，而是接連無間斷的兩者，以共通議題的橫跨翱翔。

老師學養深厚的「士大夫」典範，和那些在文章裡活著的個人意識、理想情志，以及回歸現象本身、回歸作品與歷代的品評、探究文學本質的態度，深深影響我的國文教學，開啓這一路野人獻曝的獨樂眾樂之馳逐反省。

輾轉經年，老師遠去；國文課本選錄的古文從四十篇、三十篇，到十五篇，在全球化趨向同質共存跨領域的新課綱下，被視爲時代遺留下來的古文，在無法抗拒的潮流下漸漸萎縮消失。

想起馬奎斯在《百年孤寂》裡的一段敘述：「智者爺爺返鄉時，帶著三箱手稿，車站驗票員要把三箱手稿當貨物運送，智者爺爺用迦太基語痛斥他們一頓之後，驗票員終於答應讓三箱手稿跟他一起留在旅客車廂。這智者爺爺還說：『等到人類旅行搭頭等艙，文學卻得待在貨運車廂的那天來臨，這個世界就完蛋了。』」

這樣的控訴諷刺地擊中當下，而我們將如何挽此狂瀾？

原來，柯老師早已在《中國文學的美感》序裡告訴我們：人文學是以各自的語言、文化以及固有歷史爲根基，寫下讀經典的想法，召喚精神契合的友朋們攀談，慢慢欣賞「宮牆之美，百官之富」。是以，承當年在美學課上的感動，時移事異下的教學氛圍與期待，試圖從文學、史學整理詮釋十五篇古文豐富繽紛的內涵，期能藉這有限的古文，一方面還原作者精誠的才情、恢宏的氣度、觀照文學的深度與廣度；另一方面，透過整個社會時代，體認同時存在的文化制度、相互影響的思想性格，進而理解高度文化修養的敏銳心靈，對於時代社會之病癥的痛切反省，和自我擔負的使命感，於顛仆人世執著實踐的價值。

於是，年輕的學子將發現，十五篇古文其實不僅是十五位名垂千古的作家，而是那個朝代的DNA。置於歷史長河文明發展的視域時，那架構清晰、內容深邃的十五篇所碰撞的許多重要議題，是百年後當代的我們依然困在其中的現實。順著文史流動的河流，過去、現在、未來，同時存在，你也將在這些倒影裡與某個時候的自己相遇。

如果你是「顏控」，絕對會喜歡上細緻優雅、質感精煉的〈赤壁賦〉，憧憬與曹操橫槊賦詩，慷慨高唱〈短歌行〉，舉杯致敬照見英雄才子的無邊水月。

如果你是「學控」，暗夜讀〈項脊軒志〉時，或許會心生疑惑歸有光爲什麼一輩子都在考科舉？那麼你務必要走入富裕的明代，看看受辱的書生背景，就會明白他如何憑藉自我「圓滿實現」，確認人的本質和存在的意義。當你看見一個纏小腳的女人靠自己爭地位走入大歷史時，將恍然〈畫菊自序〉所透露的心志，是因爲有古典與現代教育所致、日治維新社會所支撐。

如果你是「史控」，絕對熟悉王子復仇VS國際談判定海神針，燭之武如何在天子無能、生靈塗炭的春秋，鼓巧舌之簧、四兩撥千金，把壞牌打成好牌；也深知一道逐客令，是因爲金牌推銷員think different的世界觀，而緊急煞車，完成收拾千瘡百孔的爛攤子，以大國思維的格局建立嶄新時代的開創之路。

如果你是「儒控」，怎能錯過自詡繼承道統的韓愈，罵老師、罵士大夫的內心小劇場背後，其憤青的焦慮源與定位點。同時，讀罷蒲松齡假〈勞山道士〉刺貪刺虐入骨三分，也要聽聽所處的康熙王朝，以擁抱科技、縱橫東西的前瞻視野所構築出的藝術文化。

如果你是「情控」，在感嘆〈鴻門宴〉劍拔弩張上場，卻以尿遁終結的兩個帝王；感傷諸葛亮在風雲詭譎的三國，鞠躬盡瘁卻落得臨表涕泣，爲充滿人格魅力虬髯客不得不出走而無奈惋惜時，千萬要轉向哲學、宗教，思索纏繞中國人的天命觀，或許會釋然時也、運也、命也的緊箍咒下，英雄傲然活出的風采。

如果你是「政控」，自然不能錯過在黑暗中仰望星斗的〈大同與小康〉、族群共榮的〈勸和論〉，也不可不研究〈鹿港乘桴記〉裡的民族意識和殖民者建設的思維。

如果你是「遊控」，必然很羨慕因爲失落所以尋找，結果發現上了頭條新聞的〈桃花源記〉；若覺得晝伏夜出袁宏道〈晚遊六橋待月記〉的另類遊趣很酷，不妨到有錢有閒就是要四處趴趴走的明代，你會驚訝的發現，那時候的旅行團，跨域遊覽已經很夯了。

閱讀是讀者主動追求意義的過程，畢竟只有當與「生活」產生關聯時，「思想」才能發生意義。十五篇古文究竟是陳舊的與時代脫節的死文學？還是古人饋贈的生命禮物、幫我們橫渡萬丈迷津與現代創新融合的經典？端看你是否能掌握核心概念，在大數據、大歷史中找到古今共通的頻率。

一個人的知識體系就是他認知世界的藍圖，期待這本書能帶領你在拆解古文的互動中顯現意義，爲未來埋下一顆彩蛋。

目錄

漢魏六朝篇

明清篇

臺灣篇

先秦篇

燭之武退秦師

諫逐客書

大同與小康

燭之武退秦師

（記敘）

文

王子復仇VS國際談判定海神針

把壞牌打成好牌的說帖

華盛頓美國國家檔案館入口處一座雕塑的白色基座上，鐫刻了威廉．莎士比亞筆下《暴風雨》中一句臺詞：「What is past is prologue.（凡是過去，皆爲序章）」這意味過往的一切都只是個開場的引子，過去所發生的事導致人們未來的行爲。

是以，在我們進入這場春秋末期秦晉聯兵攻鄭毀滅性的戰爭之前，有必要梳理在此之前的恩怨情仇，特別是策動這場出師的晉文公。話說還沒有發生秦晉之好、退避三舍這些好事，沒因痛失介之推而訂下寒食節、清明節的遺憾，沒登上春秋五霸之一之前，晉文公餐風露宿流浪了十九年。

那時候人們稱他爲重耳。他老爸晉獻公寵愛驪姬，驪姬的攻心計從後宮打到前宮，從害死太子到逼走重耳、夷吾。雖是庶出之子，卻也長在深宮富貴不愁的重耳，驟然間成了人人喊打的落難公子。他先是回到母親的娘家——狄，後是逃到衛餓得乞討，種田的莊稼漢鄙夷地丟來一團泥巴。重耳氣得想搧他一巴掌，幸好舅舅狐偃巧妙地解為百姓送來土地是好兆頭，重耳只好順著下臺階，苦笑著向齊國行去。

齊，畢竟是泱泱大國，身為霸主的桓公眼光精準而有遠謀，非但送重耳車馬、豪宅、僕役，還賜宗室之女與他為妻。重耳自此養尊處優樂不思蜀，即使桓公死後齊國陷於內亂，他依然安逸享樂，隨從只好把他灌醉，連夜抬出齊國。到了曹國，竟遇見曹共公偷看他洗澡的荒唐事，就這麼一路經歷宋贈送二十輛車馬的禮遇；在鄭國飽受不開城門，不讓進城的鄙視，和楚成王看準「廣而儉，文而有禮」的他將是復興晉的接班人的肯定。最後是秦穆公熱烈設宴款待，許配女兒，並援助回國繼位，這才終結漫長寄人籬下，居無定所的日子。

輾轉八個諸侯國的遭遇，讓大器晚成的重耳看盡人間冷暖，從紈袴公子蛻變為沉穩堅韌的晉文公；遍歷諸國的閱歷，讓他讀懂治國之道，立下復國強國的宏願和日後霸業的行動。

六十二歲回國登基的晉文公，首先修內政、強國防、發展經濟，鞏固硬實力。然後看準時機建立國際地位，一方面搶在秦國之先派兵平定周室內亂，接襄王復位，獲「尊王」之譽；另則藉城濮之戰大敗楚軍，得「攘夷」名，終於在周天子與四方諸侯見證下，繼齊桓公之後踐土為盟成為春秋第二位霸主。

晉文公雖在位僅九年，卻是春秋時期稱霸時間最長的霸主，為晉國的強盛延續一百五十年之久。

晉文公作爲霸主，肩負調停諸侯糾紛，當魯國侵略邾人、莒人時，他出面化解；楚軍圍宋時，他率兵攻曹、衛以解宋圍。對於十九年走過的國家，他秉持有恩報恩，有仇報仇的原則，既履行與楚戰，退避三舍的承諾，又鼎力救宋，至於待之無禮的鄭，自然也要討回公道，於是有了秦晉圍鄭的事件。

這到底是晉對背叛者的正義之戰？還是如《春秋經．魯僖公三十年》所記：「晉人秦人圍鄭」，是場大欺小的侵略戰？晉文公到底是睚眥必報，量小氣窄之人？還是歷經出奔、流亡、復國勵志成長的王子復仇，正義霸主？

被推向風口浪尖的燭之武是三朝老臣，一直擔任圉正（養馬官），當時已年過七十，鬚髮盡白，傴僂其身，步履蹣跚。他自己也沒料到竟因爲一場夜談，成爲「永遠的神」！在兩大強國夾殺下，鄭國不割地賠款，也無需費一兵一卒而化險爲夷，到底燭之武是怎麼靠嘴皮子化解槍桿子危機？

課文X光

燭之武退秦師

- **背景**：無禮於晉，且貳於楚。
- **開始**：晉秦圍鄭，鄭文公說服燭之武。
- **發展**：燭之武說服秦伯。
- **轉折**：秦退兵，使杞子等戍之。
- **結果**：晉以仁、知、勇之名退兵。

分析成功的原因

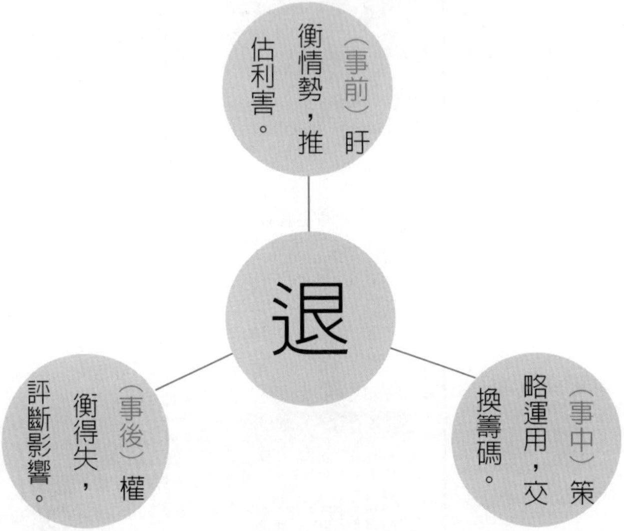

核心概念

秦晉聯兵發出的新聞稿：秦晉出師之名的正當性、合法性

> 晉侯、秦伯圍鄭，以其無禮於晉，且貳於楚也。晉軍函陵，秦軍氾南。

閱讀歷史就像通過照片看鏡頭所呈現的內容，讀到的是敘事者描述該事件的「其中一面」。敘事者把事件轉化爲故事，是在眾多的事件中「發現」關鍵，勾勒出故事。就像米開朗基羅所言：「大衛已經在大理石裡面，我只是要把多餘的部分鑿開」，是「發現」隱藏的石像，削除不相干的部分，顯露主體。

孔子據《魯史》的編年紀事，主要目的在「正名分，寓褒貶，別善惡」，寄寓「微言大義」。在孔子的眼裡，史是事例是大理石，他「發現」建立秩序的法則，將焦點聚集在銘志，因此一萬六千字記事簡略，以嚴謹文字行審判之實。如此隱藏於文字密碼間的主旨，直到魯君子左丘明發揮《左氏春秋》的十二經（魯閔公在位僅二年，與莊公合傳），才被證實不以空言立說。他爲吸引讀者成爲春秋粉絲，採取的書寫策略是少掉書袋說字詞形音，而是浮誇的加油添醋，旁及同時代各國之事，切入最亮眼的角度，詳細而精彩的報導記錄戰爭始末。

閱讀這篇文章的重點在看左丘明如何運用這樣的「發現」力斧，凸顯出大國崛起的領導人思考，和小國如何在夾縫中化險爲夷的智慧。

這段發生在西元前六三〇年的史事，《春秋經．魯僖公三十年》的記載是：「晉人、秦人圍鄭。」用

「人」，而不稱其爵位，可見孔子站在倫理綱常角度，以「一字之貶」批評晉文公出兵乃出於個人私欲，是不義之舉。

《左傳》：「晉侯、秦伯圍鄭。」不稱「公」，而記載其「侯、伯」的地位，可見有意保持中立客觀的敘述位置。先寫晉侯，後寫秦伯，不僅扣合身分地位，更是因爲這場戰役的發動者是晉文公。「圍」字，顯出大國聯兵進攻的氣勢，和鄭國危在旦夕的處境。

晉文公選擇稱霸主的時機，發動圍鄭的國際戰爭，必然要有合乎公理正義的具體理由，其建立的價值必然是道義，而非一人一國之利益。故這段的重點在由經濟、政治、軍事三方面盤算出師之代價與收益，探究秦晉圍鄭的合法性、正當性。

秦晉出師攻鄭的原因一是「以其無禮於晉」。此純屬晉文公個人私事，不過在政府發言人操作下，這樁晉鄭同姓卻在重耳窮厄時不以禮相待，更仗著祖先鄭桓公退戎狄護平王遷都，對周王室有功，夾天子以令諸侯，而拒開城門的公案，瞬間被擴大爲「違反倫理，罔顧道義」的不仁之舉。

另一個原因是關乎鞏固霸權的「且貳於楚也」。話說魯僖公二十八年四月，晉、楚爆發城濮之戰。鄭文公深怕遭秋後算帳，加之以鄭國無險可據，於是選擇助楚。豈料楚敗，周王室轉而扶持齊國和晉國，選錯邊站的鄭文公嚇得瑟瑟發抖，派人到晉國請罪求和。聲威震懾中原的晉國受周天子冊命，與四方諸侯踐土爲盟成爲盟主，但鄭文公參加踐土之盟後，卻又暗中與楚修好，還慫恿楚國出兵攻晉。

此舉公然挑戰以盟致信的共識，晉文公身負霸主維持天下綱紀秩序的重責大任，讓出師具有譴責背信，加強互信約束力，建立政治禮儀的權威性。

至於拉上秦國出師，無非是壯大聲勢抬高合法性，不過，從穆公以商鞅變法徹底換血的決心，和不願永遠屈居西陲，常想東進的野心，可見這次聯合圍鄭國，秦穆公看似陪從，實則想藉此次出師爲橋梁，進而爭霸中原。

秦晉出師駐紮的位置是：「晉軍函陵，秦軍氾南」，（一在今河南新鄭北，一在今河南中牟南），雖是包圍之狀，卻隱然透露各懷鬼胎，也埋下燭之武夜探秦營，破解聯軍的助因。

陳年老帳的吐槽大會：賠禮道歉外加戴高帽，成功買到超級名嘴之心

> 佚之狐言於鄭伯曰：「國危矣，若使燭之武見秦君，師必退。」公從之。辭曰：「臣之壯也，猶不如人；今老矣，無能爲也已。」公曰：「吾不能早用子，今急而求子，是寡人之過也。然鄭亡，子亦有不利焉！」許之，夜縋而出。

自鳴得意的鄭文公從沒料到他罔顧大臣叔詹勸戒，打心底瞧不起重耳的結果，會付出被兩大強國圍困的慘痛代價。

這段純屬鄭國內部協商，由佚之狐 vs 鄭伯/鄭伯 vs 燭之武，進行說服第一回合，重點在人物如何洞悉對方心理，拿捏改變立場影響意念的策略。

相較於馮夢龍的歷史小說《東周列國志》對燭之武的描述：「此人乃口懸河漢，舌搖山嶽之士，但其老不見用。主公若加其官爵，使之往說，不患秦公不聽矣。」《左傳》偏重於燭之武是解圍的絕對人選，而不強調高官厚祿以籠絡之策事關緊迫，筆法俐落而果決，佚之狐直截了當以「國危矣」一句話擊刺要害，做出對形勢的清醒判斷。繼而提出「若使燭之武見秦君，師必退」的解決之道，其中「必」字既凸顯對燭之武辯

才的信心，且強調這是唯一有效的做法。

不過鄭文公接下這球，並沒順利出手，反而碰了硬釘子。一輩子被冷藏的燭之武趁此發牢騷吐怨氣，酸溜溜地嗆聲道：「臣之壯也，猶不如人」，最後補上「今老矣，無能爲也已。」這推辭明裡說得有憑有據合情合理，暗裡罵鄭文公有眼無珠，如此能化國家危機的人才卻落得終身管馬，缺乏領導智慧用人眼光。

面對燭之武情緒指數爆表的反彈，心高氣傲的鄭文公立即使出低頭道歉以止血：「吾不能早用子，今急而求子，是寡人之過也。」但承認錯誤並無法彌補燭之武終身無用武之地的失落，也不能撫平多年被邊緣化的創傷，鄭文公深解知識分子一身傲骨，話鋒一轉推出略帶威脅的高強度警告：「然鄭亡，子亦有不利焉！」這話及時轉移沉溺於怨氣的小我，帶入脣亡齒寒解救蒼生的大我，可謂是說服燭之武的關鍵。

被賦予救亡圖存使命的燭之武，明白這是立功揚名，翻轉人生的時機，「許之，夜縋而出。」此既合於臣下之分寸且知所進退。而劍及履及的行動力，除呼應「國危矣」的現實情勢，證實佚之狐的推薦，也表現出燭之武果敢的個性與擔當。

夜縋前心中的小劇場：諜對諜的心理戰，四兩撥千金的成本效益

> 見秦伯，曰：「秦、晉圍鄭，鄭既知亡矣。若亡鄭而有益於君，敢以煩執事。」

《孫子兵法》說：「上兵伐謀，其次伐交，其次伐兵，其下攻城。」說明不打沒有準備的仗，有備而來的謀略，方能有取勝的希望。理形於言，敘理成論，身繫鄭國存亡的燭之武深知要能隨機應變，解決問題，必須先針對實際情況分析利弊，講究方法切合事宜。故在夜縋的剎那，他必然快速整理出秦穆公的人格特

質、與晉聯軍的動機目的、祕密協商的利益、秦晉長久以來的關係來往與恩怨情仇，沙盤推演出動搖對方的切入點。是以此段閱讀重點在燭之武遊說切點的選擇、說服邏輯策略與效益分析。

首先，燭之武選擇「見秦伯」，乃因晉侯是挑起戰爭主導者，立場強硬的鷹派難以撼動，況且出師的理由純屬晉、鄭兩國的恩怨，與秦國毫無瓜葛，在強烈的出師之名旗幟下，改弦易轍的可能性不如副手。其次，由眼前兵臨城下的事實，自知小國被大國包圍，勝算微乎其微；大國企圖明顯強烈，勢必滿足期待，方能躲過亡國危機。所以面對現實不狡辯也不躲閃，直接承認「鄭既知亡矣」，既推崇強國銳不可當的威力，也滲入亡國哀兵的情緒，表明深夜求訪不爲求饒，也非企圖維持鄭國僅存的尊嚴。如此甘冒可能被殺，卻動機不明的破題，成功引起秦穆公的好奇，燭之武因此接著故弄玄虛地說道：「若亡鄭而有益於君，敢以煩執事」，言下之意是「亡鄭而無益於秦」！此言一出，立即顛覆秦穆公出師前的盤算，也激起他內心的反彈，於是，一場表面上是燭之武踔厲風發的論析，暗裡是秦穆公重新審視這場出師的機會成本，以及隨之而調整的決策權衡空間。

而燭之武之所以成功，就在正式展開說服秦伯之前，考量鄭國脫險的主要目標卻祕而不宣，而是拉高秦的選擇機會的效益，滿足秦的需求，進而運用「稻草人論證」將秦晉關係扭曲爲得失利害對立，畫出一張有晉無秦的示意圖，目的在挑起嫌隙，使秦的矛頭轉移至晉。

燭之武的創新談判術：關注利益而非立場，捨客觀標準，見縫插針

> 越國以鄙遠，君知其難也，焉用亡鄭以陪鄰？鄰之厚，君之薄也。若舍鄭以爲東道主，行李之往來，共其乏困，君亦無所害。且君嘗爲晉君賜矣，許君焦、瑕，朝濟而夕設版焉，君之所知也。夫晉，何厭之有？既東封鄭，又欲肆其西封，若不闕秦，將焉取之？闕秦以利晉，惟君圖之。」

辨別理的「論」，重在用嚴密的分析判辨是非，藉由事例、數據、學科理論論證抽象的道理；使人悅服的「說」，偏向針對現實問題，透過不同立場的觀點對話，比較利害、衡量得失來說服對方。

燭之武的說詞可分爲五個層次：

一是在「越國以鄙遠」的客觀事實中，以「君知其難也」取得認同，破除秦穆公心防，再以同一陣線的關係滲透主觀評論：「焉用亡鄭以陪鄰？鄰之厚，君之薄也」，凸顯戰爭的最大受益者是晉而非秦，以及秦不過是晉的工具，如此狼狽的角色位置悄悄地阻礙秦穆公客觀認知，一步步陷入燭之武的謬誤邏輯。

二是提出預設雙方共通利益、擺平衝突的誘因：「若舍鄭以爲東道主，行李之往來，共其乏困」，最後補上「君亦無所害」，強調秦是此解決方案的最大獲益者。

三是重提歷史陰影，暗示殷鑑不遠，晉之不可信：「且君嘗爲晉君賜矣，許君焦、瑕，朝濟而夕設版焉，君之所知也。」

四是滑坡式的後設推理：「夫晉，何厭之有？既東封鄭，又欲肆其西封，若不闕秦，將焉取之？」將晉汙名化爲貪得無厭的豺狼虎豹，秦成爲坐以待斃的獵物，則秦聯軍攻鄭，有如借寇兵齎盜糧，反而有危及自己國家利益之虞。

五是把決定權交給秦穆公：「闕秦以利晉，惟君圖之。」

這篇被《文心雕龍》讚美爲說之善者的「燭武行而紓鄭」，掌握有利時勢的「時利」分析、持理正大「義貞」的事理論辯和柔性勸說的「動情」原則，而達到讓聽者欣然接納，「言資悅懌」的遊說目的。

關於「時利」的分析，一是鄭晉相連的地理位置，顯性事實的不利，和「越國以鄙遠，君知其難也」隱性事實的失。二是由越國鄙遠難以掌控的現實，推出「焉用亡鄭以陪鄰？」之反問，敲醒沉浸在以鄭爲東出跳板的秦穆公，看見就算此次晉履行諾言，難保日後併吞的可能，以致接受亡鄭對晉有利，對秦有害的推理，落入滑坡謬論所導向「鄰之厚，君之薄也」的威脅。三是洞察秦有意爭霸中原，故提出利益交換：「舍鄭以爲東道主，行李往來，共其乏困」，表達鄭可提供秦東出中原的協助。結尾「君亦無所害」之語，看似隨意，實則從根本上動搖秦伯聯盟的決心，暗批戰爭的最大受益者是晉，警示與晉滅鄭對秦有害。

至於「義貞」的分析，一是「朝濟而夕設版」的不義貞，企圖藉歷史挑撥離間、勾起夙怨，瓦解秦對與晉盟軍的信任感，擴張秦助晉滅鄭，晉文公也將重蹈食言之轍，秦拿不到任何好處的可能性，以導出秦不宜與晉聯手的結論。二是「晉，何厭之有」的譴責，和「既東封鄭，又欲肆其西封」誇大事實的不義貞。

然而晉文公行事之道不等同於晉惠公，當年秦穆公擁立夷吾爲晉惠公，其後晉惠公以先君之地不得擅許爲由拒絕割讓當初答應給秦的河東之地。黃河水患，晉向秦借糧，秦念及百姓而借之。豈料隔年秦遭災患，向晉借糧，晉惠公竟不借，遂啓韓原之戰。燭之武爲了使自己的論述合理，刻意忽視了關鍵事實，並以假設性推理危言聳聽離間分化，藉二分法的思考坐實晉是詭詐的狼，秦是待宰的羊。

可惜的是這些邏輯上的謬誤，全在燭之武八次稱「君」的呼喚下，催眠成「站在對方的角度」的說服技巧；因爲他對整個客觀情勢的掌握、主觀人性欲望和立場衝突的透達洞悉，而能在實實虛虛之間縱橫捭闔，劍起刀落收放自如。

秦穆公的老謀深算：機會成本報酬率，得了便宜還坐地加碼

> 秦伯說，與鄭人盟。使杞子、逢孫、楊孫戍之，乃還。

社會交換論創始人霍曼斯在《社會行爲：他的基本形式》一書中，提出每個人都想在交換中獲得最大利益，使交換本身成爲相對的得與失。是以，衡量各種選擇代價，評估代價與物質利益，以確定如何付出最少成本，得到最多利益是一種理性思考。

是以即使有「秦晉之好」的關係，但在國家利益之前，秦穆公考量的是如何創造最大化獲益。燭之武的說詞讓秦穆公正視晉的野心將是未來秦東出的阻力，一統天下的絆腳石，這讓秦穆公當機立斷與晉轉友爲敵。畢竟當他單方面與鄭國謀和，便已達到原本期待以鄭爲東進據點的目的，足以讓他有底氣承擔被諸侯辱罵背信忘義的罪名。更何況「使杞子、逢孫、楊孫戍之」這步假撤軍之名的棋子，表面上是幫鄭國守衛以對抗晉的攻擊，實際上藉此控制鄭的要塞和軍事，埋下兩年後以留鄭守將爲內應，不遠千里越晉襲鄭之舉。

而鄭，看似轉危爲安，其實不過躲得了一時，其代價是因此門戶大開，讓秦軍堂而皇之入駐。人們盛讚燭之武折衝尊俎「退秦師」，打破「弱國無外交」，殊不知反而縱容秦欲奪鄭的野心，埋下秦晉交鋒的惡果。

給自己一支槓桿：王子以智慧與風度撐起霸主的面子和格局

> 子犯請擊之。公曰：「不可。微夫人之力不及此。因人之力而敝之，不仁；失其所與，不知；以亂易整，不武。吾其還也。」亦去之。

晉文公的舅舅子犯是一路輔佐他回國、登上霸主之位的首席謀士。面對秦、晉盟軍瓦解、秦軍勢必造成晉軍威脅的情勢，一向睿智冷靜的子犯提出主戰。這並非因爲背叛而意氣用事，而是確信晉有實力對抗秦留下的守衛，並搶得機先一舉滅鄭。

所謂「立場決定觀點，觀點指導行動」。對晉而言，大張旗鼓討伐鄭所投注的時間心力和軍事行動，是已經付出且不可回收的「沉沒成本」，此時理性的決策者要考量的是仍可回收的過去成本或未來支出之「可變成本」，才能做出正確的判斷，有效率地運用心力與資產，得到預期的成效。

晉文公思考的是兩國聯軍之前，曾派兵至鄭打探，衡量得失，穩居最大的勝算方才出師；至於聯合秦軍，一方面壯大聲勢，避免攻鄭時秦國乘虛而入；二方面營造出攻鄭是國際事件，不是公報私仇，是維護倫理道義，而非強欺弱的攻占；三是與秦維持友好關係，有助於牽制貴族，鞏固政權。

作爲新任霸主，晉文公必須表現出超越的視野和高瞻的格局，因此他高舉「仁」、「智」、「武」的旗幟，把自己推向能爲大局著想，顧全道義的領袖。這份應變的智慧與盤算，或許是《論語．憲問》子曰：「晉文公譎而不正，齊桓公正而不譎」，稱其腦筋靈活善權變的原因。而《左傳》藉對話推進情節發展，以小見大審察因果，與敘事寫形，議論寫神的手法，不但顯現史料剪裁之簡潔有力，也由情節安排顯見史家敘事意旨。

由此看來，燭之武遊說的成功與否，不在於秦伯是否撤兵，而在於秦伯撤兵以後，晉侯是否「亦去之」。事實證明晉文公面對鄭國談判代表，提出了退兵的條件：立流亡晉國的公子蘭爲鄭國世子，同時他要鄭文公交出謀士叔詹。此不僅削弱鄭文公，也讓他不敢對晉無禮，且使公子蘭繼位爲鄭穆公，成爲晉的衛星國，可見晉才是名利雙收的大贏家。

《左傳・魯僖公三十年》，晉、秦圍鄭，這件事的後續是：

三十二年冬，晉文公卒，「柩有聲如牛」，卜偃藉此預言晉國即將有戰事且暗示戰爭勝負。

杞子握有鄭國北門的鑰匙當內應，秦穆公對偷襲鄭國之舉胸有成竹，〈蹇叔哭師〉，以「師勞力竭，遠主備之」分析這場遠征之不利，並預測「吾見師之出，而不見其入也」全軍覆沒的慘局，甚至在軍隊出發時，當秦穆公面前說出「必死是間，余收爾骨焉」，如咒語般的悼亡和送葬式的哭泣。

三十三年春，秦軍潛師襲鄭，夏四月，秦晉殽之戰，秦軍慘敗，匹馬隻輪無一還者。

試從解決問題、創新行動的「自主行動」、符號運用、溝通表達的「溝通互動」、人際關係、團隊合作、國際理解的「社會參與」，三者擇其一，拉長時間看這場以遊說化干戈的餘波震盪，評論晉文公、秦穆公、燭之武應變之道與結果影響。

天子無能，生靈塗炭

霸主說了算，打場戰再歃血爲盟

如果十年種樹，百年樹人，那麼一個民族的文化便是數千年的沉積岩，在漫長的時空下由一代又一代的人類紮根、開展、沉澱、凝固而成。

龜甲、牛骨上鐫刻的三千五百個文字，宣告脫離結繩記事、契木爲文，而開始以圖像保留中國上古文明，從此人類走過的足跡，建立的制度和累積的文化思想不再掩沒於時間中。遙遠的故事所豎立鮮明的地標，記錄我們如何脫離部落形成一統，如何發展出文化傳統和典章制度。但我們仔細探究這一條長長的發跡史、功德坊、文明冊，竟發現這些輝煌的文字都伴隨著兵連禍結的戰爭，斑斑血跡後的改變。

黃帝與蚩尤之戰大勝，成爲中原部落聯盟的共主，進入一統的群聚局面。爲此，黃帝建立分封管理的雛型，以各種發明將人們從茹毛飲血帶往生火做飯吃熟食的生活，不僅拉高存活率，還開啓日後各種食器的形塑、食物烹調的變化。養蠶繅絲製作衣服冠冕，則讓人們不再裸露染疾、寒凍致死。運用資源製作弓矢杵臼舟和文字、樂器，並透過觀星製作律曆、發明算數，從此時間不再模糊，人們得以順應節氣栽種糧食，不再居無定所游牧流浪。黃帝也因爲這種種功業，成爲五帝之首，被奉爲人文初祖，中國人由此自稱「炎黃子孫」。

三皇五帝的國家形態，是以築有城牆的大型聚落（「國」）爲國家的主體，連同城外的農莊（「野」）而構成的「城邦」。大小眾多的城邦延續原始社會以來的氏族組織，由其中最強大的共主主持聯盟，堯、舜的禪讓樹立「選賢與能」的政權轉移，深爲孔子讚美。

開九州，通九道的大禹治水，十二年來三過家門不入的全心投入，代表的不僅是人定勝天的意志，也是由水來土掩，到順水性的尊重自然觀，更是由禪讓的天下爲公，到世襲的私有社會。大禹推舉的皋陶不幸而死，再推發明鑿井的伯益，但禹死後，其子啓奪位，建立夏，結束氏族制度，開始家族私有的小康時代。

在夏、商、周分分合合更迭之中，政治勢力和民族版圖遍及整個黃河流域，生存的意志激勵百姓以木耜石鐮開墾黃土高原，將產於西南山區的銅鑄成工具，鑿水井開溝引水，種出黍稻麥釀成酒，發展出斧頭，戈、矛、鉞、刀、鏃等兵器，尊、壺、斝、爵、角、觚、觶、勺等複雜的酒器和鼎、鬲、甗、簋等烹炊器。這些紋飾動物圖案的器皿，不僅標誌進入青銅時代的科技，更象徵階級、經濟、工藝、生活品味和人口增加。

當時已有十進位的概念，展現於以貝爲貨幣，十貝爲一朋，十朋爲百的計算方式。依天象的曆法以天干記年，大月三十日、小月二十九日，另加閏月的陰曆（又稱農曆），一直到今天仍是農民耕作、節氣、民俗節日的根據。你一定沒想到他們把田獵娛樂當成軍事訓練，貴族男子穿右衽短衣短裙束帶、尖靴，婦女戴高冠玉飾，插象牙梳子簪，坐上一車駟馬，那光彩華麗的風姿不亞於走時裝秀，雕刻精緻的髮簪淨美典雅。

隨著人的社會越來越複雜，對於世界的認知越來越客觀，萬物有靈的信仰逐漸演變尊天地、敬祖先及自然崇拜的思想，而後與宗法結合，拓展為王權神授，臣民忠於王、盡心於職守的倫理觀。歷代君王的祭天祀地封禪五祀、民間各地供奉玄天上帝、凡事祈求於神明，和山邊水灣都可見土地公廟，家家戶戶歲時祭祖的習俗都源於商周所建立的宇宙觀、生命觀。

為鞏固王權，有效管理逐漸擴大的版圖，周朝開始的王室之子、親戚、功臣分封制度，訂萬乘之邦、千乘之國、百乘之家的限制。如武王封神農、皇帝、堯、舜、禹後代，和外戚、兄弟分布於天下。冊封儀式上，周天子封國土地、人民，並交付官署、儀仗、禮器、奴隸，授予設軍隊、監獄等政權；諸侯必須盡的義務是納貢賦、隨王室軍隊出征、參加重大祭祀。

周公輔佐成王，三年掃平東方亂事，建立封建，奠定天下太平，經濟繁榮，四夷供奉，四十年不用刑罰的成康之治。但隨著人口激增、環境改變，固定制度僵化，周天子大權旁落，缺乏制裁力量，諸侯停止進貢，衝突四起，以致戰爭紛擾，國與國之間政治、戰爭關係凌駕於人民生活之上。再加上生產量增加、銅錢盛行、私有財富累積、教育普及和平民周遊列國論辯天下，貴族與平民的界線逐漸消弭，而造成眾聲喧譁，思想交流活躍而哲學思想多元的春秋戰國時代。

西方人認為宗法制度的「家國天下」連結性強，形成「超穩定的社會結構體」，所以能歷經挑戰而不頹。但同時因為諸侯的分裂、夷狄的入侵，導致「一元與多元的並存」，乃有中國歷史特有的分合開闔，這也是中國比西方更早脫離神權，進入人本社會的關鍵。

是以，當我們把焦點放在燭之武的說服力道時，不妨拉開觀察的軸線至歷史的長河上，將會看見風起雲湧的時代中，恍如蝴蝶效應所捲起的系統性反應與思考，細查每個詭譎改變之前的問題、當時的解決策略與連帶產生的影響。

一、霸主的期待——這世界太亂了，人口暴增，資源分配不足

狄更斯小說《雙城記》開頭寫道：「那是最好的時代，那是最壞的時代；那是智慧的時代，那是愚蠢的時代；那是信任的時代，那是懷疑的時代；那是光明的季節，那是黑暗的季節；那是希望之春，那是絕望之冬；我們應有盡有，我們一無所有；我們直奔天堂，我們直奔地獄……」。

西周合，春秋戰國分；秦漢合，六朝分；隋唐合，五代十國分；宋以下則合……分分合合就這樣反覆在中國上演。就拿公元前七二二至四六八年的春秋時代來說，周天子管不了子子孫孫，只能眼睜睜的看著翅膀長硬的嫡子嫡孫自相殘殺。《左傳》記載的戰爭就有四百九十二次，平均每年都有二次以上的戰事，全都是大欺小，強吞弱，篡位弒君，爲的是消除異己、爭奪土地、壯大聲勢，可憐稻田變焦土，百姓流離失所飢寒交迫。原本因人口增加，土地有限，分配資源糧食不足的社會經濟如雪上加霜，是以民心期待有人能維持和平，使周室免於被傾蕩顚覆的危機；弱國爲求生存，則希望依靠強國結盟互助自保延續國祚。

在這股希望天下局勢安定及封建制度存續的民心嚮往下，於是產生具有實力和威望的強國擔當管理國際事務，用權力平衡的方式謀求和平的霸主，並以其維持「尊王」、「攘夷」，而得到周天子的認可，諸侯們的守盟。

二、霸主的產生——富國強兵，改革進化的佼佼者才能脫穎而出

春秋五霸齊桓公、宋襄公、晉文公、秦穆公、楚莊王相繼掌控政局，而其之所以能服眾人之心，得到國際聲望，並非全來自征戰，而是從內政改革，擴及外交智慧所建立的影響力。

基於內政穩固端賴縝密的制度，軍事實力建立在經濟實力。齊桓公善用管仲，削弱世卿的統治權力，形成了完整的中央政權，並訂下「禮治、法治」合一的德政原則，以得民心。經濟上，除實踐「以農爲本」、「鹽鐵專賣官山海」，並透過「平準價格，調通民利」，給予農民自由買賣糧食的權利及私田的合法性，並藉士、農、工、商分業而居，精進本業刺激競爭，讓齊躍升爲當時最富有的國家。而布署寓兵於政，「兵民合一」的軍事組織，人民平時耕種，農閒則練兵，讓全民隨時備戰，治武備的行動隱蔽不易被發現。

孔子讚美管仲「桓公九合諸侯，不以兵車，管仲之力也。如其仁！如其仁！」說的是他所提出的「尊王」，其外交策略是「尊天子以收買人心」、「挾天子以令諸侯」、「近則用實，遠則施號」，達到「相桓公，霸諸侯，一匡天下」的安定力量。此外，高舉「攘夷」口號，北擊山戎，南伐楚國，所鞏固中原疆域與文化的成就，讓桓公受到周天子賞賜，成爲中原霸主，孔子稱道：「微管仲，吾其被髮左衽矣。」

這是霸主，展現新的管理思維，新的政治格局視野；這是霸國，以豐厚的經濟、軍事爲基礎，以民爲本的德治、尊卑有序的倫理道德、推己及人的仁心。

相較之下，春秋後期的霸主秦穆公，同樣因爲商鞅變法而奠定內政嚴明體系、繁榮經濟。不過在外交上步步爲營的行動力更傾向政治利益，擴張版圖爲霸國的企圖心更明目張膽，以致掀起一連串的野心爭霸戰。如扶持晉文公，以實現秦晉聯盟，爲聲勢鋪路；秦晉圍鄭，老謀深算的他一聽燭之武的不利之說，立即先下手「與鄭人盟」，並加碼「使杞子、逢孫、楊孫戍之」。晉文公死後，聯盟瓦解，轉而圍秦晉對抗。秦穆公與手持鄭國城門鑰匙的杞子，準備裡應外合一舉拿下鄭國。蹇叔以「勞師以襲遠」、「鄭必知之」、「且行千里，其誰不知」三個理由預言此次出征將全軍覆沒而哭師，但秦穆公堅決出兵，結果晉敗秦師於殽。秦伯素服謝罪，從此不再東出，而致力於西方發展，對內提拔人才，對外積極開闢疆土，「兼國十二，開地千里」，得周襄王任命爲西方諸侯之伯，稱霸西戎。

三、霸的責任──我說了算，禮義征伐由「自天子出」變為「自諸侯出」

霸是伯的假借，即諸侯之長。作爲諸侯之長的霸主，如同聯合國理事長致力於建立秩序、保障小國安全，實現持久穩定的和平，因此，這份榮耀的背後不是霸權，而是遵守道德原則，維護政治文化體系的責任和主持正義的使命。

爲彰顯象徵這份天子授權的社會身分轉變，和確立霸主地位，前有齊桓公之「葵丘之盟」，後有晉文公之「踐土之盟」。以後者爲例，西元前六三二年城濮之戰打敗楚國後，晉文公大會諸侯於踐土（今河南省境內），參加會盟的有晉、魯、齊、宋、蔡、鄭等國。晉文公遵照周禮，獻戰俘和戰利品，有步兵一千名、披甲戰車一百乘、兵器盔甲數十車。

周襄王設享禮用甜酒招待文公，並賞賜祭祀用的大輅車禮服禮品、作戰用的戎輅車、弓箭、香酒、玉器、「虎賁」勇士三百。〈晉文侯令〉曰：「敬服王命，以綏四國，糾逖王慝」，乃賜命晉文公恭敬地服從天子的命令，以安撫四方諸侯，並懲治不忠於王室的邪惡之人。晉文公辭謝三次，才再拜叩頭接受天子賜命及饋贈。諸侯們則用牲血含在口中或塗在脣上，表示遵守會盟之約，誠信不渝。

王權以道義爲基礎，「尊王」爲號召，代表天子維持封建宗法制度。當天下無道，周天子權力轉移至諸侯時，會盟的目的在重建「信」，彼此藉此強化關係約束行爲。霸權以信譽爲基石，其核心於以德服人的軟實力，晉文公遵守伐原三日不下則退兵的承諾，以一言九鼎的「誠信」樹立國家形象，故《左傳》讚美：「是盟也信，謂晉於是役也，能以德攻」。是以他與同盟諸侯約定救濟災荒不囤積糧食，不壟斷利益；輔助王室，維護社會公理不包庇罪人，否則將以滅國處之。

霸者主宰政局的條件是強大的經濟與軍事實力、國際關係和運作健全的內政。盟主本身德行及外交手腕，常是牽動霸權是否長久的重要關鍵，除卻擔負起秉持尊王的信仰會諸侯、朝天子維持封建禮制的責任，另透過禁抑篡弒、濟弱扶傾制裁兼併，以及攘夷來安定諸夏。如齊桓公率兵擊退戎族、狄族，率齊、魯、宋等八國之師破蔡伐楚，阻止楚軍北進。晉文公聯合齊、秦救被楚圍困的宋國；打敗了王子帶，護送周襄王回京城。

基於霸主超越國家的權威地位，同時兼具霸國強大的象徵，對於時局具有絕對的影響力，因此形成春秋盟會制度、尙戰思想、國際外交爭取認同的政治特色。

至春秋中期，名義上雖以周天子共主，其實天下局勢為晉、楚兩大集團主導，以戰爭為解決方式之一，致使兩國八十八年戰爭不休。

四、沒有霸主之後——窮兵黷武的戰國，計謀競出的策士，百家爭鳴的學術

及至戰國時代，不僅天子地位跌落谷底，宗室所建的同姓國也幾乎被消滅殆盡，卿大夫乃至士專權擅政，如韓、趙、魏、齊等四國之君都是卿大夫篡奪諸侯而執掌政權。

原本尙可「挾天子以令諸侯」的霸主，面對不斷兼併而形成勢均力敵的大國完全無影響力，春秋時封建秩序徹底崩潰。「戰國七雄」相互混戰，其激烈程度、頻繁次數、死亡人數、時間長度越來越盛，就如《孟子》所言：「爭城以戰，殺人盈城。爭野以戰，殺人盈野」。

稱霸權力擴張的進行式在未一統天下前，日夜如火如荼的燃燒。為了加強競爭力，諸國都以各種策略變

法改革，以達到「富國強兵」的首要目標。原本握有政權的貴族世襲制逐漸被廢除，「學在官府」的局面也被打破，貴族流落民間以講學爲生，造成教育普及，文化下移。在社會結構改變，知識經濟、諸侯爲爭霸開啓人才資源戰的浪潮下，激盪出出奇謀排難解紛的策士；平民階層興起的開放自由，布衣可致卿相的階級流動，促使顛覆傳統以救時弊興國力的觀點，工商經濟繁榮帶動交通，也利於學術傳播和交流。如齊的稷下學宮匯集九流十家論辯講學，碰撞出交融、綜合的新理論新學派。

除卻道家就本質上「不爭，天下不能與之爭」、儒家「擴充四端」推己及人的道德勸說，在具體作法上荀子分析爭亂始於人性之惡，提出禮法之教以「化性起僞」。法家認爲國家亂源在於國君「勢之旁落」，韓非子從國君的角度出發，主張君主專制中央集權，運用「術」，穩固「勢」。此與馬基維利《君王論》強調要使自己的做法符合時代的特性，「如有必要，君王是應該使用不道德的手段去實現目標（例如榮譽和生存）」不謀而合，也將至善的道德轉向生存的政治目標，由諸侯霸主到統一天下爲帝王的國際趨勢。

一分鐘透視春秋戰國

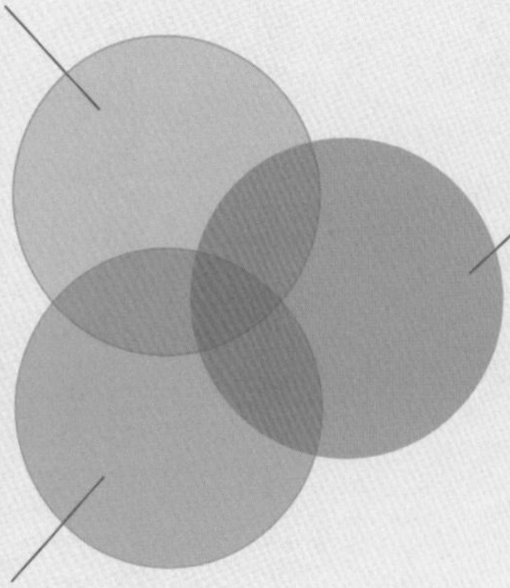
霸主尊王攘夷，維持秩序。
諸侯爭伐，民不聊生。
宗法崩壞，百家爭鳴。

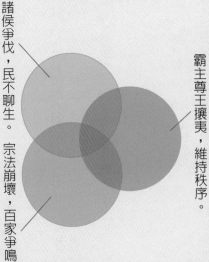

從古至今，大國勢力結盟組織的行動、小國在夾縫間選邊站與權衡利弊的智慧，無一不是政治立場、利益版圖角力的謀略。

以目前世界三大經濟體中國、美國、歐盟和東盟而言，俄羅斯入侵烏克蘭，中國以政策溝通、設施聯通、貿易暢通、資金融通、民心相通倡議「一帶一路」，企圖締造貫通東亞、中亞、東南亞、南亞、西亞及至歐洲部分區域的經濟大走廊；美國想收割東南亞、東盟國家，因為它們年輕，勞動人口紅利高，市場潛力大。

這些極度膨脹的大國，會是主持公道的和平使者，還是貪得無厭的惡魔？小國能依靠其庇護而發展壯大，還是苟延殘喘直至被吞噬？當代攻勢現實主義大師、國際關係學者 John Mearsheimer認為，國際社會中的大國不會是現狀的維護者，他們時時刻刻都在謀畫如何增加自己的權力和削弱對手的權力，以改變自已國家的安全處境，而大國攫取權力的手段包括訛詐、誘捕、坐視血腥屠殺以及戰爭。

在這樣的國際情勢下，新加坡主打亞太經濟中心與刺蝟外交，瑞士及北歐國家採取中立，同是小國的臺灣生存與發展何去何從？我們如何面對軍事威脅、政治支配、經濟依賴、或是文化吸納等外來的威脅？

請以「臺灣走向全世界」為題，就多元創新人才、專業技術服務、文化感召、社會經濟秩序等軟實力，提出具體的做法與思考。

諫逐客書

（應用議論）

繼往開來的最後一里路

金牌推銷員think different的世界觀

你以為千軍萬馬氣吞山河才是英雄，權柄在手鞭笞天下才帥才酷，那是因為你沒見識到一支筆的力量推倒骨牌，造成震天撼地的赫赫聲響。

如果李斯沒寫〈諫逐客書〉，或者這篇文章寫壞了，秦王趕走所有非秦國的人，歷史可能改寫。其結果將是秦國不會統一六國，戰國繼續分裂，百姓陷於暗無天日的死亡。

但這超級說服嘴尚未颯颯生風之前，不過是在家鄉楚國上蔡的小文書官。有天他由廁所邊的老鼠見人來便嚇得瑟瑟發抖，四處躲藏，看清「自託於無為，悲莫甚於窮困」的處境。反觀糧倉裡的大老鼠高枕無憂，見了人來恍若無睹，不禁感嘆：「人之賢不肖譬如鼠矣，在所自處耳！」李斯當下頓悟人靠大樹好乘涼，找個靠山才能抬高身價，要攀附千里馬的尾巴才能有知名度的道理，遂跟荀卿學習帝王治理天下之術，一心想成為王者師，居萬人之上。

學成之後，左瞧六國皆弱，右看讓屈原投江自殺也喚不醒的楚王難成大業，反觀秦王欲吞天下稱帝而治，正是布衣馳騖的好時機，遊說帝王藍圖的最佳人選。在縝密思索出人頭地的內在動機，和對外在環境全盤分析之後，三十歲的李斯隻身來到秦國。

深知要展翅高飛就得先蹲馬步，要躋身秦國就需抓住當朝核心人物的他，先在呂不韋家當做雜事之舍人，果眞得其賞識引薦至秦王身邊當郎官。時機成熟，趁機向嬴政進言秦孝公至莊襄王拓疆闢土建立聲威，此時應順勢完成統一的布局，並發出「今怠而不就，諸侯復強，相聚約從，雖有黃帝之賢，不能並也」的強烈警告。

李斯以宏觀天下的眼光，取得秦王充分信任之後，搬出金銀珠寶請獵頭公司全方位招募人才的企畫案，透過「諸侯名士可下以財者，厚遺結之；不肯者，利劍刺之」，暗地到各諸侯國挖角。同時施以離其君臣之計，製造各國內部矛盾，秦王再使其良將隨其後，加速統一步伐的進程。經過這一連串操作，李斯順利通過秦王的考核，正式以客卿的頭銜參與決策。

這些時代的創新概念具宏觀前瞻的帝王之學，成功挑起原本只想承繼昭王基業的秦王強烈的企圖心，李斯被任爲中央級官的長吏，而後升上司法最高官的廷尉。西元前二一三年，登上丞相，成功從社畜翻身爲金牌頂梁柱。

秦王朝的開國及典章制度，與李斯有密切的關係。秦始皇被後世稱道的施政，不乏李斯參與秦帝國永續生存治國大業之所爲，譬如明法度，定律令，同文書定天下標準。而被千秋唾棄咒罵的政令，也跟他脫不了干係，譬如爲「別白黑而定一尊」，廢私人講學、禁文學詩書百家語的愚民化思想改造。

然而無論是廁鼠、倉鼠，終究是因戀棧權力的寸光鼠目，當登龍有術的李斯同意趙高合謀僞造文書時，已經注定「飛鳥盡良弓藏，狡兔死走狗烹」的下場。果真在完成毀遺詔、以戍邊無功和誹謗不孝的罪名，矯詔賜劍扶蘇自裁，改立胡亥之後，李斯被腰斬。臨行前這位曾受青睞的當紅炸子雞，懊悔地跟兒子說：「吾欲與若復牽黃犬俱出上蔡東門逐狡兔，豈可得乎！」父子相哭，三族夷滅。

回頭看這篇李斯扭轉乾坤的上書，韓國水利工程師鄭國蓄意藉此讓秦國把經費與人力放在國內，無暇布署東征的陰謀證據確鑿，「逐客」之令箭在弦上不可變，王室宗親的主張勢力強勁不可犯，何況是法家之令下如山，要想推翻無疑是挾泰山之超北海，何其難矣。李斯卻以「諫」爲目的、表明「諫逐客」的立場態度；藉「書」所涉及講求實用，注重效果的公文性質，完成這不可能的任務。上書之前，李斯難道不怕惹怒秦王室，被碎屍萬段嗎？

據《史記．李斯傳》記述，秦王對李斯所提出的「滅諸侯，成帝業」之計和未來藍圖頗爲讚賞，充分授權其動用國家資產，展開外交攻戰，李斯正式納入政圈核心小組。是以秦王下逐客令之前，二人之間已具相當的信任基礎，所以李斯上諫逐客之奏沒被退貨。畢竟在秦王心目中，李斯不僅是志同道合的協力者，更是運籌帷幄決勝千里的指導者。於李斯而言，助秦王統一六國，是讓自己如穀倉裡的碩鼠無所畏懼，更是實踐自己的帝王之術的舞臺。也因此，象徵秦皇帝權柄的傳國玉璽和氏璧上的刻字，乃出於李斯之言：「受命於天，既壽永昌」。

但即使有這樣的關係，面對這突如其來的非自願離職令，李斯如何爲自己扳回一局？李斯帝王之術所展現的視野，打造出什麼樣的王者格局和通往帝國之路？他究竟撥動秦王心裡的哪根弦，致使秦王除逐客之令，用其計謀，進而成爲大秦帝國決定性人物？

課文X光

- 諫逐客書
  - 逐客之非
  - 客卿之功
    - 藉寇兵而齎盜糧。
      - 內自虛而外樹怨於諸侯，國危也。
    - 非帝王之德，非無敵之行。
      - 三皇五帝兼容並蓄
      - 所輕在人民，所重在色玉、珠玉。
    - 安內攘外，拓疆闢土。
      - 秦有強大之名、富利之實。

深層思考：核心概念圖

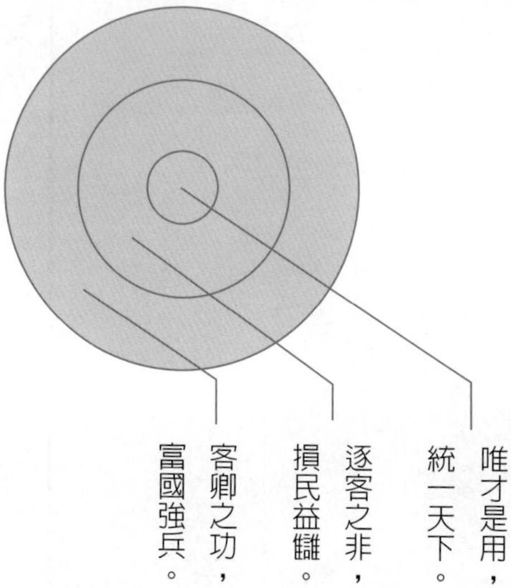
唯才是用，統一天下。
逐客之非，損民益讎。
客卿之功，富國強兵。

主題概念

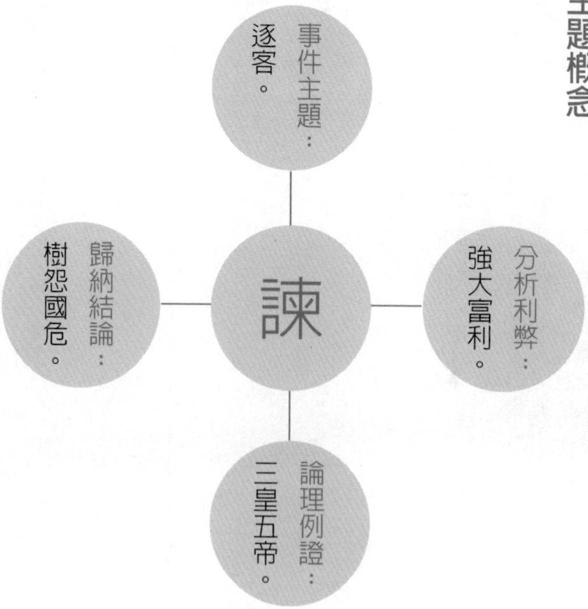
諫
事件主題：逐客。
分析利弊：強大富利。
論理例證：三皇五帝。
歸納結論：樹怨國危。

金牌的腦迴路：李斯諫逐客書vs宗室奏議，何以能勝出？

臣聞吏議逐客，竊以爲過矣。

秦王政十年（公元前二三七年）「鄭國渠」事件發生後，宗室以觸及國安危機，上奏請逐客。《史記・李斯列傳》記載秦宗室大臣皆言秦王曰：「諸侯人來事秦者，大抵爲其主游閒於秦耳，請一切逐客。李斯亦在逐中。」

李斯雖貴爲客卿也難逃這無排賢條款，何況這是本土宗室大臣與外來客卿的對決，是貴族在外來物種強悍威力下節節敗退，力圖扳回一局搶奪政治機會的反撲。

善於推銷自我，行銷理念的李斯第一招便是收集情報，透視這詭譎的暗流，找到邏輯誤謬處，展開攻心、攻立場、攻論點的戰略位置。

李斯心中的小劇場：好不容易搭上呂不韋這條線進入「總統府」，豈能前功盡棄，被打回人人可欺的廁鼠？

李斯大腦額葉神經元的快轉思考：盤點秦王下逐客令的政治壓力源是？打動秦王收回逐客令的推力、拉力是？

首先逐客令是由宗室大臣所策動，這股怨氣源於秦歷代皇帝重用客卿，這些野蠻的外來種大刀闊斧地絕地斬根，從內在的彊公室到對外開疆闢土，早已打得本土派灰頭土臉。所以鄭國是否爲間諜並不是問題關鍵，癥結在本土宗室大臣與外來客卿兩派的長期矛盾，想藉此趕走外來者，收回勢力。

這是二十二歲的秦王不得不下逐客令，安撫本土派的壓力，洞悉這權力衝突的李斯明白說服的對策必須模糊立場，淡化矛盾，將關注點拉向未來發展。

其次，逐客的建議是宗室，下令者卻是秦王，因此遊說秦王的思考路線，只能重申客卿對秦之功，破解宗親集團的推理，凸顯不是土生土長的秦人對秦的忠心與貢獻。更重要的是讓秦王正視繼往開來的最後一里路，切不可意氣用事，而當貫徹「成帝業，爲天下一統，此萬世之一時也」爲核心思想。

這是李斯熟悉秦王身邊的勢力糾葛、盱衡國際局勢，試圖憑藉秦得天下，自己能施展帝王之術的洞見。

經過以上的沙盤推演，李斯開門見山，果決、簡潔地提出論點：「竊以爲過矣」。並微妙地以「臣聞吏議逐客」，輕輕撇開秦王，將逐客令定調爲宗室大臣的提議，一方面預留轉圜的空間，另則暗示上書的目的在請秦王三思。

金牌的招數：舉史為證，鐵證如山，直指國富兵強是客卿之功

> 昔穆公求士，西取由余於戎，東得百里奚於宛，迎蹇叔於宋，來丕豹、公孫支於晉。此五子者，不產於秦，而穆公用之，並國二十，遂霸西戎。孝公用商鞅之法，移風易俗，民以殷盛，國以富強，百姓樂用，諸侯親服，獲楚、魏之師，舉地千里，至今治強。惠王用張儀之計，拔三川之地，西並巴、蜀，北收上郡，南取漢中，包九夷，制鄢、郢，東據成皋之險，割膏腴之壤，遂散六國之眾，使之西面事秦，功施到今。昭王得范雎，廢穰侯，逐華陽，強公室，杜私門，蠶食諸侯，使秦成帝業。此四君者，皆以客之功。由此觀之，客何負於秦哉！向使四君卻客而不內，疏士而不用，是使國無富利之實，而秦無彊大之名也。

「說故事」是超級金牌推銷員的第二絕招，「搬出歷史」大招牌像警察亮出影像紀錄，讓眾所共睹的既定事實成爲最有力的佐證。不過，既是秦的「本國史」，作爲外國人的李斯自然無需贅言，而是運用排比、類疊的整齊句式，依時間軸簡扼地揭示秦國君極盡所能網羅人才的方式與態度、外來人才在秦國的作爲與影響。

這些厚重而龐大的歷史：「舉地千里，至今治彊」、「遂散六國之從，使之西面事秦，功施到今」、「彊公室，杜私門，蠶食諸侯，使秦成帝業」，都指向同一個結論——客卿安內攘外奠定秦強大基礎。言下之意是秦王政今天擁有的江山、權勢、國力都是客卿的貢獻。

這些敘述看似平實，卻尖銳地指責宗室對客卿不實的汙衊，說得秦王政汗涔涔而下，羞愧難當。豈料李斯凌空又拋下「由此觀之，客何負於秦哉！」一掌的詰問，劈得愛說嘴的宗室大臣灰頭土臉，也打得秦王政無話可說。

相較於過去秦君四方「求、取、得、迎、來」賢才的誠心、重「用」商鞅張儀的信任、「得」范雎成就的結果，秦王政此刻的「逐客」，「卻客而不內，疏士而不用」的作風，不僅是愧對列祖列宗的不肖者，也讓統一天下的夢想變得遙不可及，有負秦數代之努力、全民之眾望。這強烈對比如醍醐灌頂，瞬間敲醒陷於宗室情緒的秦王，反思選擇。最重要的是這段客卿促使秦強大的發跡史、興盛史完全可以讓秦王堵住宗室反對的嘴。

最後，李斯運用反面論證，從論點的對立面入手，透過如果前四位秦王「卻客而不內、疏士而不用」，則「國無富利之實，而秦無彊大之名也」，藉此證明逐客之非，體現秦國有今天有引以爲傲的國力，震懾天下的利器全賴客卿。

這段的總結，刻意不採正面論述證明論點的正確性，而以「不內，不用，是使國無……，而秦無……」，其目的在提醒秦王今日的選擇，攸關乎國家發展。「有無」富利彊強大的，關鍵在當下的「能否」用客卿，再者，否定的語句，帶出當頭棒喝的力道，隱微放射出警示、批評的威力。

金牌的伶牙俐嘴：質問批判滔滔如串珠，連槍帶棍打得你無地自容

今陛下致崑山之玉，有隨和之寶，垂明月之珠，服太阿之劍，乘纖離之馬，建翠鳳之旗，樹靈鼉之鼓。此數寶者，秦不生一焉，而陛下說之，何也？必秦國之所生然後可，則是夜光之璧，不飾朝廷；犀象之器，不爲玩好；鄭、衛之女不充後宮，而駿良駃騠不實外廄，江南金錫不爲用，西蜀丹青不爲彩。所以飾後宮，充下陳，娛心意，說耳目者，必出於秦然後可，則是宛珠之簪，傅璣之珥，阿縞之衣，錦繡之飾不進於前，而隨俗雅化，佳冶窈窕，趙女不立於側也。夫擊甕叩缶彈箏搏髀，而歌呼嗚嗚快耳者，眞秦之聲也；《鄭》、《衛》、《桑間》，《韶》、《虞》、《武》、《象》者，異國之樂也。今棄擊甕叩缶而就《鄭》、《衛》，退彈箏而取《昭》、《虞》，若是者何也？快意當前，適觀而已矣。今取人則不然。不問可否，不論曲直，非秦者去，爲客者逐。然則是所重者在乎色樂珠玉，而所輕者在乎人民也。此非所以跨海內、制諸侯之術也。

金牌推銷員的第三招是虛空打靶的「稻草人論證」，以曲解的論點來攻擊對方。在這段中，李斯以在秦王側的觀察，歷數宮中的珍奇異寶，這本是皇室尋常享受，卻被李斯拿來當成諷刺、評論秦王用物、用人雙重標準的箭靶。

這段以變化的句式，一方面洋洋灑灑地羅列出事實，歸納出秦王政對於色樂珠玉的選擇，是捨國貨而取外國進口、遠方珍異；另方面指出秦王若設定「必秦國之所生然後可」的先決條件，那麼「夜光之璧、犀象之器、鄭衛之女、駿良駃騠、江南金錫、西蜀丹青」等都不該出現於朝廷：

事實面向	秦王政的選擇
珍寶	致昆山之玉、有隨和之寶、垂明月之珠、服太阿之劍、乘纖離之馬、建翠鳳之旗、樹靈鼉之鼓 夜光之璧飾朝廷、犀象之器爲玩好、駿良駃騠實外廄、江南金錫、西蜀丹青
美女	鄭、衛之女、佳冶窈窕之趙女 （裝飾）宛珠之簪，傅璣之珥，阿縞之衣，錦繡之飾
音樂	棄擊甕叩缶而就鄭、衛，退彈箏而取韶虞
人才	不問可否，不論曲直，非秦者去，爲客者逐

當我們因這些天下名牌、美女、時髦首飾裝扮眼花撩亂，而不解此與逐客有何關係之際，李斯忽然大轉彎，一針見血地戳穿享樂心理：「若是者何也？快意當前，適觀而已矣。」頓時每一個宮中所出現極其奢華的珍奇異寶、每一位花容美色都成了指向欲望、腐敗、墮落，十惡不赦的罪狀。而秦王政也成了貪圖感官、追求當下快樂，滿足情緒的國君，可想見秦王因這一語道破的道德審判，驚嚇羞愧之態。

這跟賈伯斯的談判準則：「讓某家公司停止採用他們自己的標準，轉而採用我們的標準」的策略相似，也就是掌握整個證據、解讀、判決的控制權。李斯以整段浩浩蕩蕩的奢侈版面營造巨大的事實，目的正在形成秦王不顧蒼生、貪圖享受、荒殆朝政、不圖發展等無法逃脫的罪名。尤其是「今取人則不然」輕輕一句，卻有雷霆萬鈞之勢，毫不留情地批判秦王政因耳目之快而耽溺聲色，爲得賞心悅目的縱情而四方蒐羅網致，但用人時卻「不問可否，不論曲直」的雙重標準。這句話狠狠打臉秦王缺乏理性，指出「一切逐客」的命令，既不追查客卿是否別有居心，又不深思大臣的提議是否合理，單以國籍「非秦者去，爲客者逐」爲判斷標準，根本是武斷愚昧而盲目的決定。言下之意，是如此意氣用事之人怎能統領大秦？又豈能一統下？

這段的寫作手法是以大量的論據，導出取人「非秦者去，爲客者逐」的誤謬，再推出「所重者在乎色樂珠玉，而所輕者在乎人民也」的指責，最後歸於「此非所以跨海內、制諸侯之術也」的論點。

此處，李斯運用邏輯上的「謬誤論證」法，因爲重視色樂珠玉，不等同輕乎人民；客卿不等同於人才。但在此謬誤推理與定義前提之下，不用客卿則國家無法富利彊大，國家不富強人民無法生活富足安樂，因此逐客的罪狀從國家發展到民生經濟的保障，秦王政也從縱欲貪歡變成不顧百姓之罪人。

「此非所以跨海內、制諸侯之術也」這句，是金牌推銷員振聾發聵的棒喝，直逼秦王心頭最在乎的目標。一方面警醒秦王政逐客令將失去威震四方諸侯的機會；另方面是提醒秦王要在「國富利之實，秦彊大之名」之上，征服諸侯，包舉海內疆域，亦即若想統一天下，豈可「非秦者去，爲客者逐」！

金牌的賣點：推銷的不是一條魚，而是一個海洋；說的不是用人才，而是大國思維

> 臣聞地廣者粟多，國大者人眾，兵強則士勇。是以泰山不讓土壤，故能成其大；河海不擇細流，故能就其深；王者不卻眾庶，故能明其德。是以地無四方，民無異國，四時充美，鬼神降福，此五帝三王之所以無敵也。

銷售人員通常不會成爲傳奇，政客才能呼風喚雨捭闔縱橫。李斯深知靠一張鼓舌如簧的嘴不如有一顆七竅玲瓏的腦，高超演講和說話藝術的目的其實是銷售一個理念，一個願景，一份你可以做到的，你必須如此

的使命感。

這便是繼前二段圍繞秦國歷史、秦王政用物與用人的矛盾衝突點，爲什麼此段轉向「五帝三王之所以無敵」的強國三要素的關鍵。

這也是金牌推銷員的第四招——蘋果電腦的「Think Different」。這不只是一句廣告語，而是洞察對方心理，察覺需求，勾勒出一個至高境界（五帝三王），賦予對方改變世界的能力（地廣粟多、國大人眾、兵強士勇）。這樣的轉換和傳輸，讓李斯的銷售不是銷售，而是誘惑的理念；他立的里程碑不是幻景，而是讓對方相信他就是可以讓你神化的謀士，讓你超越的導師，讓你實踐夢想的引路人。

這段論述以緊密的因→果組成，環環相扣形成「得民者昌」的價值力量，這是自荀子王者師培訓班學到的帝王之術。與孔孟尊王賤霸不同的是，此處高舉的強國三要素，充滿征伐的動機目的，因此不言「人眾則國大」，而是先談「地廣者粟多」，隱含擴疆闢土的結果是取得豐富的糧食，也就是擁有更穩固的生存條件。由此觀之，秦王正要做的，其實也正是秦歷代國君致力的方向——讓國大、兵強，建立起今日秦人眾、士勇的基業。這不僅回扣前兩段，也爲底下要提出的結論鋪墊根據。

這段藉兩個「是以」將事理推展到實際的做法，再拉高到「此五帝三王之所以無敵也」的目標。這是推銷員的拋繩術，在層層的攻防之後取得信任，掌握主動權，讓強者知道你能讓他更強，你有萬全的實踐策略。

李斯不愧是駢文之初祖，開漢賦之先聲者，此時他以一連串緊密的排比，和「故」綿綿不絕的因果，形成奔放的說服力道，烘托出帝王無敵天下的氣勢。「是以泰山不讓土壤，故能成其大；河海不擇細流，故能就其深；王者不卻眾庶，故能明其德」。自山海現象到帝王彰顯人格特質，比起凝聚人氣的「得民者昌，失民者亡」，泰山、河海更形象化凸顯帝國王者至高無上而恆久的地位，和無遠弗屆的影響力。其次，「不讓」、「不擇」、「不卻眾庶」，巧妙地指向「不逐客」的訴求主題，明示秦王若要彰顯德行，不在減刑輕賦，不在攻池略地，也不在建設，而是停止眼前的逐客之令。

承上述演繹，總結出「是以地無四方，民無異國，四時充美，鬼神降福，此五帝三王之所以無敵也。」除強調人才不分地域國家的觀點，並彰顯其結果將是共創富裕和諧的幸福，得到鬼神的庇佑和無敵天下至尊至高的地位。

《尚書．蔡仲之命》言：「皇天無親，惟德是輔。」李斯之帝王學來自荀子，德是人民最在意的修爲，也儒家強調的根本，因此他緊咬住「明其德」在人民，在「不卻眾庶」；三皇五帝之無敵，在「地無四方，民無異國」之胸襟。至此，王牌推銷員成功地把自己打造成一個能吸人氣民心、吸土地資源、吸信心力量、吸知名度的威權，形塑出秦王是無敵大國、秦王是聖王的品牌。

金牌與眾不同的驅動程式：拉高衝突示現矛盾，擴大影響密度、效應幅度

> 今乃棄黔首以資敵國，卻賓客以業諸侯，使天下之士退而不敢西向，裹足不入秦，此所謂「藉寇兵而齎盜糧」者也。夫物不產於秦，可寶者多；士不產於秦，而願忠者眾。今逐客以資敵國，損民以益讎，內自虛而外樹怨於諸侯，求國無危，不可得也。

這段分三層次論述：

第一層提出問題、問題結果與評論，總收第三段「非秦者去，爲客者逐」。

第二層次強調客卿效忠之心，回應第二段「此四君者，皆以客之功」。

第三層次重回問題癥結在逐客，擴大後患，藉此最後一擊，痛敲要害，與第四段「王者不卻眾庶，故能明其德」的強國三要素形成對比，坐實「求國無危，不可得也」的結論。

有道是「打蛇要打七寸，做事要抓要害」，這是王牌推銷員集對人性、事理掌握之智慧，做出果決準確俐落的行動。李斯於此以「今乃棄黔首以資敵國，卻賓客以業諸侯，使天下之士退而不敢西向，裹足不入秦，此所謂『藉寇兵而齎盜糧』者也」，提出「棄」百姓、「卻」人才的心理後果和震盪效應。同時，暗示此舉違反社會正義的責任感，因爲秦之有今天乃客卿效忠的結果，怎可過河拆橋忘恩負義，甚至懷疑其忠心？

此言深具客觀性與證據力，想必秦王已聽得羞愧難耐。李斯趁此追擊，狠狠地敲出衝突點：「今逐客以資敵國，損民以益讎，內自虛而外樹怨於諸侯」，以及「求國無危，不可得也」的推論，然後由秦王自行判斷哪一種價值觀較具利益？哪種選擇能創造雙贏的最大效應？

李斯以閭巷平民入關事秦，輔佐秦始皇完成統一大業，位居三公之職。論者多認爲他是貪圖富貴的機會主義者，或認爲他舌粲蓮花善於鼓動說服，殊不知有志一同的思想觀點、相知默契的共同立場、前瞻性的領導藝術與哲學，才是李斯之所以能成爲王者師，主導秦帝國的行政方向的關鍵。

因此閱讀這篇文章不宜將焦點傾注於說服技巧而止，而應朝向李斯自居於王者師的位置，以道德批判秦王重色樂珠玉而輕人，以邏輯指責其享物與用人的雙重標準，以利益分析逐客損民益讎。這些具針對性和實效性的金牌帝王學，其視野表現在列舉變法圖強的歷史經驗，其格局在提出「地無四方，民無異國」，以及用人唯賢的領導哲學，不僅讓秦王認同而收回成命，更合作完成「二十餘年，竟併並天下」的大願。

「忽視過去的人，在未來行程裡，只是一個缺乏思想準備的匆匆過客。忽視過去的國家，面對世界變局將不會有成熟的選擇，甚至有迷失方向的風險。……我們要做的，其實就是一件事——讓歷史照亮未來的行程。」——《大道行思》解說辭。

班雅明指出：「人類歷史會不斷進步的概念，和人類歷史是在一種劃一的和空間的時間領域進行的概念是不可分割的。」唐太宗認為以史為鑑，可以知興替，對於你而言，讀歷史的意義是什麼？由中得到的教訓和啓示又是什麼？請以「讀歷史的意義」為題，寫下你的經驗與想法。

誰收拾千瘡百孔的爛攤子

就事論勢，為什麼統一六國是秦？

中國人喜歡為帝王編織玄之又玄的神怪傳說，製造出天賦異稟，非凡間俗輩的煙火。譬如劉邦母親因蛟龍伏身而生、隋文帝楊堅是人龍合體、李世民出生的時候有兩條龍在門外盤旋嬉戲，三日才離去、宋太祖趙匡胤母親夢見太陽鑽到自己的肚子裡，因此趙匡胤出生的時霞光滿屋，全身散發異香。

相形之下，秦始皇，這個帝王界神級人物的身世之謎完全沒有離奇的異象，反倒是街頭巷尾的八卦爆點。

唯一確定的是他出生於趙國首都邯鄲，母親是趙國美女，至於父親則是保障兩國不開戰，被秦派在趙國的人質秦公子。官方正式版中，嬴政出自血脈正統的秦莊襄王，但人們更相信呂不韋才是他基因裡的老爸。這公開的小道新聞也非空穴來風，乃根據國際企業家呂不韋眼光精準地看出這樁投資利益，說了這句「奇貨可居」可圈可點的預言，並經過幾番諜對諜的穿針引線、見縫插針之權謀，才偷龍轉鳳地完成這樁心知肚明的謎案。

《史記‧呂不韋列傳》狠狠地戳穿呂不韋跟邯鄲善舞的趙姬同居，明知已有身孕來卻將趙姬饋贈給莊襄王。《史記‧秦始皇本紀》開頭便言：「秦始皇帝者，秦莊襄王子也。」但三歲孩童都能推知嬴政很有可能是呂不韋的兒子！這足以解釋呂不韋在秦莊襄王時由商轉政，嬴政即位後，以「仲父」身分輔佐開疆拓土廣納人才、積極建設；另方面集門下食客以「兼儒墨，合名法」爲思想中心，編《呂氏春秋》，有系統性的提出自己的政治主張。

然而，嬴政如何讓自己變成霸道總裁的老祖宗？如何在血統不純正的疑團下，登上秦王寶座？

《史記》敘述魏繚初見秦王嬴政，觀其面相，高鼻梁，細長眼睛，鷙鳥一樣的胸膛，豺狼一樣的聲音，心知秦王政刻薄寡恩，心如虎狼，有求於人時表現出一副謙卑嘴臉，得志的時候毫不留情地吞噬戮殺。「能屈能伸」、「恩威並具」正是在你十三歲上國七還渾渾噩噩，他已成爲天選之人的原因，更是他登上六國聞風喪膽的秦王之位，委國事大臣，展現出領導人擘劃全局的氣魄。如你所料，他成功收服了魏繚，運用賄賂六國有權勢的大臣，破壞聯合計畫的策略，從內部瓦解敵人。

嬴政不是電子人魔鬼終結者，卻是最後登上位的亂世終結者。先後鏟除嫪毐、呂不韋，重用李斯、尉繚，三十九歲滅亡六國，終結戰國（西元前四〇三至二二一），建立秦朝。

秦始皇是中國史上第一位使用「皇帝」稱號的君主，他擁有過動兒的精力，幾度遊歷中國，考察實政；秉持無比的自律和執行力，處理公文未達目標即焚膏繼晷不眠不休，因此統治秦二十五年，十二年爲秦朝帝王，海晏河清天下無事。

站在這個新起點，除卻個人特質，嬴政以哪些理念思維，開創了哪些政治格局？徹底改變此後二千二百年的政治及對於後世的啓迪又是什麼？

《史記》中描繪與他有關的人物有呂不韋、韓非、荊軻、李斯、蒙恬、趙高、徐福、盧生。四十九歲出巡時駕崩。在位三十七年，死後三年這威風凜凜的大帝國，就像恐龍突然在地球上消失一般，垮了。究竟秦國有什麼本事統一六國？對於中國而言，秦的統一是幸？還是不幸？且讓我們從以下幾個面相追索吧！

一、進取野心+革新思維+執行魄力+人才經濟=秦統一天下

戰國最後十年，秦先是滅韓，緊接魏、楚、燕、趙，諸國勢力頓時由均衡到瓦解。西元前二二一年滅齊，完成統一天下之大業，隨後北擊匈奴、南併百越，建立中國空前遼闊的王朝。

六百年亂世為何最後是秦收尾？秦，獲致驚人的成就，比六國更具統一天下格局、氣勢、擔當之處是？這特質是源自環境，還是領導人精準前瞻的判斷力、貫徹的進取企圖心念、強大的管理能力？

秦地處甘肅、陝西偏鄙之處，養成秦人強烈的尚武精神。但秦之所以能鯨吞蠶食六國，從李斯〈諫逐客書〉可知靠的全是國君深謀遠慮的企圖心、禮賢下士的睿智和人才對內對外所施展的策略成功。譬如一洗傳統思維的商鞅變法，在獻「強國之術」取得孝公認同之後，以「三代不同禮而王，五霸不同法而霸」、「治世不一道，使國不法古」的歷史原則與當朝權臣激辯，最後取得「法者所以愛民也，禮者所以便事也。……苟可以利民，不循其禮」的共識，以法律為行政工具，強調天子與平民庶民同罪平等，建立起法治的公平正義權威。尤其是小農經濟形式的重農抑商鼓勵耕戰，廢除貴族世襲特權和井田制度的政策，既符合人性土地私有的財產權，更重塑「自由競爭」的社會價值觀。相較於六國貴族分封制的保守與僵化的世襲，這套嚴厲苛刻的法律更具先進的競爭性，不僅讓全民上下都納入經濟生產線，更激使社會底層的百姓為脫貧而勤奮積極，君民上下齊心「富國強兵」，成為完成大業的力量。

義大利政治家馬基維利《君王論》，提出君王要像狐狸一樣狡猾，擁有御下技術的君主；像獅子一樣勇猛，建構一套穩定的體制以保持權力。大國崛起正因〈諫逐客書〉中所言以征服其他國家為主要目標的國家主義。秦一方面打破儒家重家族觀念的宗法禮制，消滅貴族王室盤根糾結的勢力，另方面選賢與能依能力授官職，並向各國拋出求賢橄欖枝，故歷代國君善用客卿，導入制度和策略的運用。如范雎「遠交近攻」的外交政策，和張儀站在國際戰略視野，強調與諸國連橫之計，離間對秦國最大威脅的齊楚。反觀六國爭相賂秦求自保，形成三蘇〈六國論〉所批判六國土地、人才、武器是秦數倍之多，卻敗於秦之手的結果。

二、軍事謀略＋論功行賞＋兵工廠精良武器＝所向披靡

秦始皇在十年內橫掃六國，北擊匈奴，南攻蠻族，主要是因為有白起、蒙恬等運籌帷幄、嚴格的紀律、勇冠三軍的善戰之將，和攻無不克戰無不勝的鐵騎軍隊。一統天下後，選拔將領充任全國各級官吏，建立由邊防軍、京師軍和地方軍構成的軍事體系，形成威鎮天下、永保江山的金城湯池。

至於戰士之所以個個是銳卒，懷抱置死生於度外的決心勇猛善戰，主要是商鞅首級獎勵制度滿足人性的利己心理。士兵只要斬獲敵軍「甲士（軍官）」一個首級，就可以獲得一級爵位，並賜田一頃、九畝之宅和一名僕人。斬殺的首級越多，獲得的爵位就越高的制度，讓全民平等競爭，人人有機會升官發財光耀門楣。不論出身門第，一律按照所立的軍功接受賞賜，即使出身宗室未立軍功者將不得列入宗族簿籍，更不得擁有爵位。

除此現代化、富民主平等的升官發財制度，車戰部隊、步兵、騎兵、水軍各成獨立系統編制，而不是編制的混合。作戰時兵種協同，伍、屯、將、主、大將等戰術單位緊密連繫，互相配合，讓防守時軍卒互相保

護，視情況部屬調遣，進攻時相互配合凝結集體團隊，混戰時機動應對。

軍備，是作戰的利器。從出土的兵馬俑中可見流線造型的青銅劍、大小一致，打磨精工的三菱形箭簇、可拆解換零件重新組裝的機關弩、兵器上刻製造者等，顯示秦有眾多兵工廠，以金字塔式的管理制度，按照統一標準大批量產高品質的兵器。

此外，秦以法律形式管理農田，國家提供先進技術、鐵製農具，再加上李冰父子都江堰使成都平原富甲天下；鄭國渠全長二百五十多里，灌溉農田二百八十多萬畝，這兩座糧倉則爲秦之征戰提供充足的後盾。

三、科學化管理制度＋標準化尺規＋統一文字＝鞏固中央集權

在咸陽宮慶功宴上，臣子盛讚：「今陛下興義兵，誅殘賊，平定天下，海內爲郡縣，法令由一統，自上古以來未嘗有，五帝所不及。」但秦始皇並沒有被成功沖昏了頭，他思考的是武力統一可以雷霆萬鈞氣勢形成嚴峻的軍事控制，巨大的國家如何才能長治久安？

於是他召開中央官員會議，討論統一六國後的政治規畫，名爲「始」皇帝之後，如何能避免重蹈戰國分崩離析之覆轍，執行什麼樣的內外治理策略，讓這個朝代穩固而強壯地在千秋萬世的時間裡綿延存在？空前的朝代是遵循周代的分封諸侯宗族體制、儒家倫理？還是破舊立新，以全新的法術與哲學基礎治理？

凝聚了新時代發展一切要求的結果是，在現實政治中一方面保持商鞅變法建立的法禁、刑賞外在制度，此亂世用典治世用法的原則，產生積極有效的匡正和約束作用，另方面承繼荀子建立於「性惡論」之上的「義利並重，王霸兼施，禮法兼尊」，結合「禮治、法治」教化的理想性。

李斯認爲諸侯制將重蹈春秋戰國之轍，眼前必須皇帝獨掌權力，而六國國君、貴族已被控制，各地反

秦勢力來自庶民，建議郡縣制「諸子功臣以公賦稅重賞賜之……安寧之術也。」於是中央集權，改封建爲商鞅變法的郡縣制度，捨世襲制度，由中央政府任派，依考核輪換，讓人事升遷更具彈性。在此同時，夷郡縣城，銷毀兵刃，以表示從此不再干戈，且「不立子弟爲王，功臣爲諸侯者」，讓人人都能平等競爭，因功而受爵居位。

皇帝的威權至此達到前所未有的高度，賈誼〈過秦論〉描述道：「及至始皇，奮六世之餘烈，振長策而御宇內，呑二周而亡諸侯，履至尊而制六合，執棰拊以鞭笞天下，威震四海。南取百粵之地，以爲桂林、象郡；百粵之君，俛首系頸，委命下吏。」另方面以科學而具現代化的管理方式，高度統一了民生經濟、工業技術的度量衡、貨幣，和「車同軌，書同文，行同倫」及典章法制，建立社會標準維護秩序，以避免各地區不同文不同尺度的亂象。

周是火德，水剋火，故秦以水德自居，服飾旗幟尚黑，百姓稱黔首。水德屬陰，故以冬季十月做爲一年開始，數字以六爲主，如度量衡中的一步是六尺，馬車有六匹馬拉、車轎六尺、符節六寸。除此之外，車輪間的寬度、穀米秤陀、斗桶，武器、土木測量、身高的測量管理嚴格，官員必須每年檢核，誤差則罰錢，官員遺失度量衡工具的刑責等同遺失公文、公印。

戰國時期不僅諸侯各自爲政，各地方言迴異，文字也沒有一定的體系和結構規律，以致秦統一後成爲政令推行和經濟文化交流的阻礙。故由丞相李斯和趙高等以簡化秦文的「小篆」作爲標準字體，廢除了其它各種異體文字，鞏固統治經濟的統一和文化的發展。

爲凝聚民心力量，李斯開啓統一的第二計畫：反對是古非今，打擊方士荒誕不經的怪談異說，焚書坑儒以鎮壓批評者。這些完全推翻六國制度、體系的做法，與日本殖民臺灣，建立警察制度、全島交通網、推動度量衡統一、透過午炮及教育體制建立曆法、星期制、二十四小時時間觀、設共同語言與規範等相同，一方面高舉政府權威便於方便統治，另方面統一秩序，形塑集體意識。

四、巡遊刻石洗白文宣＋水利交通＋修築長城＝聲威四海

完成政治軍事的統一之後，為消弭侵略殺伐的殘暴形象，宣示併呑的正當性、合法性，秦始皇五次巡狩，短則三、七個月，長達一年不等，足跡遍及江浙、湖北、山東沿海，刻石頌功業建立權威，並依古代帝王慣例，於泰山封禪，以表示受命於天。

《史記．秦始皇紀》記載東巡至之罘，刻石言：「六國回辟，貪戾無厭，虐殺不已。皇帝哀眾，遂發討師，奮揚武德。義誅信行，威憚旁達，莫不賓服。烹滅彊暴，振救黔首，周定四極。普施明法，經緯天下，永為儀則。」這段敘述，表明秦「興兵誅暴亂」，俘虜六國國君的正當理由是：韓趙魏楚王背棄盟約，燕王圖謀行刺加速統一行動，齊王建與相國后勝出兵防禦西邊邊境，擅自斷交不與秦往來，逼得秦不得不俘虜齊王。

秦前六年建立制度、巡狩四次，接下來的六年為「放逐蠻夷」交戰，刻石如：「皇帝躬聖，既平天下，不懈於治。夙興夜寐，建設長利，專隆教誨。」（泰山刻石）「今皇帝并一海內，以為郡縣，天下和平」（瑯琊臺刻石）以銘刻功績作為，塑造形象。

秦始皇是個「基礎建設狂魔」，承歷代祖先的經驗，深知封閉的關中位於渭水盆地，四周皆高原，於是修建都江堰、鄭國渠、靈渠、白起渠四個著名的水利工程，既減災灌田，讓成都平原成為沃野千里的天府之國，也連結長江和珠江兩大南方水系，促進中原和嶺南地區的經濟文化交流。

又鑑於以船、馬運送公文曠日廢時，因此修築以咸陽為中心，向四面八方放射狀到各地筆直的「馳道」，和一條咸陽到九原郡（今包頭）的「直道」。這些國道，不僅是追求現代化效率的表徵，讓政令快速傳遞，方便秦始皇巡視，發揮經濟文化交流重要作用，更是對匈奴作戰的戰略交通網。

東自齊、燕，南到吳楚及海邊的九條馳道，是為秦始皇出行巡遊所修建的道路。這條寬五十步（約今六十七點五公尺）的三線道，兩旁用金屬錐夯築厚實，中為皇帝出巡車行專用道，兩側行車馬（犯規則被流放），每隔三丈（約今七公尺）種青松的道路，如此兼顧速度、美觀、權威的設計，在今天看來仍是相當先進豪華的帝王大道。

至於逢山開路的直道，途經今陝西、甘肅、內蒙，全長一千八百里，是世界公認的第一條高速公路，促成的不僅是國家政權統一軍事管理，更是經濟文化的流通。

更令人嘖嘖稱奇的工程技術還在原理和現代鐵路無異的「軌路」，由中可見秦所謂的「車同軌」除卻車輪的間距，也指統一「軌路」軌道之間的距離，讓馬車既可以在普通的馬路上跑，也可以隨時進入軌路飛馳。軌路的工程類似今天的鐵軌，在夯築得非常結實的路基上，鋪設兩根枕木軌道讓車輛行駛更平穩。枕木的距離與馬匹的步伐相同，馬只要踏上軌道，就會不由自主的馬不停蹄往前行，便於長途運輸快捷抵達目的地。再者，因摩擦力大大減小，馬的載貨量大增。無怪乎秦始皇無須分封諸侯就有效地管理龐大的帝國，在後勤補給充裕下，展開幾十萬人的大規模侵略行動。

秦軍憑藉直道，將南方資源源源不斷地北運，三天三夜就可抵達陰山腳下。再加上蒙恬連接燕、趙、秦三國邊城所修築的萬里長城，讓秦帝國的控制力無遠弗屆，國家不會如戰國時呈現各為城邦的分裂狀態。其氣勢如賈誼〈過秦論〉所言：「乃使蒙恬北築長城而守藩籬，卻匈奴七百餘里，胡人不敢南下而牧馬，士不敢彎弓而報怨。」

一分鐘透視秦帝國

穿越時空，走進歷史

大國崛起，必有其主觀、客觀的原因和歷史條件、環境背景。當西班牙擁有上千艘船時，英國僅十七艘船，卻發展為日不落國的原因在英法百年戰爭和玫瑰戰爭，讓英國失去大批土地、貴族領主死亡殆盡。衰敝之際，面對法國侵略的危機感，眼見西班牙王因海外殖民而富有，激使英國國王採取集權政治，並由陸權國家轉型為海上，終而成為海權霸國。

請以「大國崛起」為方向，從古今中外的事例中，找出大國鞏固權力的背景和具體作為，並分析其崛起的創新觀點與影響。

大同與小康

（説明）

在黑暗中仰望星斗
幸福中國的寫眞照

天下到底是「合久必分，分久必合」的循環？還是和自然界一樣以「明天會更好」不斷往更好、優化方向前進？幸福國家是資源豐富經濟繁榮，社會福利充足，保障衣食無憂的輕鬆生活？還是人盡其才，物盡其用，共享共榮的自主自由平等？

自有人類以來，中西的社會形態都自最原始的部落群聚圖騰社會，到政治宗教合一的貴族社會或強調家族的宗法社會，逐漸演變至極權的軍國社會，而後在無數革命求新下形成今天的民主社會。

這漫長而無止盡的歷程充滿哲學批判，和對集體生存理想性的思考，對現實反動的渴望往往來自「更好」的想像，基於對春秋時期周天子大權旁落，群雄紛爭霸政社會的反思，儒家於《禮記．禮運》提出「大同」、「小康」、「亂世」的演變，說明美好世界的進程狀態，藉以闡述政治理想，提出賢者在位，能者在職，人人各盡其責的分享概念。

這套原型成爲中國政治學、社會學的基礎。公羊家認爲人類文明發展是由「據亂世」→「昇平世」→「太平世」，不斷進化的歷程。清末維新變法派主要發起者康有爲結合《禮記・禮運》的小康、大同，提出世界由君主專制→君主立憲→民主共和→太平大同，是一個循序漸進，逐步改變修正而趨近文明的進程。

基於理想是照見現實的鏡子，是透過凹凸、拼貼、顚覆創造的另一個樂土，因此中西每個時代的政治家、哲學家、社會學家都提出各自的想像，建構出一套套根據當代問題而形成的理論與藍圖。柏拉圖《理想國》勾勒出資源和機會、工作責任共享的理想，在這國家裡，以明顯的階級系統分爲統治者、軍隊警察公務員等守衛者、農工商等生產和製造者三個階層。國家由兼具見識智慧、仁慈、節制、公正教養，和有勇氣爲他人帶來眞理的「哲學家皇帝」統治，社會眾人則具有智慧、勇敢、節制、正義四種德性。

在追求正義與自由的政治之路上，互助與互殘同時存在人類社會。達爾文適者生存，不適者淘汰的「天演論」，造成自由放任式的資本主義及階級分層、種族主義，乃至經濟掠奪的帝國主義、殖民主義。

馬克思主義認爲社會形態演化的過程是：原始社會始氏族→主人/奴隸制的階級社會→地主/農奴的封建制→資本家/工人的資本主義社會→自由生產的社會主義社會→無國界的共產社會。由此觀之，無論是主人、地主、資本家，下層的奴隸、工人、百姓都是統治階級與資產階級控制所有「生產的工具」，因此在《共產黨宣言》寫道：「迄今爲止，一切存在社會的歷史都是階級鬥爭的歷史。」馬克斯分析資本主義社會終將造成階級鬥爭走向毀滅，經過無產階級專政的過渡期，邁向打破階級對立與社會分工的共產烏托邦。

馬克思所想像的新社會是沒有國家的霸權制度，沒有集中的政治管理，而是把政治勢力或權力轉化爲社會勢力、社會權力。這種懷抱無階級之分，無異化無剝削的主張，企圖實現人類自主與自治，各盡所能、各取所需的共產社會。

烏托邦的夢想涉及時代的價值選擇與社會的進展方向，這些理論與大同、小康是否相同？

想想我們所處的世界，實施公民直接或間接參與政治活動的民主結果，是否促進安定和諧，達到公平公正的境界？標榜法治的政令律法是否合理化了滲透於生活的權力？我們的國家實現了多少大同、小康的理想？我們如何評量國家的進步？

聯合國每年發表的「全球幸福指數報告」，衡量「幸福」的指標橫跨政治、經濟、社會與心理等領域，包括人均國內生產毛額、困難時期的社會支持資源與救助、預期健康壽命、人生抉擇的自由度、對他人慷慨程度、免於貪腐的社會信任度。這些考核的面向與大同、小康的期待是否具某些程度的吻合？

身在臺灣的你，是否感受並認同國家幸福感？

課文X光

社會越來越進步，我們越來越快樂了嗎？如果是，那麼我們的快樂是因爲具體的政策、措施、福利所帶來的安全感、社會保障和生活享受，還是個人的道德觀？

身爲社會一分子的你，是否想過享受幸福、建構理想的國家，需要具備哪些共感共識的公民意識？眾人必須付出哪些代價？

帶著這些疑問和反思，一起閱讀〈大同與小康〉所勾勒的社會圖景吧！

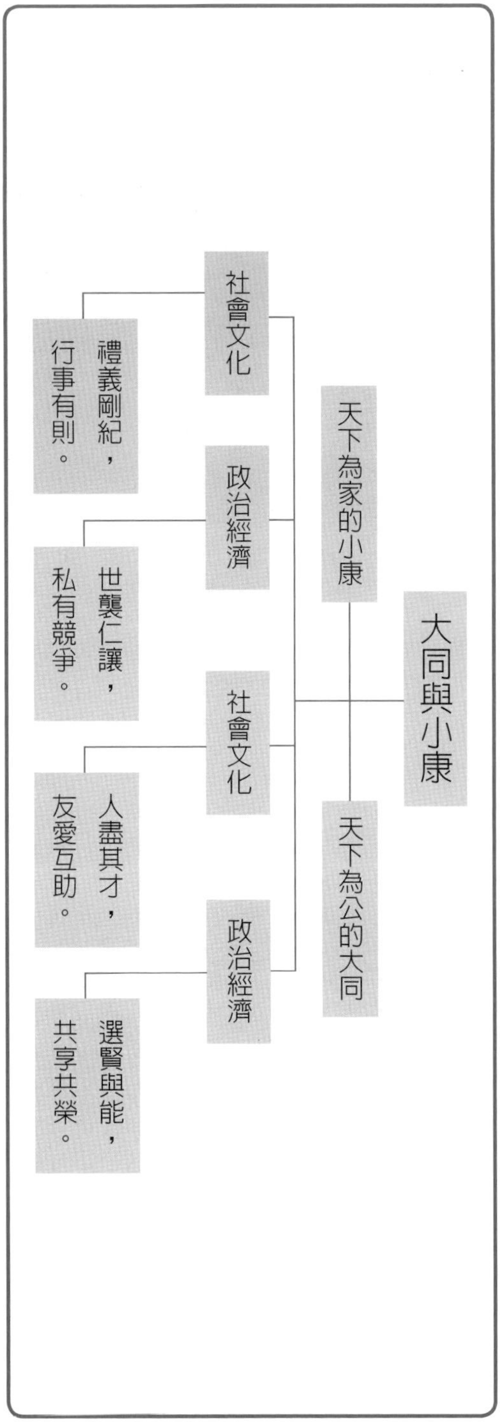

深層思考：核心概念圖

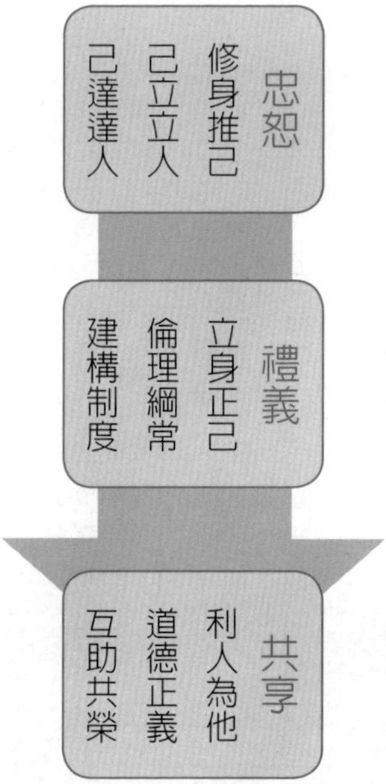

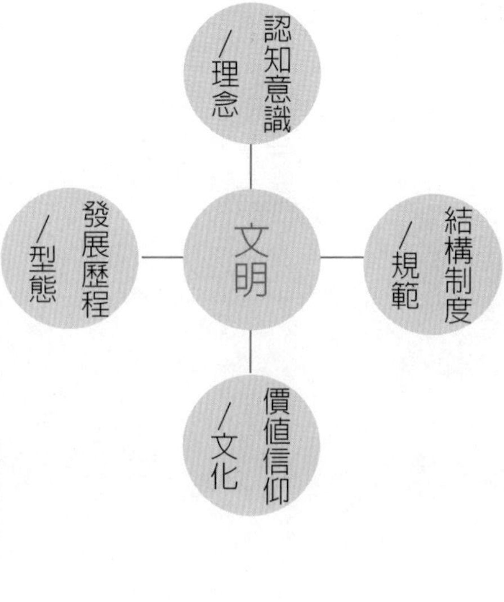

傾聽古文的聲音

寫作背景：因為禮義崩壞，現實殘破國家失序，所以遙望遠方

> 昔者，仲尼與於蜡賓，事畢，出遊於觀之上，喟然而歎。仲尼之歎，蓋歎魯也。

春秋時代五霸稱雄，各國之間互相攻伐，戰爭頻仍。《史記．周本紀》記載：「平王之時，周室衰微，諸侯彊并弱，齊、楚、秦、晉始大，政由方伯。」孔子認為這一切都源自「僭越」，諸侯專擅，周天子大權旁落；各國內部卿大夫勢力強大，晉國有六家，齊國有田氏，魯國也有三桓。

魯桓公時，庶子仲、叔、季三家專權，僭用周天子祭祀歷代祖先才可以使用的八佾舞，在自己家廟前舉行祭祀。這顯然違背諸侯使用六佾舞，大夫四佾舞的禮節規範，不僅破壞倫理秩序，也呈現卿大夫肆無忌憚犯上作亂的意圖，故《論語．八佾》中孔子評論季氏：「八佾舞於庭，是可忍也。孰不可忍也？」

所有的理想和渴望，都來自於對現實生活的無奈與灰心。文章以參與歲末大祭之嘆做為敘述背景，顯見孔子長久以來因魯國禮義崩壞，祭禮不完備空存儀式而憂心忡忡，因執政者公然越禮違禮而心有所感。「喟然而嘆」、「蓋嘆魯也」，形象化地表現出孔子慆慆惕惕的情緒，與見微知著的思考，讓接下來因言偃之問而發表的理論更具針對性、客觀說服力。

天下為公的大同理想：講信修睦，分工互助，創造自律正義的道德社會

> 言偃在側曰：「君子何歎？」
> 孔子曰：「大道之行也，與三代之英，丘未之逮也，而有志焉。大道之行也，天下為公。選賢與能，講信修睦，故人不獨親其親，不獨子其子；使老有所終，壯有所用，幼有所長，矜寡孤獨廢疾者皆有所養。男有分，女有歸。貨惡其棄於地也，不必藏於己；力惡其不出於身也，不必為己。是故謀閉而不興，盜竊亂賊而不作，故外戶而不閉，是謂『大同』。」

孔子藉由古書所載五帝及三代的政治狀況，闡述自己對大同與小康之治的政治理想，既表示有所本，也

透露出個人演繹的觀點。這段的理解重點在掌握大同世界的政治、經濟、文化共識與社會狀態；思考方向可朝如何形成，及全民承擔的責任義務。

大同之治政治理念和原則是「大道之行也，天下爲公」，這意味天下爲眾人所共有，共同承擔政治分工與責任、資源開發與生產，享受經濟成果與社會福利。實際做法是「選賢與能」，這些透過眾望所歸的選擇推舉產生的領導者，不但有品德之賢、行政效率之能的特質，足以推動政策和公天下的胸襟，同時具群眾信任基礎。處世「講信修睦」，指行事誠信忠實，追求公平公正，以創造每個人最大福祉，人際相處達到共享共榮的和諧爲原則。

其次是資源共享的經濟體系：「貨惡其棄於地也，不必藏於己。」在公天下的信念下，努力開發土地資源，無論是開物成務所生產製造的物品，或是利用厚生的技術智慧和發明都在社會流通，供眾人運用，讓資源的整體利用效率變得更高，社會因共享經濟而繁榮富足。

在大同世界裡，所有人都有自我的生命目標，並以貢獻作爲公民的社會信念。每個人在「被同胞給予相同尊重的權利」的基礎，承擔起「男有分，女有歸」的角色義務，性別的分工合作。而「老有所終，壯有所用，幼有所長」，則進一步讓人人每個階段都各得其所，各安其分。其中「老有所終」表現社會對貢獻者的感念，敬老尊賢的文化認同；「壯有所用」讓新世代學有所用，成爲活得自尊的生產者、有價值的創造者；「幼有所長」是基於人類社會傳衍演化的永續性，也是社會國家未來發展的基礎。

這是柏拉圖共和國中所追求「社會的每一個成員都必須分配到他自己認爲最合適的階級」的理想狀態，也是人權平等的社會正義。

大同世界之所以能打破人性自私的關卡，乃因具「講信修睦」的共識、「不獨親其親，不獨子其子」博愛相親互助的自覺、樂於為社會服務出力，懷抱「力惡其不出於身也，不必為己」，無私利他的奉獻精神。這世界裡「老者安之，朋友信之，少者懷之。」當社會發展到每個生命階段的人都能各盡其職責，建立自我生命成就與意義，安身立命活得富足。那將是曾點所描繪的畫面：「莫春者，春服既成，冠者五六人，童子六七人，浴乎沂，風乎舞雩，詠而歸。」

社會不公在不平等的情況下越易發生，也越考驗人性。因此大同世界的天下為公，顯現人情之間以禮竭誠相待，共享經濟利益，尤其是共感無私的互助。對於「矜、寡、孤、獨、廢、疾者」苦難者，憐憫其生理與心理痛楚，提供大量人力、物資慷慨救助使「皆有所養」，實踐「公平並富同情心地分布經濟增長的果實……」的社會正義。如此無貧富懸殊，無勞逸不均，社會弱勢得到照顧的安養福利，生活安定的情況下，何需陰謀詭計、偷竊作亂？因此形成「謀閉而不興，盜竊亂賊而不作，故外戶而不閉」，安和樂利的社會。

國際勞工組織在創始檔序言中提及：「唯有基於社會正義，普遍和持久的和平才能被建立。」大同之治是天下為公的德治社會，人人以仁居心，以公益為準則，實踐己立立人己達達人，共好永續的願想。但從人性看，實踐大同世界的難度正在如何跨越私己、個人，達到普遍性的「不獨親其親，不獨子其子」？如何做到人人心懷立他，普遍性地實踐共享、團體互利共榮的理想？

在此章中，孔子以「大道之行也，與三代之英，丘未之逮也，而有志焉」，展開一卷至眞至善至美的理想圖景，高掛宣傳美好家園的看板，但未就如何形成作為維繫社會力量的博愛無私，更未提及實踐大同所付的代價是什麼。

多年之後，陶淵明從百姓心願思考的〈桃花源記〉，描述一個率「妻子邑人」，以血緣為基礎的族群組織，信仰「俎豆猶古法」維繫的社會與倫常秩序，依循季節氣候種植生養的封閉樂土。在這個遠離人為文明，道家式的寡民小國裡，寧靜和平不設官府，民風淡薄無爭，淳樸不勞智慧；人們各安其所，利而不害，相望而不干擾，社會穩定怡然自樂。

至此方知要達到如此至眞至善至美的世界，依靠的不是外在形式的制度，不是凌駕眾人之上的國家公權力，而是每個人內心認同的共識，將人性中惻隱、羞惡、辭讓和是非天性之善發揮到極致，在意識裡接納的民有民治民享的觀點，也就是文中所點及的「講信修睦」之道德情感。要享受這世界的條件是高度分工團結，人人安分守己努力生活，心態上無欲不貪求不爭奪、知足不自私自利，體認大公無私的互信利人利他情懷是利己的保障，共享資源智力創造的和諧繁榮是長久的幸福。

天下為家的小康措施——建立制度，標舉法則，遵循守禮行義的自由競爭

> 今大道既隱，天下爲家，各親其親，各子其子，貨力爲己，大人世及以爲禮。城郭溝池以爲固，禮義以爲紀。以正君臣，以篤父子，以睦兄弟，以和夫婦，以設制度，以立田里，以賢勇知，以功爲己。故謀用是作，而兵由此起。禹湯文武成王周公，由此其選也。此六君子者，未有不謹於禮者也。以著其義，以考其信，著有過，刑仁講讓，示民有常。如有不由此者，在勢者去，眾以爲殃，是謂『小康』。

小康與大同不是對立的好與壞，而是分述理想與現實，互爲體用；不是完美與缺憾的區隔，而是由家天下到公天下的不同境界，達到理想的必經階段。二者呈現出當群體數量眾多，所建構的系統性管理思考，目的在保障個人享有同等權利，社會能和諧安定。

但有形的結構性制度之外，更重要的是人性能否趨向善良、道德。《尙書·虞書·大禹謨》中舜告誡大禹：「人心惟危，道心惟微，惟精惟一，允執厥中。」說明人心變化莫測，易爲私欲所蒙蔽而危殆難安；道心微妙難明，惟有精心體察，專心守住，才能堅持一條不偏不倚的正確路線。

法律及社會規範的約束，是抑制自私貪婪邪惡人心的繩索；倫理道德的教化，是推動激發純眞美善道心的齒輪。大道既隱時，如何限制人心，加強道心？

小康社會崇「禮」的設計，便是在這樣的思考下形成。一方面以「各親其親，各子其子，貨力爲己」之「私」爲出發點，建立政治制度、社會結構、經濟競爭，藉以滿足人心；另方面「禮義」爲依歸，確立「以正君臣，以篤父子，以睦兄弟，以和夫婦」爲普遍性的法則來鞏固道心。

《禮記·禮運》篇章之名標誌出禮制文明運行天下，使各得其宜。由「聖王修義之柄、禮之序，以治人情」，可知大同、小康社會以「禮爲體，政爲用」，重視政治教化，以禮爲綱紀別分際、建立公共秩序規則來治人情。是以「天下爲家」的小康政治，採「大人世及以爲禮」，兄終弟及的世襲制度，並透過「城郭溝池以爲固」堅守國家疆域保障財產安全。

儒家的政治理想、具體實施步驟落實於小康體制。兼顧禮治與人治的管理，透過「禮義以爲紀」，具體明確的規章形成行爲客觀準則，以他律制約私我；並「以（禮）正君臣、以（禮）立田里，設制度」，確立五倫人際、田里劃分、公眾制度公開公正的平等。其次，「以賢勇知」「刑仁講讓，示民有常」，以智、仁、勇者爲典範，講求謙讓等修爲，昭示百姓行爲的常道，達到克己復禮之自我實踐。

小康是以禮爲紀的族群社會，在「貨力爲己」、「以功爲己」的自由競爭私有經濟體系下，人我分際清楚，「各親其親，各子其子」，入門各自媚，教養各自負責。家族倫常之間，「以（禮）篤父子，以睦兄弟，以和夫婦」。遺憾的是似乎沒有提及弭平落差，扶助身心障礙者、救濟老弱殘廢，實踐社會正義的敘述。

至於責求個人謹守禮制的具體措施，則是「以（禮）著其義」，明示「禮」爲所當行的責任義務與道德規範；在社會考核與評價，乃「以（禮）賢勇知」，「以考其信，著有過」，再三強調「禮」是判斷行爲考驗誠信，明示罪過知所警惕的標準，社會推崇合乎禮的賢者勇者與智者。

當「以（禮）著其義，以考其信，著有過」，形塑出社會奉行正義的文化意識之後，將形成公眾力量建立共同的是非標準，以輿論審判產生制衡防線，鞏固公理道義。這讓當權者產生敬畏之心：「如有不由此者，在埶者去，眾以爲殃。」達到《大戴禮記．主言》中禮義治國，百姓具獨立判斷的道德準則：「是故聖人等之以禮，立之以義，行之以順，而民棄惡也如灌」，如是，國家方能於公民的禮義監督防線下健全發展。

禮義的實踐目的在「達天道、順人情」，既是承天道賦予人的良善稟賦，化育萬物之德，也是藉以治理政經倫理的準繩。故小康世界依之爲建立綱紀，疏導節制人情，維繫道德的社會秩序。術德兼修的君子在位，以身作則「謹於禮」，並以禮訂定原則，建立制度，讓臣民確知禮義是義務，任何意圖與責任必須有正確的道德觀，不可爲了達成目的，不擇手段。如此即使個人的努力是以私我爲目的，都能在守法的前提下發揮所長公平競爭，企業組織能不斷創造社會價值，兼顧小我與大我的利益平衡，創造社會的多元化與繁榮永續。

鑑於禮是維繫小康之治政治安定的關鍵，當禮義不足以維繫時，社會喪失鞏固正義道德的標準，將陷入「君不君，臣不臣，父不父，子不子」的失序狀態。在「以功爲己」的情況下，各種激烈非法的手段與詭詐霸權的暴力層出不窮，造成「謀用是作，而兵由此起」的禍害。正如羅馬哲學家奧古斯丁所說：「一個國家若沒有倫理公義，就是一個巨大的匪幫。」因此，「禹、湯、文、武、成王、周公」，這些小康之治的模範者成功的要素就是「謹於禮」。

「禮」者，理也，是建立和諧的公平公正、維持長治久安與享有自由進步的共則共識，它不僅規範經濟、教育、社會措施；就民主社會而言禮義是憲法律令、監督政府的立法院、議會政府行政的依歸。

小康世界的政治掌握於世襲的一家之手，建立於親屬關係血源關係的宗法制度，形成國君與諸侯、大夫等貴族既相互依附又獨立的關係。維繫彼此的不是法律束縛，而是「禮義」的親情道義和責任規範；不是「以天下為主，君為客，凡君之所畢世而經營者，為天下也」的賢與能者所組成的機動政府，而是各自獨立的政治體系。在心態上容易走上黃宗羲〈原君〉所分析：「以為天下利害之權皆出於我，我以天下之利盡歸於己，以天下之害盡歸於人，亦無不可；使天下之人不敢自私，不敢自利，以我之大私為天下之大公」，崩壞層級節制的放逸失衡。

因此，當國君無視於禮義，其權力便會無限擴張為宰制人民自由、財產、身家的利器，而合理化殘暴侵凌的行為，陷百姓於水火，致國家於危難之中，這是孔子因蜡祭、季氏專權等悖禮棄義的行為，而悲嘆憤懣的原因。

大同、小康在今天的實踐——和平組織與全球幸福國家

有道是：「法律是道德的底線」。在法治社會、民主政治裡，小康社會的「禮義」化為具體的法律條文，作為全民必須奉行的準則。「以功為己」成為資本主義的自由競爭，促使企業良性競爭，人民努力上進

來創造富足安定的幸福。

以新加坡而言，藉由以「實用主義」與「用人唯賢」兩大原則行事，高效透明強勢的政治作風主導社會公平競爭，並以高薪厚祿網羅菁英爲民服務，打造出有權、有廉、有能的政府。同時透過教育、嚴刑，培養信任尊重、守法誠實的國民素養，建立起小國，卻人人安居樂業生活富裕，享有極高的國際聲譽及影響力，可謂是小康社會的實踐。

大同與小康的分界，在政府的權力不掌握於一人一家，而是人民公推的賢能者；國家安樂有序，端賴人性美善的保持與發揮，既能「忠」以盡己，又能溫厚和諧地關懷他人，做到推己及人之「恕」、利他之「仁」。如芬蘭連續六年榮登「全球最幸福國家」榜首，鄰國的北歐國家丹麥、挪威、瑞典也都以醫療保健系統、教育制度和智慧城市規畫，讓國家臻於幸福境界。此外，打破地域種族、國家界線的國際組織，如爲自然環境和不能爲自己發聲的生命挺身而出的「世界綠色和平組織」、宗教與企業建立的「兒童暨家庭扶助基金會」、「慈善基金會」，和無數國際志工、救災救難的物質捐獻……，都以爲大眾福祉而全心投入，這都正是大同世界友善、互助的理想。

相對於自發內省而博愛的公天下，小康在私有的前提下，透過外在的禮義規範、框架制度有效地組織政府，以師法之化、律法之治達到他律而自律。人人在合乎禮義的原則下，公平競爭增加財富。統治者依禮施政，個人權力行使與管理方式遵禮循義，以維持社會正義，保障全民財產與生命之自由安全，否則將遭到制裁，如韓國、日本當政者因爲貪腐而被人民唾棄黯然下臺入獄。

在地球是平的今天，聯合國爲實現世界持久和平，訂下版權、海洋、人權、反腐敗、禁核子武器和其他大規模毀滅性武器等公約。同時列出消除貧窮、減少不平等、確保及促進各年齡層健康生活與福祉、減緩氣候變遷、保護生態、促進性別平權等十七項永續發展目標，指引全球共同努力、邁向永續。這是此世紀的全球百姓遵循國際安全、經濟自由、政治和平法規之「禮義」，也是以大同爲目標的邁進之路。

換你來當作者

班雅明〈歷史哲學論綱〉提及：「現在總是表現出對未來的嚮往，在我們的心目中什麼是幸福，完全取決於我們處於一生中的哪個階段。」

每一個人的心裡，都懷著對世界的願望，無論期待歲月靜好的「日出而作，日落而息」，還是科技打造的智慧世界，都倒映出內心對未來的嚮往與幸福的定義。請以「心中的快樂王國」為題，描述具體的狀態及政治經濟社會制度，並說明你的理念。

禮義，理法

正義的實踐與追求

在工業革命的轉輪下，生活節奏如走馬燈產生天翻地覆的變化。時間由「楊柳綠了」、「麥子熟了」的自然季節，到分秒必爭。人，變成摩登時代裡的一個個零件，自出生便被催趕跟上時代潮流狂奔的競爭。跟不上腳步被淘汰被邊緣化的危機感如鬼魅隨形，每個人被迫在科技發展與物質財富的增長中，證明自己存在的價值。

更何況人口數量暴增，交通與數位化網路打破時空界線，物質與知識交流快速而頻繁，無論個人人生、企業組織、國家社會所要面對的問題也愈來愈複雜。「上帝已死」之後，世界回到人的手上，爲此，人思索如何管理眾人，帶領百姓共創美好的未來，於是有了君主專制、君主立憲、共和政治、民主體制……的歷史發展。

其背後的深層思考是「什麼是人類美好的生活？」

然而，從封建到自由主義、社會主義、公民共和主義……這些回到人爲本位的政治結構，以自我爲中心設計的社會藍圖，以理性主義爲指導思想，以實用主義爲準則，以發展科學技術爲手段，以無限度地增長物質財富爲目的之結果是：極端氣候生態災難、經濟崩盤貧富懸殊、疫情氾濫、恐怖主義、霸國強權在政治經濟上的掌控。

從二〇一一至二〇二二年臺灣年度代表字出現的「憂」、「假」、「黑」、「換」、「苦」、「茫」、「翻」、「亂」、「疫」、「宅」、「漲」，顯現出薪水不漲萬物皆飛揚的民生焦慮、政治社會不安民心憤懣，尤其是俄烏戰爭、能源吃緊、疫情未平、供應斷鏈、美國貨幣緊縮政策等多重世界現況。

「假」、「僞」、「亂」、「騙」則反映出政治假象不斷，高官假情假義、假公濟私；社會充斥假新聞、假訊息；學術界出現假論文、假學歷，造成假教授、假博士與假碩士。監獄假釋眞放、論文假機密眞封存，欺騙衝擊社會信任，擔心臺灣變成假民主眞獨裁。

原來，人類社會的每個世代都有其困境與劫難，即使是標榜主權在民的選舉所建立的政權，依舊熙熙攘攘無法逃開爾虞我詐，濫權不公的情況，充滿揮之不去的怨念和戾氣。

我們不禁要問：這是人類所謂的美好世界嗎？

〈大同與小康〉勾勒出「天下爲公」、「天下爲家」的美好，是如何打破人性的自私？孔子推崇周公制禮作樂的內涵是什麼？維繫小康世界的「禮義」標舉出哪些法則？這些法則如何讓社會輿論具有相當制衡作用？

我們也曾思考「人，生而平等嗎？」有人銜金湯匙出生，一生榮華富貴享不盡，擁有豐沛的錢脈人脈站在金字塔頂端；有人長於貧窮陋巷弱勢無助的環境，資源貧乏受盡挫折歧視，爲生活苦苦打拚仍難以翻身。

於是，心底升起對正義的渴望，因爲它不僅關乎生存的尊嚴與機會，更是世界友善和平的基礎。

是以正義，一直是政治家、哲學家、社會學家思索追求與實踐的目標。孔子因魯國禮制喟然嘆息，而興起「大同」的敘述。「小康」以禮義為所有人事的準繩，到底禮的具體內容是什麼？禮，這麼重要嗎？禮，從何而來？周公、孔子所懷抱的禮，寄託的理念，建構的邏輯與具體實踐如何達到社會良善與正義？

一、禮就是王道：周公制禮作樂，確定宗法與階級秩序

原始社會為了生存而資源共享，但隨著人口增加、土地廣闊，出現私有制，階級也開始分化，至夏商以「天授神權」的天命觀，強化國君至高無上的地位和權力的合理性。但此「尊天事鬼」的權威性在湯武革命中被瓦解，周公於是在夏商兩代重視人倫道德規範的基礎之上，加入王者之德、百姓力量，形成以「敬德保民」的德治與民本思想為基礎，實踐明德慎罰、敬天保民的種種制度。

由今日所見《三禮》可知周公制禮作樂，是一套完善的等級制度。「禮」是天地之間的秩序，象徵威嚴的等級；「樂」是天地之和，能夠調節社會矛盾。在具體的行政體系上，確立周王是天下共主，分封周王室親屬與功臣至各地，以武裝擴張軍事移民方式掌控天下。與周天子同姓的諸侯，因互為叔伯、兄弟的血緣關係，從而形成「宗法制」的貴族連繫紐帶。天子之下有諸候，諸侯又有爵位、等級之分，形成從上而下的「封建」結構。各政治體具其獨立自主性，藉朝聘禮制劃分責任義務，避免了政權不穩定與諸侯之間的爭奪傾軋。

《周禮》相傳是周公設計的理想政治制度，以冢宰為首的天地春夏秋冬六官為組織，即隋唐實施的吏、戶、禮、兵、刑、工六部，分別相當於今天的行政及外交院、內政財政與經濟部、教育文化部、國防部、法務部、勞動部。這些行政劃分不僅是「正名分，明貴賤，辨等級」的禮，也是達到分層負責而人盡其才、物

盡其用的公平正義方式。

《儀禮》則記載士人冠、昏、喪、祭、射、鄉、朝、聘的儀式程序，讓尊卑有別、長幼有序、辨明是非，如此一切人和事都有可遵循禮的繩墨規矩和規範，便能建立自尊重人的社會秩序。

「禮」與「理」，就是「王道」。杜正勝〈中國是怎樣形成的〉中提及這套系統：周王室強盛時，周王既制定軍事與政治秩序，也掌管文化和倫理規範，孔子稱「禮樂征伐自天子出」是「天下有道」的時代。

西周因爲實踐這一套禮樂制度，創造「周道四達，禮樂交通」、「成康之際，天下安寧，刑措四十餘年不用」的盛世。這是以「禮義」建立的小康，在階級制度中形成的正義。即使春秋後期王權式微，霸主趁勢而起，周禮在無形中仍維繫著社會之核心價值。霸主尊奉周天子爲共主，以保護周王室爲己任，同時藉小國之朝聘掌握小國；而小國藉朝聘大國，爭取有利的國際地位。

二、禮就是道德：由祭祀到典章制度、道德規範的禮，由儀態到自我實踐的正義

禮的正義不僅是上層政治的體制，更是每個人言行舉止的社會規範，以修身實踐正義的方式。

禮的本字和初文「豊」，是「壴」（鼓）、二玉「玨」形成的會意字。甲骨文字形顯示由底部像有支架的建鼓，和上面兩串美玉組成，呈現擊鼓奏樂，意爲用美玉敬奉祖先和神靈，故「豊」表示禮儀，後作爲履行敬神祈福的儀式。

原本指外在祭祀儀式的禮樂，在周公時轉爲朝廷制度、王官設置、貴族的習俗常規、行爲規範等制度性、規則性的法則。孔子承繼周公之禮，結合德、仁、義，藉由詩、書、禮、樂的形式落實於每個人日常生活之規範，和「君君臣臣父父子子」尊卑等級的秩序，而不再局限於貴族政權。知書達禮的君子從此成爲典

範，正義不再是靠制度政權來維護，而是每個人的道德義務，生活修為與實踐。

《大學》開宗明義的三種基本綱領：「在明明德，在親民，在止於至善。」標舉出修身、齊家、治國、平天下的開始在於從誠意、正心闡發靈明的本心，彰顯光明的品德；其次是反省提高自己的道德，並推己及人使人民都能改過自新、棄惡從善，這二者都以達到完美的道德之境為目標。

在「禮」的界定下，每個人都要按照自己的身分、社會地位做出合乎身分的舉止，否則就會被視為不合「禮」。孔子對顏淵問仁的回應是「克己復禮為仁」，並清楚指出「非禮勿視，非禮勿聽，非禮勿言，非禮勿動」，由此可知日常言行合禮的規範就是自律自重的正義，也是對社會秩序負責的崇仁尚義。

堯舜禪讓、孔子主張的人治都認同菁英領導，和「君君、臣臣、父父、子子」各自謹守倫常身分的位置上該有的責任義務。在儒家觀點裡，社會正義不僅是權力相當，機會平等的權利，更是人人遵行美善道德的實踐，是以無論是帝王將相或升斗小民「壹是皆以修身為本」。

「獨善其身」的內聖之學、以禮為綱紀的小康、孟子性善說、人禽之辨、義利之辨，都強調百姓依「善的意志」行動，忠於本分職責，實踐該遵守的德性，進而提升為富而好禮的社會。

「禮」的作用在「別尊卑，等貴賤」。先秦諸子強調以「禮」維持等級制度和親屬關係上的社會差異，故荀子說：「人道莫不有辨，辨莫大於分，分莫大於禮。」「禮」的核心價值在調整社會關係，達到和諧共榮，有子曰：「禮之用，和為貴。」《論語．學而》、《荀子．修身》言：「先王制禮義，使人各得其宜」。

至於義，《說文解字》說：「義，己之威儀也。从我、从羊。」古字的義，是今字的「儀」。儀者，度也，指「儀容、儀態」，不是道義、仁義之義。

今天所言的義，古字是「誼」，从言从宜，人所宜也。即適宜說的話、適宜做的事，引申為正義。《孟子．告子》：「義者，人之路也。」說明義是人應該盡的本分和義務，該奉行的禮，這正是德國哲學家康德所主張的「道德義務論」，源於自由意志、實踐理性的自律。

為官者明白「政者，正也，子帥以正，孰敢不正？」以身作則，公平無私，並懷抱「兼善天下」的理念，促進共善的正義。董仲舒更進一步言：「仁人者，正其誼不謀其利，明其道不計其功。」意謂做任何事情應該匡扶正義，以眾人利益為主，而不謀求一己的私利；處世只求闡明眞理而不計較自己的功勞。這概念的實踐大至「先憂後樂」的仁者襟懷，廣至共享經濟弱化擁有權，強化使用權的各種形式分享，如共享空間、資源、人力，以達到共榮互利公平正義，能源永續的理想。

〈桃花源記〉之所以能維繫古法，民風眞淳的原因正在人人自覺的去惡從善，在道德上自律自重，方才「始承育樂」；講求禮治修為，友愛分享，以眞正的定慧精神輔助自己，所以能清靜無為而無為而治。

由上可知，禮義的崩壞代表人們失去是非標準、道德感；國家失去法紀制度，社會陷於不公不正，眾欺寡強淩弱，生靈塗炭。這是孔子喟然而嘆的原因，也是《孟子．離婁上》所指：「上無道揆也，下無法守也，朝不通道，工不信度，君子犯義，小人犯刑，國之所存者幸也」，將導致國亡的關鍵。

三、禮就是法律：從貫徹禮法到鬆動階級，保障公平競爭的社會正義

英語的right既指權利，又指正義。德語的Recht既指權利，又指法律、正義。由此可知禮、法、律是一體的，法條法令的精神在禮，亦即事理、規則。執行律令的目的如《愼子．威德》所言：「法制禮籍，所以立公義也。」

周公所強調的「禮」含有「法」之意，而「法」本為維護「禮」而生。《管子．樞言》曰：「法出于禮，禮出于治。治、禮，道也。萬物待治、禮而後定。」《荀子．禮論》云：「非禮，是無法也」，足見「禮」內涵即是法，乃社會的典章制度和道德規範，具有制度性和法律性，這也正是「禮」的本質。

春秋中後期，禮樂崩壞，臣弒其君，子弒其父，大夫僭越諸侯壞法亂紀。戰國之後，諸侯國增加，所管轄土地擴大，人口、資源眾多，原有的禮義束縛力低，導致不廉不恥不公不義者橫行。於是法家提出重法、重勢、重術的法治概念，企圖以制度化的、強制的、國家政權支撐的機制，重建政治威權社會秩序。

雖然孔子認為「道之以政，齊之以刑，民免而無恥；道之以德，齊之以禮，有恥且格。」（《論語．為政》）但亂世用重典，重症需下猛藥，溫和的自覺的禮教已無法解決社會亂象，藉由公開化、規範化的明確性的法規刑責，可有效地保障國家安定。故《韓非子．有度》言：「刑重則不敢以貴易賤，法審則上尊而不侵，上尊而不侵，則主強而守要。」意指刑罰重，低賤的人就不敢侵犯高貴的人；法律嚴，君主就受人尊重而不被侵凌，如此君主就會強勢而掌握治國的要領。

隨著大環境變化，禮的形式與時俱進以因應，而各有因革損益的禮制也連動體系，如管仲實行徵稅和經濟專制，將行政責任從貴族轉移到專業官僚，造成隨著「士族」崛起，百家爭鳴。人人因為專業能力而擁有貢獻機會，得到富足的報酬和名聲，而打破原有生而不平等的階級，形成憑藉後天努力向上流動的新分層。商鞅進一步實行度量衡，「循名責實，獎勵耕戰」，廢除世襲貴族，解構血統論，這無疑是伸張社會正義，達到實質平等的方式。這種演變至秦末陳涉質疑「王侯將相，寧有種乎！」，漢代「學而優則仕」的制度化，都是「創造價值、利益平衡」，往平等正義的聲音與實踐。

立法的最高精神就是公平。英國哲學家，政治家和經濟學家約翰．斯圖亞特．穆勒在《功利主義》中寫道：「社會應該平等地給予每一個人應得的待遇，那才是每個人得到的最好的對待，這是社會正義和分配公平的最高標準，所有機構和所有善良的公民應該共同付出最大的努力。」法家的主張打破生而不平等的階級，讓每個人憑藉自己的努力而得到獎賞，和社會榮耀的肯定。

這些由法律保障無論性別、種族、身世，在生存競爭上，人人機會均等的權益，正是美國自由主義政治哲學家、倫理學家約翰．羅爾斯《正義論》中所提出「每個人都應該有平等的權利，去享有最廣泛的基本自由權」和「各項職位及地位必須在公平的機會平等下，對所有人開放」的正義平等原則。

四、禮就是民主：反抗極權，爭取主權在民的正義

孔子作《春秋》，以一字寓褒貶譴責亂臣賊子懼，以彰顯公理正義。孟子針對齊宣王以「湯放桀，武王伐紂」之事，詢問「臣弒其君，可乎？」孟子的回應是：「賊仁者謂之賊，賊義者謂之殘，殘賊之人謂之一夫。聞誅一夫紂矣，未聞弒君也。」由中可見他所提出「民貴君輕」民本觀。相較於君權神授不可侵犯的觀念，孟子認爲國君若行事殘暴損害仁義，荼害生靈，只不過是個無道寡助的匹夫、獨夫，則百姓大可揭竿而起聲討有罪之人，而不違反以下犯上的尊卑體制。賈誼〈過秦論〉一語道破不施仁義是農民起義，天下雲集響應，贏糧而景從的原因：「一夫作難而七廟墮，身死人手，爲天下笑者，何也？仁義不施，而攻守之勢異也。」而《史記》將陳涉列入世家，更確認反抗極權，爭取生存權益的合理性。

在西方，自雅典將統治權力交給城邦中多數人的公民統治，到法國人民衝入巴士底監獄，以「自由、平等、博愛」新原則推翻封建、貴族和宗教特權，引發出英國、俄國大革命、美國南北戰爭解放黑奴……，都以激烈抗爭，爭取符合人民權益，追求更合乎人性尊嚴的生活。

一九一七年俄國革命至踏入史達林極權的歷史，是喬治．歐威爾《動物農莊》寓言的背景，故事以聰明的豬率領過勞被賣掉的馬、了然一切卻沉默的驢子，還有一群順從的羊……對抗人類壓迫，爭取「所有動物一律平等」，表達反對由人建立，卻異化爲非人的政治制度，對人的控制、對人性的摧殘。

一九六〇年代後期，爭取民權、反越戰的社會運動、反性騷擾、反種族歧視、爭取受教權等，都是以禮義爲前提，追求平等正義的行動。

一分鐘透視禮法正義

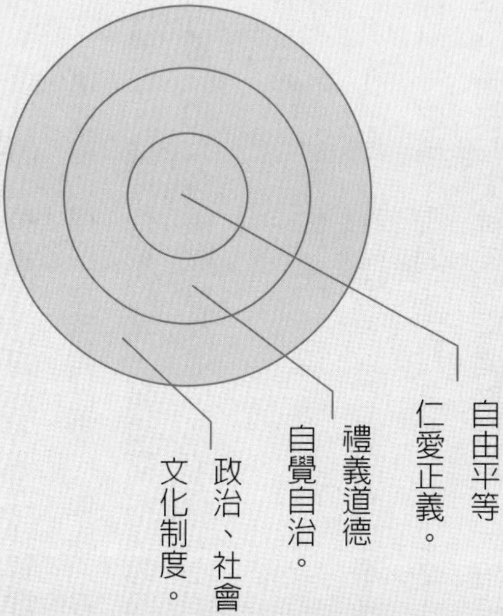

穿越時空，走進歷史

「禮」，是行為的規範；「義」，是公正合宜的道德、道理或行為。「禮義」，是維繫小康社會的關鍵，也是進入大同必要的條件。請依你的理解，舉出三個合乎創造共好互利，實踐社會正義的具體措施與做法，並加以闡釋說明。

漢魏六朝篇

鴻門宴

出師表

桃花源記

鴻門宴

（記敘）

兩個帝王排排坐
劍拔弩張上場，尿遁終結的鬧劇

這場中國最牛的飯局，比的不是米其林等級，不是餐廳建築設計裝潢風格氣氛，而是兩位帝王候選人的陰險程度；較量的不是腕力多強，軍隊數量，而是團隊表演忠誠秀場，沙盤推出的智謀策略有多長，心理素質有多沉穩。

這場飯局的代價是江山，是生與死。

兩位名垂千古的武將，眉眼之間秒秒驚顫，情勢消長刻刻轉變，讓你屏氣凝神看盡「無常」，也參透「有常」之天意。

驍勇善戰的項羽因爲情緒管理失當，把睥睨群雄的主場讓給對手呼風喚雨，由主角變成看戲的傻子，淪爲不成材的豎子。劉邦扮豬吃老虎，配合左右護法顚倒是非，舌粲蓮花的脫口秀，敗部復活成爲逆轉人生的典範，危機處理的課堂範例。

一個是觀秦始皇出遊，曰「彼可取而代」，豪氣干雲的項羽；一個是見秦始皇車隊，嘆「嗟乎，大丈夫當如此也！」的劉邦。後來的事大家都知道了，《史記》的這段敘事成了小說、戲劇、流行歌曲的原聲帶，在一代又一代心底迴轉播放。

人們悲嘆雄姿英發的項羽「身被十餘創」，因爲「無顏江東父老」自刎而死的悲壯；佩服他以頭贈故人領賞，勘破生死卻難捨家鄉的眷戀，明白他孤傲奮戰，長嘯「此天之亡我，非戰之罪也」的遺憾，而在歷史碑碣上捶下「失去江山，卻贏回了自己」的定論。

「成者爲王，敗者爲寇」，素來以成敗論英雄的中國，卻反常地將失敗的項羽視爲超級巨星，連太史公司馬遷都破格把他列入帝王級的「本紀」。在爲他量身打造的報導裡以項羽「成敗興壞之理」，「王跡所興，原始察終，見盛觀衰」爲其主線的結構，說明：「羽非有尺寸，乘勢起隴畝之中，三年，遂將五諸侯滅秦，分裂天下，而封王侯，政由羽出，號爲『霸王』」，「位雖不終，近古以來未嘗有也。」語帶惋惜，卻認同他在數年間號令天下，已是當時天下的共主，乃足以列入本紀之帝王。

打敗巨人歌利亞的猶太英雄大衛王已化爲塵土，我們於是認定米開朗基羅的雕刻，那面色堅毅，眼神堅定意志就是王者。我們沒見過眞正的項羽，認識的是《史記》描繪的他：「學書不成，去學劍，又不成，學萬人敵的兵法，略知其意，又不肯竟學。」這話隱約看得出是學習動機低落、懶散「怠學生」的負評。司馬遷顯然不是面相術士，也非藝術家，對於這叱吒風雲的歷史明星，只有「重瞳子」、「長八尺餘，力能扛鼎，才氣過人，雖吳中子弟皆已憚籍矣」。這些不痛不癢的數筆紀錄，怎能滿足對項羽情有獨鍾的追粉族，外貌協會刨根獵奇之心？更無法體現英雄大無畏的氣勢。

當我們繼續讀〈項羽本紀〉，方才明白或許同是悲劇人物，司馬遷的鐵筆貫注的是迫於帝國氣勢，各方英雄起義瞻前顧後不敢與秦兵交戰的「鉅鹿之戰」中，項羽一夫當關萬夫莫敵的神級霸氣。鏡頭特寫項羽騎在烏騅上銳氣逼人的眼神，帶率楚家軍萬馬奔騰而來，揮劍九戰九勝，大破秦軍四十萬的那一幕：「楚戰士無不以一當十，出兵呼聲動天，諸侯軍無不人人惴恐。於是破秦軍，項羽召見諸侯將，入轅門，無不膝行而前，莫敢仰視。」

二十五歲的項羽所向披靡神勇如天兵，作壁上觀的諸將屈膝汗顏，那一刻他成爲各路諸侯軍隊的統帥，秦將章邯率眾投降。太史公撒豆成兵運筆如神，畫出蓋世英雄斬將搴旗的龍形，「喑噁叱吒，千人皆廢」時的威風凜凜，這是如日中天，意氣風發的項羽。

張愛玲〈霸王別姬〉寫垓下之圍窮途之時的項羽，末路時依舊是鐵錚錚的漢子。虞姬以情人的視角，還原了最眞實單純的血肉，頂天立地的眉宇下童稚赤子的純眞：「他有一張粗線條的臉龐，皮膚微黑，闊大，堅毅的方下巴。那高傲的薄薄的嘴脣緊緊抿著，從嘴角的微渦起，兩條疲倦的皺紋深深地切過兩腮，一直延長到下頷。他那黝黑的眼睛，雖然輕輕蒙上了一層憂鬱的紗，但當他抬起臉來的時候，那烏黑的大眼睛裡卻跳出了只有孩子的天眞的眼睛裡才有的焰焰的火花。」

「他的粗眉毛微微皺著，鼻子帶著倔強的神氣，高貴的嘴脣略微下垂，彷彿是爲了發命令而生的。」、「他活著，爲了他的壯志而活著。他知道怎樣運用他的佩刀、他的長矛和他的江東子弟去獲得他的皇冕。」這是驟起於秦德衰之極，起兵三年自封「西楚霸王」，年僅二十六歲的項羽。他，是乍起乍落的煙花，人們仰視他以凌雲壯志燃燒火光，照亮暗夜所迸濺的英氣；嘆惋他以無畏無懼的雄猛華麗轉身，世界再度陷入晦澀。

相較於蛟龍盤身而生劉邦的神話，項羽沒有異兆，沒有祥瑞，沒有白蛇、赤蛇傳說所渲染出的傳奇，有的是在歷史舞臺上睥睨天下的太陽光采，楚國貴族世家軍事天才「千古無二」之神勇。儘管他魯莽地犯了坑殺秦卒、分封遭怨、逼遷義帝之過錯，舞臺聚光燈依然全打在他亮光的任性之上。史家評論他把兵家必爭之地賜給秦朝降將，將華夏大地分封給各路反秦將領，選擇定都彭城（今江蘇徐州）是短視，嘲笑他一心衣錦還鄉是沐猴而冠粗鄙虛榮。只有他明白「楚雖三戶，亡秦必楚」，起義滅秦，只爲報殺害祖父項燕、叔父項梁的家恨，更爲報秦楚數百年世仇。這是自屈原以來，每個楚國人血脈裡汩汩流動的信念。因此項家數代捍衛的楚國，怎能不隨復國一起昌盛，成爲政治核心？

「太亮的星星，往往都只看見自己，而不見周邊眾星的閃爍。」亞歷山大在只有三十三歲的生命，耀武揚威地從廢墟走出一條路，建立疆域無邊的大帝國。項羽，在三十年的人生，自始至終都是引爆璀璨的煙火，綻放出所向無敵動人心魄的個人秀，成爲「生當作人傑，死亦爲鬼雄」（李清照〈夏日絕句〉），絕無僅有的「霸王」。

〈鴻門宴〉是中國最著名的一場宴會，除了樊噲喝了酒，吞下生彘肩，沒有人知道案桌上擺了哪些菜。這顯然是司馬遷刻意爲之的寫作策略，他以「空白」的不寫，將整個場面導向項莊、樊噲兩位勇將的表演。

楊照《史記的讀法》中提出：「歷史正眞重要的不是實事，而是事實與事實之間的關係，或者進一步說，是解釋如何及爲何，這是與我們當下學習歷史的態度差異最大的地方。」且讓我們就這篇文章，看史家「如何」敘事，探究人物言行「爲何」的兩個角度，進入這段跌宕起伏的情節，解讀這不是沙場，卻比戰場更詭譎；是飯局，卻吃得千軍萬馬步步驚心的鴻門宴。

課文X光

- 鴻門宴
  - 項羽怒
    - 項伯夜告張良，與項羽達成共識。
    - 劉邦先進咸陽，欲王關中。
  - 項羽宴
    - 壯士樊噲，批判項羽。
    - 項莊舞劍，意在沛公。
  - 項羽受
    - 張良贈禮告辭。
    - 劉邦尿遁而走。

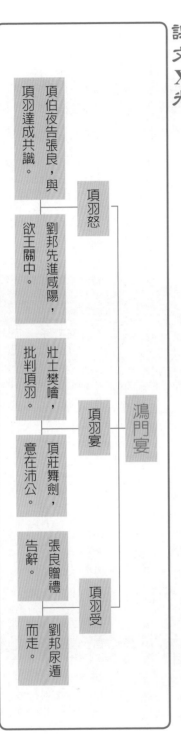

深層思考：核心概念圖

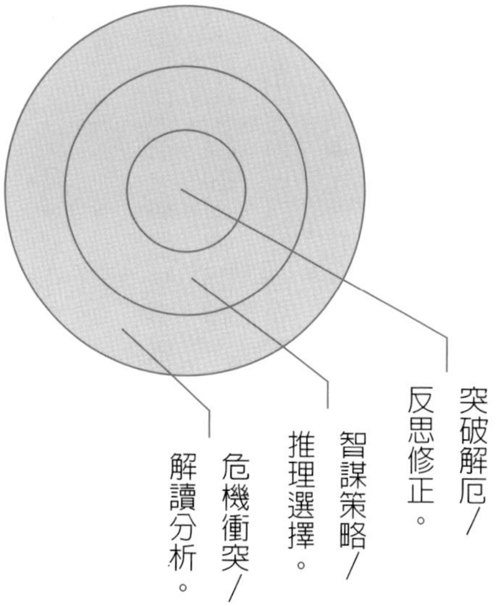

傾聽古文的聲音

從頭話說宴會背景：我揮刀打天下，你端著先入咸陽為王的諭令擋我門

楚軍夜擊，坑秦卒二十餘萬人新安城南。行略定秦地；至函谷關，有兵守關，不得入。又聞沛公已破咸陽，項羽大怒，使當陽君等擊關。項羽遂入，至於戲西。沛公軍霸上，未得與項羽相見。

> 沛公左司馬曹無傷使人言於項羽曰：「沛公欲王關中，使子嬰爲相，珍寶盡有之。」項羽大怒，曰：「旦日饗士卒，爲擊破沛公軍！」當是時，項羽兵四十萬，在新豐鴻門，沛公兵十萬，在霸上。
>
> 范增說項羽曰：「沛公居山東時，貪於財貨，好美姬。今入關，財物無所取，婦女無所幸，此其志不在小。吾令人望其氣，皆爲龍虎，成五采，此天子氣也，急擊勿失。」

這段看得出的是項羽一次又一次大怒，要探究的是情緒暴走背後的深層心理，和分析條件、資源運用、解決方案的思維。這段必須讀出的還有後人分析鴻門宴埋下項羽失敗的原因，關鍵就在范增的觀星預言之警示。

話說西元前二〇七年，項羽銜楚懷王之令出兵往北救趙，劉邦領命向西攻秦，爲集氣集力，並拋下誘餌「先入定關中者王之」。

鉅鹿之戰中，項羽一舉殲滅秦軍主力，秦軍大將章邯領二十萬戰無不勝，攻無不克的王牌軍隊投降。往函谷關的一路上，軍糧的現實問題、六國諸侯長期對秦滅國的仇恨、投降的秦軍懾於法令牽連家人誅滅的心理，都讓這二十萬秦軍成爲隨時會自燃或被引爆的炸彈。十一月，大軍行至新安，項羽明知殺降將是大忌，但在「秦吏卒尚眾，其心不服，至關中不聽，事必危」，唯恐降軍臨陣倒戈的變數之下，只能狠心將秦軍全數活埋，並向關中前進。

項羽在河北與章邯奮戰之際，時爲楚國武安侯的劉邦往南破武關，十月進咸陽，秦王子嬰投降，結束秦朝。劉邦與秦民約法三章，派軍鎮守函谷關以防其他勢力的部將入侵（當然包括項羽），這陣仗依據的是楚懷王之約，劉邦合法取得天下共主的寶座。

十二月，項羽到達函谷關，「有兵守關，不得入。」面對劉邦軍當關的封鎖，讓破釜沉舟以一當十的楚軍情何以堪？此氣已難平，何況「聞沛公已破咸陽」所意指關中稱王的權力與地位已落於他人之手，這叫大破四十萬秦軍主力的「諸侯上將軍」項羽顏面置於何地？

這是第一次「項羽大怒」，不過這氣消得容易，因爲當陽君英布爲先鋒已輕鬆破關直入。劉邦眼看項羽統率四十萬軍隊，自己只有十萬人，嚇得退出咸陽，紮營灞上，不敢與項羽正面相對。

在形勢比人強的現實下，項羽心想即使劉邦有楚懷王之約當靠山，諒他也沒膽敢貟稱霸關中。豈料劉邦的部下左司馬曹無傷觀望情勢選邊站，戳穿劉邦野心，並舉證「使子嬰爲相，珍寶盡有之」坐實之。這話引來第二次「項羽大怒」，解決之法也很簡單，那就是以武論武：「旦日饗士卒，爲擊破沛公軍。」

司馬遷並未描繪項羽兩次大怒的表情，只簡扼地點出原因和採取的解怒行動，呈現出項羽作爲將軍在分析問題之後，快刀斬亂痲解決問題的自信果決，和較量兵力，劍及履及爭奪天下的亂世遊戲規則：「擊破」之。但這樣的出師畢竟流於意氣之爭，於是有了范增由心態、作爲、天象的冷靜分析，賦予一觸即發的楚漢相爭有了勢不兩立的得天下位之意義。

范增運用福爾摩斯的演繹推理法，比較劉邦在不同地點、時間的行事：「沛公居山東時，貪於財貨，好美姬。今入關，財物無所取，婦女無所幸。」基於貪財好色的本性難移的前提，得出「此其志不在小」的結論，應證曹無傷之言不假。

其次是「天子氣」的觀測解讀，乃中國人根深柢固牢不可破的信仰。應之於〈高祖本紀〉：「蛟龍於其上。已而有身，遂產高祖」的出生傳奇，以及劉邦當亭長時白吃白喝，老闆「見其上常有龍」而免了酒錢的敘述。「吾令人望其氣，皆爲龍虎，成五采，此天子氣也。」此話對得「天滅秦」之時而興的項羽，是締造得天下路上莫大隱憂。

話說劉邦出身寒微，其之所以起兵抗秦，全因奉命押解犯人到驪山，犯人中途逃脫將被處以死罪，索性放人逃亡之偶然；其之所以成氣候，乃因誤打誤撞斬了象徵秦的白蛇，而被冠上取代秦朝的天命，這才陰錯陽差地帶著一批烏合之眾成了軍。二人天差地別的起點，讓世代爲楚國將軍的項羽，打心底從沒當劉邦是對手，事實上，以項羽擁有的軍力和與生俱來的神勇魅力，劉邦根本不具任何威脅性。

然而，范增的這番話，卻把劉邦從貪財好色的無賴，推向有天子光環的競爭對象，敲醒項羽，認同「急擊勿失」這決策在時間上的緊迫性，和效率上的絕對性。

針孔錄影宴會前晚：項伯把個人小恩玩成超級說客，把刀光劍影殺機四伏搞成聯姻大會

楚左尹項伯者，項羽季父也，素善留侯張良。張良是時從沛公，項伯乃夜馳之沛公軍，私見張良，具告以事，欲呼張良與俱去，曰：「毋從俱死也。」張良曰：「臣爲韓王送沛公，沛公今事有急，亡去不義，不可不語。」良乃入，具告沛公。沛公大驚，曰：「爲之奈何？」張良曰：「誰爲大王爲此計者？」曰：「鯫生說我曰：『距關，毋內諸侯，秦地可盡王也。』故聽之。」良曰：「料大王士卒足以當項王乎？」沛公默然，曰：「固不如也。且爲之奈何？」張良曰：「請往謂項伯，言沛公不敢背項王也。」沛公曰：「君安與項伯有故？」張良曰：「秦時與臣游，項伯殺人，臣活之；今事有急，故幸來告良。」沛公曰：「孰與君少長？」良曰：「長於臣。」沛公曰：「君爲我呼入，吾得兄事之。」張良出，要項伯。

項伯即入見沛公。沛公奉卮酒爲壽，約爲婚姻，曰：「吾入關，秋毫不敢有所近，籍吏民，封府庫，而待將軍。所以遣將守關者，備他盜之出入與非常也。日夜望將軍至，豈敢反乎？願伯具言臣之不敢倍德也。」項伯許諾，謂沛公曰：「旦日不可不蚤自來謝項王。」沛公曰：「諾。」
於是項伯復夜去，至軍中，具以沛公言報項王，因言曰：「沛公不先破關中，公豈敢入乎？今人有大功而擊之，不義也。不如因善遇之。」項王許諾。

這段以大量對話呈現劍拔弩張的情節，直轉而下的戲劇性變化。閱讀的重點其一在張良、劉邦如何化解危機，取得項伯、項羽的「許諾」；其二在人物之間的關係、內心思維、人性與個性。根據演出的狀態，歸納出的結論是：

最吃裡扒外的項梁：知恩圖報，不惜洩漏機密給敵人，還在關鍵時候搗亂，使決定性的計畫功敗垂成。

最順風掀浪的張良：忠心耿耿算無遺策，一方面將計就計，化個人脫困爲團體解難；另方面透視項羽心理編織絕妙謊言，熄滅決戰怒氣。

最順水推舟的劉邦：稱兄道弟，結兒女親家，鎖死與項伯關係，成功催眠其爲決定性的說客。

關於這段內容，首先要理解項伯夜訪張良的遠因、近因。其次是劉邦相信鯫生的原因、張良讓劉邦接受事實的策略，和劉邦如何解釋拒關的行爲？如何取得項伯信任？並由此歸納劉邦如何逆轉情勢？哪些原因使項羽不殺劉邦？

項伯因殺人而藏匿於下邳，得張良庇護。在公私之間，項伯一心掛記的是張良的安危，在他看來這是還一命報一命的人情，也是有恩報恩的義。因此連夜訪告：「毋從俱死也。」但他萬萬沒想到的是張良前有散盡家財求大力士行刺秦始皇，遊說項梁讓韓復國，率軍與秦兵游擊戰，那股五世爲韓相國的丹心赤忱；後有見劉邦廣結英豪的俠義之風，二人數度談兵法一拍即合的默契，以致張良放棄當遊俠轉而會師，攻入咸陽之舉。

張良骨子裡徹頭徹尾想滅秦報仇的心志，早已置個人死生於度外，所以選擇保護他所投靠的沛公，因爲那是他能藉以實現目標的機會。就這樣張良解讀的「亡去不義，不可不語」，成爲救劉邦的浮木。

沛公大驚，曰：「爲之奈何？」

相較於項羽大怒後雷厲風行的決策與作爲，劉邦驚慌失措透露出他有膽派兵擋關，卻全無招架之能。

「『距關，毋內諸侯，秦地可盡王也。』故聽之。」這番說詞更顯出他想吃天鵝肉，卻將責任推給見識鄙陋的「鯫生」背黑鍋的狡猾。

張良一針見血戳破事實：「料大王士卒足以當項王乎？」逼得劉邦無話可說，承認「固不如也。且爲之奈何？」這是劉邦勝過項羽的人格特質——及時承認無能，並如彈簧能屈能伸，說好聽是謙虛，實則圓滑。結果成功引出張良：「請往謂項伯，言沛公不敢背項王也」的漂亮說帖。

作爲「運籌策帷帳之中，決勝千里外」的謀士，張良比任何人都懂得心理分析、談判技巧、評估報酬率。他明白二十多歲項羽血氣方剛，以天縱英才的攻勢橫掃秦軍，怎嚥得下劉邦想獨立稱霸的背叛？他權衡漢軍被殲滅的危機，和自己想復國的本益比，針對「背叛」，做出「不敢」的示弱表態，以熄滅迫在眉睫的怒火。

這是「心計」，而沛公接下來的問題：「君安與項伯有故？」則是「心眼」。飽含不信任的懷疑背後，是不可置信項伯以「項羽季父」的身分，卻洩漏軍機；是與張良之間的關係和膽敢背叛項羽的企圖。「秦時與臣游，項伯殺人，臣活之」是前因；「今事有急，故幸來告良」是後果。對於化危機爲轉機的劉邦而言，顯然後者比前者更能突出這份冥冥之中交錯的「幸運」之機緣。

五十四歲的劉邦果眞江湖老手，秒懂這從天而降的機會，戲精上身即興演出一場「奉卮酒爲壽，約爲婚姻」的戲碼。被張良讚美「沛公殆天授」的他，聰明得聞一知十，馬上把所傳授的隻言片語鋪陳染墨爲「吾入關，秋毫不敢有所近，籍吏民，封府庫，而待將軍。所以遣將守關者，備他盜之出入與非常也。」於是在劉邦四兩撥千金下，「籍吏民，封府庫」成了「不敢背項王」的事實舉證；項羽大怒的「有兵守關，不得入」，合理化爲防盜的正常措施。除此之外，劉邦加碼道：「日夜望將軍至，豈敢反乎？願伯具言臣之不敢倍德也。」繼前面「待將軍」，此又稱「望將軍至」，這話既稱自認位階卑下，又言日夜千思萬盼仰慕崇景之情，簡直是把自己低到塵埃裡，最後配上委屈的聲調，讓「豈敢反乎」，成爲揚聲悲情的主旋律，正中項羽大怒的心患——「沛公欲王關中」，成功卸下曹無傷埋下的引爆炸彈。但劉邦盤算的不僅是熄一時之怒火，而是長久之相安，於是請託項伯轉達不敢忘恩負義、背棄德惠之意，隱然帶出二人同仇敵愾抗秦的革命關係。

這番說詞塑造出劉邦成「感恩戴德」之人，也將項羽推向「有德有恩」於劉邦之人，成功打動項伯，臨走前還不忘教以對策提醒道：「旦日不可不蚤自來謝項王。」在劉邦、張良二人唱雙簧式的編詞套句下，項伯完全不知自己落入圈套，成了劉邦的超級說客，還追加一碼，語帶指責地對項羽分析道：「沛公不先破關中，公豈敢入乎？今人有大功而擊之，不義也。不如因善遇之。」

推究項伯責備的力度其實並不如范增預言的警告，何以「項王許諾」？其關鍵在項氏家族的情感關係蒙蔽了理智，「今人有大功而擊之，不義也」的批判嚴重衝撞項羽堅持「義」的道德底線，讓他錯失殺劉邦的天機，選擇「善遇之」的建議。

這一晚的一切，范增完全蒙在鼓裡。

他作夢也沒想到原本「急擊勿失」的軍事行動，會急轉彎爲不具殺傷力的鴻門宴；原本看清天象，極力翻轉命運的一搏，會在一夜之間逆轉成一場鬧劇。

宴會當日賓客入座：事先張揚的謀殺案，各懷鬼胎的座位表

> 沛公旦日從百餘騎來見項王，至鴻門。謝曰：「臣與將軍戮力而攻秦，將軍戰河北，臣戰河南，然不自意能先入關破秦，得復見將軍於此。今者有小人之言，令將軍與臣有郤。」項王曰：「此沛公左司馬曹無傷言之。不然，籍何以至此？」項王即日因留沛公與飲。項王、項伯東嚮坐；亞父南嚮坐—亞父者，范增也；沛公北嚮坐；張良西嚮侍。

司馬遷在〈項羽本紀〉詳寫鴻門宴細節，〈高祖本紀〉僅三言兩語帶過，乃因項羽是主，劉邦是不得已赴會，因此這段的重點是由雙方對話與座位之間隱含的尊卑，看劉邦如何面對項羽？項羽如何宣示主權？前段可見三人對「先入咸陽，派兵守關」的詮釋中，司馬遷藉由張良的示弱、劉邦的感恩、項伯的指責，顯示各自身分、關係、個性，更表露出意圖、觀點的寫作高招。

這段基於道歉所發表的澄清解釋，劉邦打出革命同志的感情牌，先是透過「臣與將軍戮力而攻秦，將軍戰河北，臣戰河南」，說明攻秦是同仇敵愾之戰，分戰南北是合作關係，悄然泯除背叛敵對的機率。再以「不自意能先入關破秦」，將先入咸陽歸諸於僥倖，並在左一聲「將軍」，右一聲「將軍」中，抬高項羽力拔山兮氣蓋世的威望，凸顯不敢造次稱王的自知之明。

面對這番於情於理都建立於事實基礎之上的說詞，和把所有衝突推向「今者有小人之言，令將軍與臣有郤」的解釋，以及卑躬屈膝的演戲天分，原本怒氣沖沖的火拚在劉邦心計操作下融化。項羽不但棄槍卸棒，「無誅沛公之心」（《史記．樊噲傳》），更語帶慚愧地承認自己誤聽挑撥離間之言，「不然，籍何以至此？」並提出「即日因留沛公與飲」的宴約。

只怪項羽天真，讓城府深密的劉邦成功套取到曹無傷告密之事。

於是，鴻門宴，成了項羽盡釋前嫌的聚會，不再有擊沛公軍，殺劉邦的意念了。

不過，作爲主場的項羽，自然要在張筵列鼎，依次入座端出位高權重的架式，這是鴻門宴之所以細寫座次的原因，由中隱然透出項羽宣示領導主權，視劉邦爲部屬下馬威的心理：

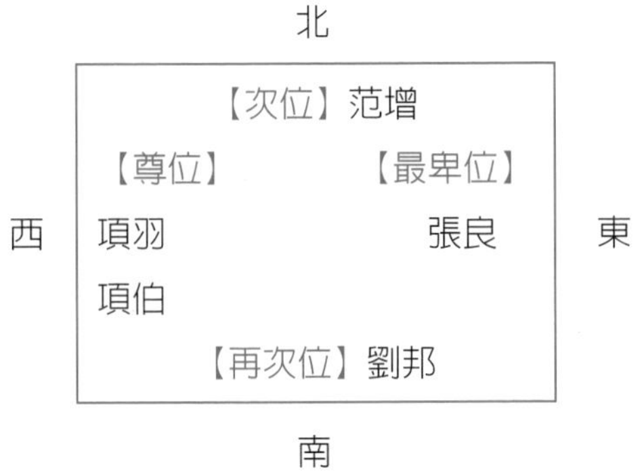

在漢代東西向是賓主位，南北向是次座。項伯列上位與項羽並朝東居尊位，項羽謀士范增座北朝南，位置次於項羽；故意安排劉邦坐南朝北，以示地位之低；張良在末位，西向「侍」。

宴會中的攻心計之一：自我感覺良好的項羽／刀光劍影下的謀士過招

范增數目項王，舉所佩玉玦以示之者三，項王默然不應。范增起，出，召項莊，謂曰：「君王為人不忍，若入前為壽；壽畢，請以劍舞，因擊沛公於坐，殺之。不者，若屬皆且為所虜！」莊則入為壽。壽畢，曰：「君王與沛公飲，軍中無以為樂，請以劍舞。」項王曰：「諾。」項莊拔劍起舞。項伯亦拔劍起舞，常以身翼蔽沛公。莊不得擊。

司馬遷擅長描寫戲劇性的場景，讓讀者彷彿親臨現場，目睹劇情發展的細節，融入其中深刻感受劇中人的心理。

司馬遷沒有寫出范增對劉邦謝罪的反應，我們看到的是「范增數目項王，舉所佩玉玦以示之者三」暗示與明示的焦急，和「項王默然不應」的對比。完全在狀況之外的范增，不解何以憤怒的項羽沉默了？何以不做出回應？范增的解讀是「君王為人不忍」，暗責項羽心軟是婦人之仁。但他明白失去斬除劉邦的機會「若屬皆且為所虜！」於是有了這場「項莊舞劍，意在沛公」的演出。

在范增心裡，這是一場杜絕未來被劉邦俘虜的必須之殺；但在項伯眼裡，卻是保護兒女親家的必要掩護。這一切都怪項羽看不清楚局勢，自以為有力量違逆天意而放鬆警惕，導致波詭雲譎的殺人現場變成雙人劍的秀場。

這一段戲，暴露出項羽陣營溝通互動不足，整合意見無效率，以致計策失敗；劉邦陣營超前布署，拉攏對方有利資源爲己用，有驚無險地逃過一劫。

宴會中的攻心計之二：劉邦天兵團隊見招拆招，裡應外合化險為夷

於是張良至軍門見樊噲。樊噲曰：「今日之事何如？」良曰：「甚急！今者項莊拔劍舞，其意常在沛公也。」噲曰：「此迫矣！臣請入，與之同命。」噲即帶劍擁盾入軍門。交戟之衛士欲止不內。樊噲側其盾以撞，衛士仆地。噲遂入，披帷西嚮立，瞋目視項王，頭髮上指，目眥盡裂。

項王按劍而跽曰：「客何爲者！」張良曰：「沛公之參乘樊噲者也。」項王曰：「壯士！賜之卮酒！」則與斗卮酒。噲拜謝，起，立而飲之。項王曰：「賜之彘肩！」則與一生彘肩。樊噲覆其盾於地，加彘肩上，拔劍切而啗之。

項王曰：「壯士！能復飲乎？」樊噲曰：「臣死且不避，卮酒安足辭！夫秦王有虎狼之心，殺人如不能舉，刑人如恐不勝，天下皆叛之。懷王與諸將約曰：『先破秦入咸陽者王之。』今沛公先破秦入咸陽，毫毛不敢有所近，封閉宮室，還軍霸上，以待大王來。故遣將守關者，備他盜出入與非常也。勞苦而功高如此，未有封侯之賞，而聽細說，欲誅有功之人，此亡秦之續耳。竊爲大王不取也！」

項王未有以應，曰：「坐。」樊噲從良坐。

危機感所產生的憂患意識，能促使團隊整合力量解決問題，激發出奮發飛揚的情緒，高昂對抗的意志。項莊的刺殺行動礙於項伯私心、無知而宣告失敗，卻強烈撞擊出劉邦團隊存亡與共的使命感。這段最精彩之

處便在與項莊同是勇士的樊噲出場，司馬遷運用近景、中景、特寫的電影鏡頭，讓讀者觀看他如何迭起高潮，在製造緊張氣氛而又輕輕旋轉大局的細節。要探究的是每個關鍵時刻，流動於每個人心底的推理解讀、邏輯判斷，尤其是項羽的回應間的心態。

鴻門宴進行到此，演出名單和角色定位已揭曉如下：

	主帥	謀臣	勇將	內奸
楚	項羽	范增	項莊	項伯
漢	劉邦	張良	樊噲	曹無傷

張良一出軍門，樊噲便焦急地探問情況，這是出於同是一家人，也見赴會之前漢軍上下都預感重重殺機。張良「甚急！」噲曰：「此迫矣！」精簡的單詞生動顯露情勢不利的威脅性，呈現人物內心的焦慮。隨著與劉邦同生共死的忠義、豁出去的責任感，樊噲請纓上陣：「臣請入，與之同命」，「帶劍擁盾入軍門。」在這不顧一切的行動中，出現「撞」、「瞋目視項王，頭髮上指，目眥盡裂」，一連串強烈反彈情緒的攻擊。這股憤怒的氣勢，連項羽都驚愕得下意識「按劍而跽」，氣氛頓時衝至緊張。

在場的所有人都被淡化爲黑白，但見項羽震懾失措與樊噲絕命反擊的眼神交會，安靜的空氣裡迸裂出電擊火光。

當明白樊噲的身分後，空氣中爆表的壓力陡然一降，項羽大呼「壯士！賜之卮酒！」、「賜之彘肩！」這顯然認同樊噲敢闖軍門而不怕軍法處死，敢直視項羽而表現剛烈是「壯士」的賞賜。長年隨侍項羽，早已練就讀心術的左右，捧來加碼的，超級大份的「斗卮酒」、拿來三分熟的「生彘肩」（豬腳）。表面看這些酒肉是誠意十足的進階版招待，其實是秒懂項羽心意的試探考驗，和帶著幾分不服氣的刁難。

「噲拜謝，起，立而飲之」、「覆其盾於地，加彘肩上，拔劍切而啗之」，這兩個畫面形塑出樊噲勇猛無畏的形象。「拜、起、立、飲、拔、切、啗」一連串俐落鮮活的動詞，和充滿力道自信的動作，讓樊噲順利通過測試，博得項羽再次大呼「壯士！」

需知「壯士」非僅只是心雄膽壯，意氣豪壯而勇敢之人，更是《戰國策．燕策三》所述：「風蕭蕭兮易水寒，壯士一去兮不復還」，那斷腕而赴命的慷慨激昂，帶著悲劇英雄之其不可而爲之的堅決無畏。項羽，在樊噲的身上看見自己，於此，項羽已然認同樊噲之英勇豪爽，更心生英雄惜英雄的愛才之念，因此「能復飲乎？」的提問是帶著幾分寵溺。

豈料樊噲趁勢劈來雷霆萬鈞的指控，捲起鴻門宴上暴風，徹底逆轉座標系；揮出「勞苦而功高」的大旗，把項羽打入「亡秦之續」，人神共憤的大牢。

其邏輯推導歸納演繹，踔厲風發之言論，不卑不亢的態度堪稱教科書等級。先以「夫秦王有虎狼之心，殺人如不能舉，刑人如恐不勝」的事實構築真相，確立「天下皆叛之」的本質價值與正義道德。其次，提及懷王「先破秦入咸陽者王之」，暗指劉邦有權利王關中，然後急轉折出劉邦非但沒拿懷王之令當護身符，反倒做出種種維持現狀的措施，「以待大王來」。在這兼具約定捍衛權利、充分舉證的話術成功將劉邦形塑爲「勞苦功高」之前導，「謙卑處下」甘爲其下之人，也將其功勞推向星斗高位。最後，樊噲以壯士的身分，夾前述之威力，站在道德的制高點展開實體攻擊：左批項羽「未有封侯之賞」，右罵項羽「聽細說，欲誅有功之人」，將其推向殘虐無道，終將滅亡的詛咒。

空氣再度僵冷，只不過沒有燃起火光，現場一片靜默，「項王未有以應」。

項羽竟感覺一絲絲「不仁不義」的罪惡感升起，在座的人面面相覷，陷入從未有過的冷冽尷尬，沒有人知道接下來會發生什麼事。

草草散場的宴會：劉邦逃歸，殺曹無傷，項羽受璧，范增碎玉斗

坐須臾，沛公起如廁，因招樊噲出。沛公已出，項王使都尉陳平召沛公。沛公曰：「今者出，未辭也，爲之奈何？」樊噲曰：「大行不顧細謹，大禮不辭小讓。如今人方爲刀俎，我爲魚肉，何辭爲？」於是遂去。乃令張良留謝。良問曰：「大王來何操？」曰：「我持白璧一雙，欲獻項王；玉斗一雙，欲與亞父。會其怒，不敢獻。公爲我獻之。」張良曰：「謹諾。」

當是時，項王軍在鴻門下，沛公軍在霸上，相去四十里。沛公則置車騎，脫身獨騎，與樊噲、夏侯嬰、靳彊、紀信等四人持劍盾步走，從酈山下，道芷陽閒行。沛公謂張良曰：「從此道至吾軍，不過二十里耳。度我至軍中，公乃入。」

沛公已去，閒至軍中，張良入謝，曰：「沛公不勝桮杓，不能辭。謹使臣良奉白璧一雙，再拜獻大王足下；玉斗一雙，再拜奉大將軍足下。」項王曰：「沛公安在？」良曰：「聞大王有意督過之，脫身獨去，已至軍矣。」項王則受璧，置之坐上。亞父受玉斗，置之地，拔劍撞而破之，曰：「唉！豎子不足與謀！奪項王天下者，必沛公也。吾屬今爲之虜矣！」

沛公至軍，立誅殺曹無傷。

樊噲反客爲主，以一夫當關，萬夫莫敵的架式，扭轉劉邦飽受威脅的情勢，場面也陷入膠著。沒有人明白項羽沒回應，是危機解除？還是更大的災難一觸即發？每個人的表情凝重，內心忐忑不安如浪濤。

作爲收尾的這段，我們要關注的是劉邦等人「如何」平安離場，項羽「爲何」不了了之，還收下禮物？根據情節的發展，可歸納出人物的角色特質：

最自我感覺良好的項羽：沉溺於英雄的自負自信，情感用事；追求大義大勇大是大非，不容許背叛，容不下忘恩負義之罪名。

最忠言逆耳的范增：謀略過人，能看準時機做出判斷，可惜項羽驕傲自負，不能聽取意見，恨鐵不成鋼，徒呼奈何。

最掣肘難施的項莊：勇猛過人，卻迫於項伯無法施展策略，無法顯露雄風。

最黑道霸氣的樊噲：忠心耿耿凶猛霸氣的藏獒，衝撞體制規範展現戰鬥力的狼。出於與劉邦同是沛縣人，娶的是呂家姊妹，屠狗爲業的他轉而爲將，以驍勇善戰屢立功勳。鴻門宴上怒目金剛，散發出望而生畏的氣勢；以銳利清晰的批判，頭頭是道的劍光射得滿場火花迸濺。

「坐須臾，沛公起如廁，因招樊噲出。沛公已出，項王使都尉陳平召沛公。」這是宴會尾聲，兩方收場的方式。

我們要觀想的是劉邦爲何選擇不告而別？

劉邦以如廁的藉口，堂而皇之地開溜，但他招手的爲何是樊噲，而非張良？

項羽在劉邦離開一段時間還沒回座後，曾派陳平尋找，爲何軍營守衛沒察覺劉邦已打道回府？

如果陳平發現這事實，何以不追擊？

司馬遷故意語帶保留，引起懸念，我們只能順著宴會前、中所發生的事件、人物地位、個性和權衡局勢推導後設的邏輯、心理，解讀劉邦團隊應變之智。

「今者出，未辭也，爲之奈何？」和當劉邦沛公知道惹火項羽，「大驚，曰：『爲之奈何？』」同樣驚慌得手足無措，一籌莫展。這反應與項羽怒而擊關、擊破沛公軍的決策，高下立判。但或許正因爲這份示弱，促使手下及時出招，劉邦不僅解危，還得了知人善用察納雅言，具政治智慧能抓住民心的美名。

「大行不顧細謹，大禮不辭小讓。如今人方爲刀俎，我爲魚肉，何辭爲？」樊噲以「受制於人，任人擺弄」的處境，行必要之惡；做大事的人不拘泥於小節，有大禮節的人不責備小的過錯，勸劉邦無須拘禮便宜行事。

這一語驚醒矯揉做作的劉邦，臨走前叮嚀張良估計時間，「度我至軍中，公乃入。」而張良也如期回到軍帳宴廳收拾爛攤子，據實以報：「聞大王有意督過之，脫身獨去，已至軍矣。」

項羽收下所贈一雙白璧，意味接受劉邦、樊噲說的事實，先入咸陽派兵守關之事就此翻篇。范增拔劍把千萬價值的一雙玉器摔碎，明裡是氣劉邦，暗底是氣項羽，更嘆他罔顧「天子氣」的天意，看輕劉邦的威脅養癰貽患：「唉！豎子不足與謀！奪項王天下者，必沛公也。」

「不者，若屬皆且爲所虜！」是范增命項莊務必殺劉邦的警示；「吾屬今爲之虜矣！」是范增看見的未來。然而，項羽自始至終在意的是劉邦擋關，「先入咸陽」、想「王關中」的意圖，壓根沒把劉邦當成足以抗衡的對手，更別提能與他爭奪天下，所以他忽略了范增的預言，接受了項伯「善遇之」的說解。在項莊舞劍時縱容項伯拆臺，因爲劉邦臣服而不再追究逃脫而去的無禮，避免成爲樊噲口中的虎狼之人，亡秦之續。況且，項羽既已讓劉邦讓出關中的統治權，何必討伐，落人口實？

項羽未在鴻門宴殺劉邦，埋下日後走向失敗因子的關鍵：縱虎歸山，團隊默契之差異是楚漢相爭勝負的轉捩點。項羽不僅小看了劉邦的野心耐心，和以退爲進能屈能伸的人格特質；更因得咸陽而心懷愧疚，將漢中郡分封給劉邦，以致劉邦明修棧道暗度陳倉，雍王章邯、翟王董翳、塞王司馬欣都無法抵抗住劉邦，最終呑併關中，爲日後楚漢相爭埋下伏筆。可惜的是當項羽明白「此天之亡我，非戰之罪也」時，已無力可回天！

「沛公至軍，立誅殺曹無傷。」選錯邊的曹無傷成了這場宴會中，唯一被殺的人。

換你來當作者

讀史總有所感發，或評論古人以鑑往知來，或以古人之酒澆自我心中塊壘，或藉此說比以古喻今，或慨嘆當時若能……，就不會……的惘然。如果能回到〈鴻門宴〉現場，你最想改變什麼情節？請說明原因及預設的結果，並與歷史相較分析因此帶來的效益。

誰說會無好會，我們就是要聚餐

吃飯，是天大地大皇帝大的事

柴、米、油、鹽、醬、醋、茶，這日常生活開門必備的七件事，無論把柴換成瓦斯，以咖啡代茶，說穿了都逃不了一日三餐的口腹。畢竟「人是鐵，飯是鋼」，吃飯跟水、空氣一般都是活命的根本啊！

爲了這每天必須面對的三餐，人類從採果子、捕獵的生食，到一八〇至一六〇萬年前土窯烹飪熟食，這不僅是脫離茹毛飲血的標誌，開啓美食的契機，更因爲烹飪能提供足夠的能量而成爲人類演化出今天較大的腦與身軀的祕密。科學家這項研究發現，見諸於《韓非子．五蠹》記載：「民食果蓏蚌蛤，而傷害腹胃，民多疾病。有聖人做，鑽燧取火，以化腥臊，而民悅之，使王天下，號曰燧人氏。」說明燧人氏透過教人熟食，降低病源提高存活率。

隨著火及爐灶的發現與創造，中國人翻出煎、炒、煮、炸、爆、燒、蒸、烤、燉、滷、燴、炙……五花八門的烹飪方式，並運用在地食材發展出南甜北鹹、東辣西酸的菜系，山蔬海味別具流派的門道。其中所涉及的科學技術、藝術設計，習俗傳統和思想哲學上可登學術研究的殿堂，下爲市井營生的絕活，談笑的話題。因此，以飲食爲基礎建構出的文化，幾乎等同於民族人生百味和歷史文化，如日本刺身魚膾、生魚片的生食習慣，源自古代爲漁獵農耕文化。

有別於講究衛生、健康、營養的歐美飲食觀，中國人追求色香味俱全，硬是把吃進嘴裡的任何東西都當文化琢磨，將相關的器皿、擺飾、名稱、情境、儀式推向藝術的極致。如《舌尖上的中國》紀錄片，透過市井飲食習慣展示人和食物之間的故事，由大宴小酌點心獨特的味覺審美觀、日常飲食流變看中國社會對飲食生活價值觀的思考。

觥籌交錯間的饗宴固然是主戲，但飲食之勝美不僅在脣齒撞擊的當下，更在從盤子到菜色口味的搭配、依循節氣的職人古法、文化習俗營造的藝術氛圍、桌邊服務的料理過程，和內心流動的餘韻回甘。這般吃飯的儀式感，讓一場飯局恍若觀〈桑林〉之舞，〈牡丹亭〉之劇，置身心靈於金沙鋪地的天堂。

飲食，連接深厚的人事情感和養生的智慧，「不是一家人，不進一家門」，說的是緣分天注定。「五谷爲養，五果爲助，五菜爲充，五畜爲益，氣味合而服之，以補精益氣」，是源於《黃帝內經》的叮嚀，昭示飲食均衡之道。

媽媽的味道是漂浮紅塵中安定的力量，一碗麵，一道菜，一杯茶，呼喚最深層動人的親情；動手做菜則是爲了感受生活，抓住伴侶的胃和營造家的感覺。正因爲飲食是寄託濃厚情感的最佳代言，由出生到死亡的人生階段都少不了人際往來的飲宴：滿月酒、周晬宴、生日宴、蟠桃壽宴、婚宴、畢業前的謝師宴、喬遷的入厝宴、任職的入職宴、離職前的散夥飯、喪禮後的解穢酒、脫孝服的纓紅宴。送禮回饋、人際互動的商業宴、農忙時相互幫忙，主人準備的割稻仔飯；年節歡慶都少不了象徵性的食物和聚會，如新年喝春酒走春宴、端午重陽宴、中秋喝桂漿團圓宴。

中國菜聞名全球，一飲一啄之間到底藏了哪些奧祕，且讓我們一起探究吧！

一、飲食的宇宙觀階級觀：原來座位學問大，是因為祭神和方位

筵、席，都是竹席，鋪陳曰筵，藉之曰席。殷商時席地而坐，以竹編爲筵，草編爲席。筵大（長）席小（短），筵鋪於地，席鋪於筵之上。宴飲時，座位設在席子上，食品放在席前的筵上，人們席地坐飲。

由此，筵席延伸爲席位，天子、諸侯席有黼繡純飾的身分象徵。其後變成用以衡量房間面積，如周禮有「度堂以筵」之說。隋唐後使用高足桌椅，宴飲由地面升高到桌上進行，但仍維持一人一案。明清時出現小方桌、長條桌、八仙桌、大圓桌，宴會形式逐漸由個人套餐到圍坐進餐。

筵席成爲宴飲，起於禮。禮，同醴。自盛玉以奉神人之器之禮，推而敬獻奉神之酒爲醴。隨著時間，筵席、盛器、食物、祭祀結合，延伸爲日常生活的禮儀儀式，成爲規範習俗和行爲準則。如《禮記》規範不同等級的食物規格：「天子之豆二十有六，諸公十有六，上大夫八，下大夫六」，正所謂「禮之初，始於飲食。」

古時宴會也稱爲「燕會」，燕，引申爲宴、饗，都是以飲食款待他人。宴，異體字是有酒、食、樂的醮、讌。《詩經．小雅．賓之初筵》：「賓之初筵，左右秩秩。籩豆有楚，餚核維旅。酒既和旨，飲酒孔偕。鐘鼓既設，舉酬逸逸。」

至此，筵席不僅是日常交際往來的宴飲，也是尊卑倫理、政治階級的文化象徵。自周公治禮設立規範並納入國家制度的鄉飲酒禮、大射禮、婚禮、公食大夫禮、燕禮等筵席禮儀。

無論古今中外，筵席的座位都體現尊卑主從。以圓桌而言，面對門的中間位置最大；西方以女士優先，

面對門長桌中間是女主人，長桌尾是男主人，都以右爲尊、左爲卑依次坐定。

天地與人事結合是中國的哲學觀，筵席座位也依據天地四季四方四時，以官位、年齡、親疏、貧賤關係定尊卑次序，列主、客、副位，這是自天子到庶人都遵行的禮儀禮教。《禮記．鄉飲酒義》記載：「四面之坐，象四時也。天地嚴凝之氣，始於西南，而盛於西北，此天地之尊嚴氣也，此天地之義氣也。天地溫厚之氣，始於東北，而盛於東南，此天地之盛德氣也，此天地之仁氣也。主人者尊賓，故坐賓於西北，而坐介於西南以輔賓。賓者，接人以義者也，故坐於西北。主人者，接人以德後者也，故坐於東南，而坐饌於東北，以輔主人也。」後世基於此規矩，賓主相見，客人坐西方以示敬重，主人坐東方的席位陪客，而稱「東家」。師，尊爲上賓，故「西席」、「西賓」成爲代稱。

雖然不同時代坐次不同，歷代帝王都取法八卦中的南方之卦「離卦」所指太陽正當中時，照耀南方，使萬物顯明之意。帝王大殿、龍椅寶座坐在北方面對南方，象徵透達事理，治理天下。於是南面爲王，帝王坐北朝南接見臣僚，而臣僚站南朝北的政治密碼，如「劉邦與項羽俱北面受命懷王」，意味北面稱臣。由此延伸出朝拜、議事、宴飲時，「堂上以南向爲尊，卿、大夫西面北上」的慣例，以及北面投降之意。

二、藝文流動的饗宴：捕捉大千世相，透視人間百態，留存生活萬般滋味

世界名畫中不乏以食物爲主題的描繪，而宴會的意義也往往如偵探推理小說，暗藏玄機。如達文西爲米蘭聖瑪利亞感恩教堂所創作的大型壁畫〈最後的晚餐〉，還原聖經記載耶穌被捕前與十二門徒共餐的情景。畫面上耶穌居中鎮定自若，預言「有其中一位門徒將出賣我」，兩旁各門徒神情各異，叛徒猶大抓著出賣耶穌的三十塊銀幣酬勞，驚慌失措。其後安迪．沃荷、畢費、達利等以不同的畫風和角度詮釋，展現出各自想

像的〈最後的晚餐〉。

飲食，也是階級的象徵，生活處境的靜巷。梵谷〈吃馬鈴薯的人們〉以昏黃燈光下消瘦無奈的礦工神情，表現底層階級貧苦窘困的生活；畢卡索〈盲人進餐〉以深淺不同的藍，留下盲人無助的悲傷。而雷諾瓦〈煎餅磨坊的舞會〉、〈船上的午宴〉、莫內〈草地上的午餐〉以光點製造朦朧、輕快的印象派，表現出貴婦名媛優雅的閒適。

美食是影視主流，youtuber憑著能吃、愛吃、懂吃的本領，吸粉無數，甚至轟了個五一七吃貨節。許多電影拍出料理職人精神、虔誠心意和人情糾葛。醫女《大長今》講述中醫和飲食融合的朝鮮宮廷御膳文化，掀起韓流，炒出觀光。是枝裕和《小偷家族》裡，熱騰騰的泡麵是只有自己懂得疼惜自己的溫暖，外酥內軟的可麗餅是撫慰孤獨挫敗的享受。《飲食男女》裡，廚師老爸以一桌美食試圖修補親子關係，卻在代溝的價值觀下被輾碎。草根性強烈的《總鋪師》重現古早味辦桌菜、《料理鼠王》以造型可喜的雜菜煲，演繹出迪士尼式的美夢成眞、《教父》中在端上柯里昂家族家傳的牛肉丸義大利麵時，點出「君子報仇，十年不晚」的冷峻。

無論滄桑世變，江湖上一笑泯恩仇，市井裡一桌酒菜裡有乾坤。就拿中國古典小說的飯局來說，《三國演義》曹操劉備煮酒論英雄宴，笑裡藏箭；更別提酒色漫溢的《金瓶梅》、《水滸傳》裡孫二娘慣做的人肉包子，處處隱藏玄機。至於《紅樓夢》顯見的是富貴人家生活品味，和江南精緻的文化底蘊。一兩銀子一個的鴿子蛋、做工繁複「得多少雞配它的」的茄鮝，讓劉姥姥直唸阿彌陀佛。還有螃蟹小餃子、藕粉桂花糖糕、松瓤鵝油捲……，以及妙玉用舊年雨水泡出的老君眉茶，不過劉姥姥一飲而盡後，嫌棄的說「茶淡了，再煮濃一些就好了。」曹雪芹以這輕描淡寫的三言兩語，便分出不同生活背景的價值觀和對飲食的追求。

三、飲食的身分認證：皇家擺宴請大餐，讓你恩寵榮華登上熱搜榜

《詩經》的〈鹿鳴〉、〈常棣〉、〈湛露〉篇都與筵席有關。「呦呦鹿鳴，食野之苹。我有嘉賓，鼓瑟吹笙。吹笙鼓簧，承筐是將。」合群溫馴的鹿覓得美食，便呦呦呼朋喚友，故國家慶典、出師告捷、冊封皇貴妃親王、登基加冠、招待外賓，天子宴群臣嘉賓名之為「鹿鳴宴」。唐代春日上巳「曲江宴」，是歷時一百七十多年的貴族豪華盛宴，王公貴人同赴長安城東南的曲江園林，賞天光水色，品宮廷御宴美味佳肴。

隋唐科舉是國家選才任官的大事，對於過五關斬六將的讀書人，自然要以國宴款待表示慶賀。如通過鄉試考試，取得舉人身分的「鹿鳴宴」；通過禮部考試的進士，參加「曲江宴」，又稱「探花宴」、「聞喜宴」，因曾設宴于瓊林苑，故至明清賜新進士宴稱「瓊林宴」。

這宴會有三段儀式，先是遊曲江，由當年進士中選出才華和顏值兼具的「探花使」，逛遍杏花園選出名花，迎接狀元。接著到杏園參加「探花宴」，最後是到慈恩寺內「大雁塔題名」。如白居易中進士後在慈恩寺題下：「慈恩塔下題名處，十七人中最少年」，得意之情溢於言表。孟郊〈登科後〉：「昔日齷齪不足夸，今朝放蕩思無涯。春風得意馬蹄疾，一日看盡長安花。」對比之間，道盡一舉成名天下知的意氣風發。

吏部選拔之後，讀書人正式進入官場，同僚、親朋好友來祝賀，主人要準備豐盛酒菜，並以樂舞款待，是為「神龍燒尾，直上青雲」的「燒尾宴」。根據詳實記錄唐代史料的筆記小說《封氏聞見記．士子初登》，燒尾的意義一是老虎變為人，尾巴猶存，必須焚除才得成人，而剛任官的進士就像老虎變人，本尾猶在，「燒尾」方能蛻變。二是新羊入群，群羊欺生，只有將新羊尾巴燒掉，以融入群羊之中。這些說法都指向協調官場人際關係，融入團體潛規則的默契，燒虎尾、龍尾以化龍，更寓含從此飛黃騰達之意。

以目前所見《燒尾宴食單》五十八種菜點看來，做工之細巧堪比五星級米其林，食材之豐富遍及山珍海味飛禽家畜，匠心獨運的特色菜花樣之多，令人對唐代財富、醃漬爆炒燒烤技術之高超嘖嘖稱奇。

康熙六十大壽，舉辦大型尊老、敬老的「千叟宴」，又稱千歲宴。雖然有人評價這由國家包辦一路食宿交通，是清廷籠絡人心之舉，但老人們莫不喜孜孜地盛裝赴宴。皇帝以身敬老尊賢的舉措，普天同慶的筵席從西直門排到暢春園，千位老人齊聲祝賀，對於皇帝與耆老而言，都是此生最難得的場面。

其後，康熙過年宴請蒙、滿、漢文武大臣、退休官員，與年齡六十五歲以上的老人於乾清宮舉行千叟宴，皇子、皇孫們侍立觀禮，並爲老人們斟酒。乾隆辦了八百桌宴席，還親自爲九十歲以上的壽星斟酒，並賞賜錢財、珠寶、如意、壽杖等貴重物品。可想而知這些耆老回鄉時，一路轎子護送，親友兒孫夾道迎接，圍繞家門觀看御賜的場景多麼風光。老人家說起恩隆禮洽萬古未有的滿漢全席，那可是一輩子最金亮的冠冕，讓活得長長久久的長者不必淪落至《楢山節考》山林內棄老餓死那般淒涼，而能在電視新聞上露臉，在鄉親面前長面子！

四、文人雅士的飲宴：筵必有舞樂，飲必有卮酒，會必留詩文書畫

孔子生活簡樸，卻是美食家，既講究選料、刀工和烹調方法，也要求合常度：「食不厭精，膾不厭細」、「割不正不食」。後世順此發展出標榜孔府壽宴、喜宴、家宴、便宴等招徠賣點的噱頭。據說孔家宴不但注重色、香、味、形，講究「精菜細作，細菜糖炒」，更在意「器」、「意」和儀式。這最高規格的宴席，演變爲清朝國宴招待皇帝和欽差大人的「滿漢全席」，一百九十六道菜，足足要吃四整天。菜品稀有珍貴，烹調奇特，山珍海錯種類繁多，直教人瞠目結舌。

文人雅士追求的並非豪華宴會，反而是杯碗盤碟，有道是：「食因器而增色，茶因器而添香。」五代末期周世宗以「雨過天青雲破處，這般顏色做將來」，這句話催生出青瓷，宋徽宗的浪漫成就了汝窯天青釉瓷。

其實，味不在奇異，而在記憶。馬塞爾・普魯斯特《追憶似水年華》始於「瑪德萊娜小餅」讓他萌生一種美不可言的快感：「有如愛情在我身上起作用，以一種珍貴的本質充實了我，讓我不再感到自己碌碌無爲，威脅渺小，凡夫俗子。」而開啓這綿長的一生回憶，重現時間裡的細節。

歷史上有幾場被漁樵於江渚之上評頭點足津津樂道，被轉貼引述留言爆表的飯局。文氣飄飄者如曹操「銅雀臺宴」上，天下第一才子曹植展才揚華，曹操徐徐寫下〈短歌行〉：「青青子衿，悠悠我心，但爲君故，沉吟至今……周公吐哺，天下歸心」的宏圖氣宇。

魏晉時，既有劉伶的〈酒德頌〉越名教而任自然；又有春日正好楚囚對泣，王導厲聲變色的新亭宴。但最廣爲人知的是王羲之「修禊之宴」，帶著幾分因欣然所遇的親朋好友，惠風和暢仰觀宇宙之大的興奮，「天下第一行書」王羲之以鼠須筆在蠶繭紙即席揮毫〈蘭亭序〉，讓唐太宗千方百計占爲己有。

飲食在烹煮時自是有其天地玄黃，發爲文字也飽藏餘韻。李白〈春夜宴桃李園〉：「開瓊筵以坐花，飛羽觴而醉月。」歐陽脩〈醉翁亭記〉：「臨溪而漁，溪深而魚肥。釀泉爲酒，泉香而酒洌；山餚野蔌，雜然而前陳者」，起坐喧譁的太守宴，都在飲酌之間觸發靈感，汩汩流動暢懷的文彩。

宴會的風流餘韻，因紅袖添香，也管弦歌舞因而增添無限滋味。時空並置的〈韓熙載夜宴圖〉依時間分爲「聽樂」、「觀舞」、「暫歇」、「清吹」、「散宴」五個段落。身穿南唐官服的賓客們或站或立，觀寵妓王屋山跳〈六么〉舞，翩翩飛起裙襬如彩雲，韓熙載穿著寬鬆袍擂羯鼓助興；聽女樂彈絲吹竹，擊掌助興調笑歡樂。但在這清歌豔舞熱鬧的宴會上，主人韓熙載狂放不羈的表情下卻落落憂鬱，難道他猜出李後主派畫家顧閎中觀看夜宴的意圖？還是已了然南唐國運油盡燈枯？

李後主沒想到的是聽說韓熙載生活「荒縱」，派畫院待詔顧閎中到窺探之後，自己不久會成爲趙匡胤俘虜，關在汴京還封了違命侯這般羞辱的名號。農曆七夕，李煜四十二歲生日這天與后妃們聚會，寫下了悲戚的〈虞美人〉：「春花秋月何時了？往事知多少。小樓昨夜又東風，故國不堪回首月明中。雕欄玉砌應猶在，只是朱顏改。問君能有幾多愁？恰似一江春水向東流。」也在這樣的宴會上，宋太祖遣使賜來生辰禮物「牽機酒」，李煜就這麼被毒殺而亡。

遙望之際，空中傳來〈玉樓春〉：「晚妝初了明肌雪，春殿嬪娥魚貫列。鳳簫吹斷水雲間，重按霓裳歌遍徹。臨風誰更飄香屑，醉拍闌干情味切。歸時休放燭花紅，待踏馬蹄清夜月。」那時候的李後主瀟灑俊秀，春日笙歌宴飲眼裡盡是裊裊情思，滅盡紅燭的月光似酒，這是飲宴的聲色，是一個不該生在帝王家的文青浪漫的雅致逸興。

五、飲食的民生經濟學：有飯可以吃得看老天賞臉，政府作為

在天災無法控，戰爭無法逃，土地沒得耕的亂世，吃飽飯成了頂天大事，是以中國人見面的第一句話常是「吃飽了沒？」而「足食」，也成了儒家國是論壇的首要目標，如孟子以「仰足以事父母，俯足以蓄妻子」的飽食爲民生基本。商鞅變法，重農抑商、獎勵耕織的根本就是養活每張口，進而讓全國豐衣足食，建立對秦國的忠誠信心，震懾六國的實力。

《漢書》這麼寫著：「王者以民爲天，而民以食爲天。」時至今日，民生經濟仍是企業發展、選戰競

爭、國家經濟政策的關鍵。餐桌經濟學更關乎生產、消費、運輸、公平貿易、社會福利、國民健康、氣候變遷和永續循環，成爲聯合國致力的議題。

老子「治大國如烹小鮮」，指治國猶如燒煮一條小魚，切不可心高志遠急於成效，在未宏觀全局前便大刀闊斧任意翻攪。唐以一夫授田百畝的均田制，年老時百分之八十歸政府，二十傳家人，這傳之久遠而務實的制度創造出倉廩實人口大增的國力。王安石春耕時低利貸款，秋收時還款的青苗法，也是爲解決民生問題，可惜本是一樁德政因施行過急，未能取得朝野共識而終止。

不過，任憑政治人物費盡心思隔空過招，經濟學者殫精竭慮評估資本獲益，都敵不了全球暖化導致的乾旱水災對田地作物的毀壞，穀物價格飛揚；擋不了疫情引發物資短缺的困境。這一切看似老天之意，歸根究柢是人類自作孽的結果，所以爲了己利利人，爲了讓子孫不挨餓，我們不能像晉惠帝無知地說：「爲什麼不叫老百姓吃肉粥呢？」而是從儉樸生活節約飲食做起。

六、飲食的政治哲學：禮法綑綁封建祭祀，飯局眉角暗藏機鋒

以食物象徵制度、禮法、信仰的儀式，具有強烈的政治意涵。在萬物皆有靈的年代，商人尙鬼，由甲骨文可見無事不卜。周崇拜祖先重視繁衍，創立諸侯各按封地，依與王都距離，擔負不同義務的封建制度。爲結合宗法與封建，故諸侯疆域內有宗廟作爲地區神殿，受眾人供奉。天子在年終時，將來年曆書、政令書頒給諸侯，諸侯藏之於宗廟中。每月初一，諸侯率文武百官以殺了但未煮熟的腥羊告祭於廟，然後上朝開會，宣布政事。

孔子的學生子貢，想要廢掉每個月初一告朔之禮所供奉的生羊。孔子感慨地說道：「賜也，爾愛其羊，

我愛其禮。」因爲表面上子貢廢的是一隻羊，實則捨棄祭祀儀式背後一統的禮法制度，藐視國家政權，意圖各自爲政。

政治外交上屢見折衝樽俎化干戈爲玉帛的飲宴，但也有不少如鴻門宴屬於「會無好會，宴無好宴」，諜對諜的權謀較量。武威赫赫者有藺相如不辱使命保住十五座城的「澠池會宴」、計外計得當屬周瑜反間，陷害蔡瑁及張允的「群英宴」都暗藏爾虞我詐的玄機。政治人物宴會上，吃的不是飯，而是心機交鋒，宋趙匡胤四兩撥千金，「杯酒釋兵權」的太祖宴，算得上天花板級的高手。

一分鐘透視吃飯這件大事

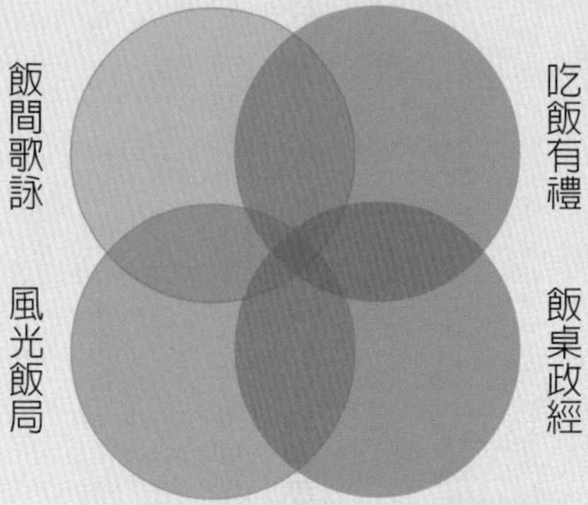

穿越時空，走進歷史

每個民族都有引以為豪的國民美食，譬如印度的印度咖哩、義大利披薩、法國松露、德國豬腳、美國漢堡炸雞、馬來西亞椰漿飯、肉骨茶、新加坡海南雞飯、泰國打拋豬肉……，至於臺灣大街小巷的珍珠奶茶、鹽酥雞、臭豆腐、滷肉飯、蚵仔煎、小籠包更是觀光客趨之若鶩的焦點。

有人說每個臺南人都有自己的巷子口美食名單，你所居住的地方或旅行所見有哪些美食？它們牽繫出什麼樣的舌尖享受、技藝手法和情感故事？請以「我的美食路線」為題，報導你所嚐所見所聞所思的大宴小酌，糕點飲品，並分析其背後的民俗文化風土民情。

出師表

（抒情應用）

鞠躬盡瘁的背影

一場知其不可而為之的人生之戰

在歷代文臣武將中，諸葛亮的人氣指數高到蘇東坡讚嘆道：「移五行之性，交四時之令。人也？神也？仙也？吾不知之，眞臥龍也。」

儘管中國的帝王都是命中注定的天選之人，但若無神機妙算的謀士，以預知未來的占卜，透視眼前的水晶球浮現的命運，獻玄謀奇計幫襯，也難掀起風雲讓龍虎嘯聲，當神器之重，居域中之大，將崇極天之峻。譬如通天徹地，智慧卓絕鬼谷子教出龐涓、孫臏、蘇秦、張儀，左右戰國局勢；輔佐武王伐紂建立周朝的姜子牙、佐劉邦創漢，「運籌帷幄之中，決勝千里之外」的張良、輔助朱元璋登上皇位的劉基，都是帝王崛起背後不可或缺的頂梁柱。

這些謀士在歷代官方史冊、文人評述、民間傳說、小說詩歌戲曲舞蹈中被不斷傳誦。尤其是「上知天文，下知地理」的諸葛亮，在心理、文化、政治、角色的投射下，被戰神化、道德化、天才化，甚至宗教化、術士化，以致在時代中不斷發酵出無人可及的流傳度，影響度。

夏志清在《中國古典小說導論》說道：「在正史裡他被當做一個法家行政人才，民間把他設想成一個道家裝束的法師，可是在小說中他大體卻是個像儒家一樣，明知不可為而為，以報知遇之恩的政治家。儘管小說家為了迎合大眾趣味，肆意渲染他年輕時代隱居山林的道家作風和他的道術，事實上這兩點倒加重了他服膺儒家一事的強烈的悲劇性。」

但在大多數人的認知裡，寧可基於「戰爭小說的心理期待」、以及完美超人的投射，相信羅貫中《三國演義》中，以出奇制勝的空城計、草船借箭、借東風助周瑜火攻破曹操大軍包裝出來的孔明；而不願意接受陳壽《三國志》對於諸葛亮五次北伐都以撤兵收場的所評述：「亮才於治戎為長，奇謀為短，理民之幹，優於將略」，「連年動眾，未能成功，蓋應變將略，非其所長歟！」

不過，依據正史「身長八尺，容貌甚偉，面如冠玉」的描述，諸葛亮堪稱圈粉俊男，符合人們心中羽扇綸巾從容瀟灑之感。妻子雖「髮黃膚黑，面貌奇醜」，卻是荊州名門閨秀，家世顯赫，賢慧有德，不僅讓諸葛亮發明「木牛流馬」，在六出祁山調運糧草立下戰功，更讓他這位無權無勢的孤兒登上名士圈，還得了一個娶妻取德不取貌的美名。

諸葛亮的特立獨行還表現在人人搶地盤，爭鋒頭，聚群眾的後漢亂世，他卻躲到隆中種田，唱著〈梁父吟〉沉浸於讀書之中。他為自己定下的人設是，成為輔佐齊桓公成為春秋第一個霸主的管仲、以弱勝強扶持燕國功下齊七十幾座城池的樂毅。當時人們只當這話是瘋言瘋語，只有徐庶比之為「臥龍」，並將他推薦給劉備。

那時候，沒有人料到二十七歲的諸葛亮以〈隆中對〉定下三國局勢，讓劉備鹹魚翻身躋身三足鼎立的位置。諸葛亮自己怕也沒想到此生會爲了劉備「鞠躬盡瘁，死而後已」，留下杜甫〈蜀相〉的千古慨嘆：「丞相祠堂何處尋，錦官城外柏森森。映階碧草自春色，隔葉黃鸝空好音。三顧頻煩天下計，兩朝開濟老臣心。出師未捷身先死，長使英雄淚滿襟。」

話說劉備死後，諸葛亮平定南方，在益州疲弊、強敵熾盛的不利情況下，兼具「智慧」與「忠貞」的他執意發動五次北伐，最後死於五丈原。《三國志》作者陳壽將北伐失敗歸於「蓋天命有歸，不可以智力爭也」所致，司馬光順此扔下自取滅亡的批判：「自負才能，逆天而行，自取敗之也。」

面對反對者認爲魏強蜀弱勝算微小，勞民傷財不如固守疆域；贊成者主張與其坐以待斃，不如出師，而肯定諸葛亮是以打不死的蟑螂求生法則，樹立頑強對抗的硬漢形象。一向謹慎的諸葛亮難道在出師前沒評估現有的實力和將付出的代價？司馬懿稱「天下奇才」的諸葛亮，以八陣對抗曹魏騎兵獲勝，這樣具用兵之法的軍師，難道不懂得《孫子·謀攻》：「上兵伐謀，其次伐交，其次伐兵，其下攻城」，用兵之道，以計爲首？更不可能不沙盤推演兩軍作戰可能發生的衝突與損傷。

由此可知若非提出強烈而一致的國家目標，讓「出師有名」，若無「天時地利人和」的時機後援戰力，以及預期最大化的獲益，策無遺算的諸葛亮怎會投入這場賭徒式的武裝戰役？

這答案，在〈前出師表〉：「北伐曹魏，興復漢室。」亦在〈後出師表〉的敵我分析之中：「先帝慮漢賊不兩立，王業不偏安，故託臣以討賊也。以先帝之明，量臣之才，故知臣伐賊才弱敵強也。然不伐賊，王業亦亡，惟坐待亡，孰與伐之？是故託臣而弗疑也。」可見諸葛亮打這沒有勝算的北伐之戰，是為博那微乎其微的翻盤機會，就算是蚍蜉撼樹，也要捍衛主權，宣示不服輸不示弱不妥協的意志，讓曹魏不敢小覷這螳臂當車的決心。

至於「賊適疲於西，又務於東，兵法乘勞，此進趨之時也」的審慎評估，和試圖以國家存亡之戰激起同仇敵愾，消弭蜀漢統治集團內元老、益州、荊州、東州不同派系紛爭，也都導致北伐是不得不然的決定。不過，作為臣，軍令尚需主君同意；作為受託孤的父，此去生死未卜，國家行政還得殷殷叮囑，而有了〈前後出師表〉的千言萬語化為涕淚的心情。

出師表

- 陳述心志
  - 獎率三軍，興復漢室。
  - 感激先帝，為蜀驅馳。
- 期勉後主
  - 治國之道
    - 開張聖聽，尊賢遠佞，分層負責，執法公正。

出師

- 益州疲弊　危急存亡
- 北伐曹魏　興復漢室

表

- 賞善罰惡　開明之治
- 開張聖聽　親賢遠佞

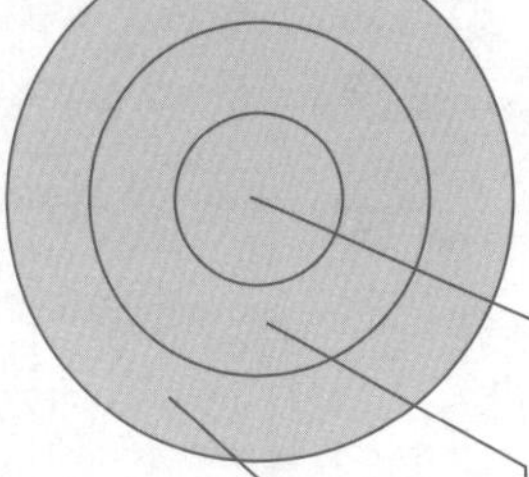

出師目的（北伐曹魏，興復漢室）

出師準備（文武官員忠貞死節／南方已定，兵甲已足）

出師背景（處境：危急存亡之秋／身分：輔佐蜀君二十一年，夙夜憂勤）

主題概念

國家生存發展

- 對手、問題
- 資源、條件
- 信念、精進
- 策略、執行

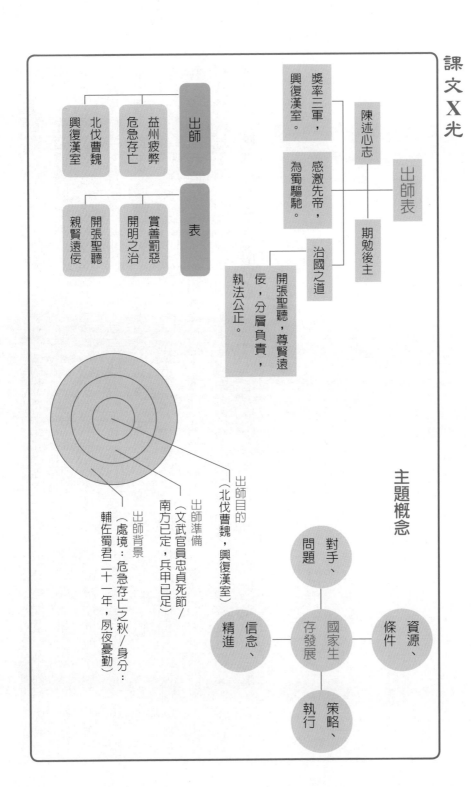

不是我要打，而是時機恰好：出師的背景、原因和救亡圖存目的

> 臣亮言：先帝創業未半而中道崩殂，今天下三分，益州疲弊，此誠危急存亡之秋也。

這段文章簡明扼要地勾勒出師的背景在天下三分定局之後，直言蜀漢處境，客觀事實呈現的劣勢刀刀見骨，爲「出師」定下生死存亡的關鍵意義。

這時的蜀漢不再是流離的烏合之眾，寄人籬下的傭兵，而是足以與東吳、曹魏平起平坐，主權獨立的政權。這段將出師的軍事拉高至爲生存而戰的層級，故此刻唯一的目標是凝聚置之死地而後生的團結氣勢，以鞏固三分局勢；所有的政治思維與行動都基於化解危機振衰起敝，進而開拓國家發展機會。

然而，此刻偏居一隅的蜀漢風雨飄搖，西元二二三年「先帝創業未半而中道崩殂」。故君駕崩，十七歲的劉禪登基，正是敵國覬覦攻掠的時機，「北畏曹公之強，東憚孫權之逼」。再加上西元二二三年劉備爲報孫權殺關羽之仇，親率軍隊從秭歸出發，沿長江翻山越嶺攻東吳的夷陵之戰大敗，劉備在白帝城絕命，參戰的蜀漢將領幾乎全數陣亡。先前奪取的宜都郡、固陵郡被東吳收復，導致國力大減「益州疲弊」，人力、物力困乏不足。

按常理，因應內外交困的「危急存亡之秋」，最上之策是休生養息，嚴防敵方趁隙而入。但曹魏兵敗祁山，曹丕病逝，明帝即位；孫吳兵挫石亭，可謂天賜時機。因此，諸葛亮遣使與東吳恢復同盟，共同對抗曹

魏，同時一連上了〈前出師表〉、〈後出師表〉，「前表開導昏庸，後表審量形勢」，準備揮師北伐，奪取魏的涼州。

只不過，這內心小劇場的軍事謀略無法昭示，只得在指出「危急存亡」關卡處戛然而止，讓出師定調於化急解危救亡圖存之戰。但畢竟強敵窺伺，要完成統一江山興復漢室的路途艱鉅而遙遠，基於臣與父的角色，諸葛亮藉出師的行動，對劉禪道出蜀漢創業維艱、守成不易的歷程和爲政者階段性任務。

SWOT盤點有利條件，凸顯軟實力：期許劉禪廣開言路，自信自立察納雅言

> 然侍衛之臣不懈於內，忠志之士忘身於外者，蓋追先帝之殊遇，欲報之於陛下也。誠宜開張聖聽，以光先帝遺德，恢弘志士之氣，不宜妄自菲薄，引喻失義，以塞忠諫之路也。

承盤點益州疲弊、先帝崩殂二個劣勢之後，諸葛亮拉高人才懷抱報答的忠心之優勢，最後將存亡的關鍵推向劉禪的心態。這是諸葛亮爲人父的教導叮囑，爲人臣的逆耳忠言，更是背負興漢隆國理想與使命的軍師論點。故以「此誠危急存亡之秋」、「然」、「誠宜、不宜」三個關鍵語詞串起首段的總綱。

基於〈出師表〉不僅在表忠貞死節之心和出師必勝的準備與決心，更在於臨行前對後主的進諫，是以此段不就出師的準備著墨，反而將筆鋒轉至蜀國內外臣子以命守護的心態。其作用和與前小節的連接性在「民心足以讓眾志成城」，故承前段益州處境客觀條件之不利，就人才效命的軟實力增強士氣。另則藉忠臣感念先帝託出爲君之道，提點劉禪君王當廣開言路虛心納下，施以恩惠得到人才向心。

《荀子．君道》：「君者民之原也，原清則流清，原濁則流濁。故有社稷者而不能愛民，不能利民，而

求民之親愛己，不可得也。」這是劉備讓「侍衛之臣不懈於內，忠志之士忘身於外者」的關鍵。「殊遇」二字，表面是君王對臣下特殊的寵遇，實則彰顯劉備處事「仁厚」之德。畢竟「君使臣以禮，臣事君以忠」，爲政者當心懷敬意待下，合理要求，才能讓內臣外將捨身以報。「蓋追先帝之殊遇，欲報之於陛下也」，進一步將此忠心延續到後主，既爲下文親之信之用之的鋪墊，也強化敗部求活的籌碼在得民心。

《荀子．臣道》臣道在「勸諫」、「苦諍」、「輔助」、「匡正」君主，成爲依從正確的原則做事，而不是依從國君主張做事，「從道不從君」的法家弼士。故此處，諸葛亮「誠宜開張聖聽，以光先帝遺德，恢弘志士之氣，不宜妄自菲薄，引喻失義，以塞忠諫之路也。」表面上以「宜」、「不宜」將告誡降低爲謙遜的勸勉口氣，以合乎臣子的身分，實則是警示劉禪「妄自菲薄，引喻失義」的退縮，也直指反對者的心態，將導致有心報國者躊躇卻步。

領導者的使命是帶領追隨者齊心協力追求目標完成任務，故面對危機必須如蘇洵〈心術論〉所言「泰山崩於前而色不變」的鎮定，讓臣民「無所顧忌，有所依靠」，同時以謙虛的態度發揮群眾基礎的力量。是以本段重點在勸諫劉禪「開張聖聽」，深究其背後意涵與用意，乃基於攘外必先安內，否則國內政局不穩徒增煩憂。是以用「不宜」二字，否定劉禪「妄自菲薄，引喻失義」的認知基模，與遠避賢能，消極退縮苟且的自貶心態，強調「誠宜開張聖聽」。明白地指出領導者的責任是對國家未來懷抱信心，激勵士氣突破困境創造新局，讓「侍衛之臣不懈於內，忠志之士忘身於外者」能夠受肯定，「追先帝之殊遇，欲報之於陛下」的忠心得以實踐，發揮人謀的作用。

跟著我這樣做，公平開明的領導學：建立體制尊重專職，客觀執法理性執政

> 宮中府中，俱為一體，陟罰臧否，不宜異同。若有作奸犯科及為忠善者，宜付有司論其刑賞，以昭陛下平明之治，不宜偏私，使內外異法也。

以文意而言，此段繼前述出師的時機、動機與後方的安置之後，應順「開張聖聽」，提出忠諫人選，豈料話鋒一轉，朝向「宮中府中分離」、「內外異法」等治國態度的問題。

陳壽在《三國志》肯定諸葛亮「長於治戎，理民」，認為其治國「立法施度，整理戎旅，……科教嚴明，賞罰必信，無惡不懲，無善不顯，至於吏不容奸，人懷自厲，道不拾遺，彊不侵弱，風化肅然也」，行政幹練可比管仲蕭何。由此可推知諸葛亮以父的立場，教導劉禪為君之道，畢竟復興漢室的基礎在蜀國安定強國，而法正是理民的綱紀、政治清明的顯現。

諸葛亮治國主張要「禮、法兼施，德、刑並舉」，使人懷自厲吏不容奸。由正史所記載：「畏而愛之，刑政雖峻而無怨者，以其用心平而勸戒明也」，可見他處事公平，勸導誡令明確有據，故百姓敬畏刑罰嚴厲卻無所怨懟。

依秦漢與蜀漢官制，丞相，相當於百官組成的政府，為獨立的行政系統，負責處理國家事務，所有政令必須經過丞相批准。皇帝是國家領導人，有絕對的權威處理宮中事務及人事任免，而不需要與任何人商量。但儘管皇帝掌握宮中的絕對權力，對府中的行政事務卻不能直接發布指令。此處提出「宮中府中，俱為一體」的原則，表面上是強調宮中和府中權職雖分，卻是國家整體統治體制；實則隱含二者間的矛盾，由後文看來問題癥結顯然在劉禪「偏私」，以致造成宮中府中「內外異法」。

法律的特性在確實性、普遍性、強制性、一致性，否則無法規範百姓行爲，社會秩序崩亂，行政腐敗。「不宜偏私」是諸葛亮以父的立場，期勉劉禪接棒獨當一面的心態；「陟罰臧否，不宜異同」是實踐平明之治的執法原則；「若有作奸犯科及爲忠善者，宜付有司論其刑賞」，依事實論辨定奪是執行的具體作法。

蜀漢主要行政權力掌握在丞相手中，諸葛亮此言一方面凸顯司法獨立，皇帝應尊重體制與專業審判，維持司法循名責實的客觀性；另方面彰顯公平，開明的政治作風。「平明」，是諸葛亮安國治軍目標，其實踐的方式是建立分層負責的組織，尊重專才司職的制度，執政者秉持公平公正公開的原則，共同維護社會安定和諧。

這是諸葛亮的管理學，是以臣子的身分對君王提出的期待、諫言，更是作爲父之導引教誨，目的在培養劉禪成材成德，擔重責領導蜀漢成就帝業。

你老爸留給你的人才庫：精挑細選千里馬，保證宰輔領軍智能無雙

> 侍中、侍郎郭攸之、費褘、董允等，此皆良實，志慮忠純，是以先帝簡拔以遺陛下。愚以爲宮中之事，事無大小，悉以咨之，然後施行，必能裨補闕漏，有所廣益。將軍向寵，性行淑均，曉暢軍事，試用之於昔日，先帝稱之曰能，是以眾議舉寵爲督。愚以爲營中之事，悉以咨之，必能使行陣和睦，優劣得所也。

此段表面看是交代可用之人，並處處稱先帝，揭示就事論事的客觀態度，避開推薦自己人的嫌疑，實則顯現諸葛亮識才用人的考核標準及其影響。在行文上，先有第二段宜付有司的體制前提，指名道姓推薦人選

的敘述才能收說服之效。

三國官制中尚書是政務署，乃最高執行機關，政治權力中心，其下設侍郎、郎中等官協助尚書分領諸務。侍中是高級諮詢官（相當於顧問），主要職務就是陪侍皇帝左右，隨時規諫得失。中書是立法署，掌機密與草擬詔令，交給有關官員執行。

因此，諸葛亮針對跟國君最接近的行政官侍中、侍郎推薦。此處諸葛亮不就才能著墨，而是強調「此皆良實，志慮忠純」的人格特質，再以「先帝簡拔以遺陛下」表示經過先帝驗證與贊同的立場，凸顯劉備與諸葛亮用人重德的觀點。最後以「愚」的自謙之詞壓低姿態，提出建議及可見的效益：「宮中之事，事無大小，悉以咨之，然後施行，必能裨補闕漏，有所廣益。」此話「直而不肆」，但字裡行間已明白地點出無論大小政事要先詢問侍中、侍郎郭攸之、費禕、董允等人然後再做，言下之意是告誡劉禪不可貿然行事，獨斷獨行，否則必然有闕漏之處，隱然透露出不放心的憂慮。

至於事關國防的將軍，在引薦的理由中，除兼顧其德性與專業「性行淑均，曉暢軍事」的基本條件，特別著重於歷經「先帝稱之曰能」、「眾議舉寵爲督」兩關肯定。因爲將軍要有謀略，更必須眾望所歸才能帶兵帶心贏得服從。「愚以爲營中之事，悉以咨之，必能使行陣和睦，優劣得所也」的敘述與前段相同，都是再三叮囑，且皆以「必」字保證諮詢後行事的效益，充分表達出對推薦人選的信心，和對劉禪強烈性的期待。

切記我跟你老爸的傷痛點：銘記安邦興國的原則，親賢遠佞再造盛世

親賢臣，遠小人，此先漢所以興隆也；親小人，遠賢臣，此後漢所以傾頹也。先帝在時，每與臣論此事，未嘗不歎息痛恨於桓、靈也。侍中、尚書、長史、參軍，此悉貞亮死節之臣也，願陛下親之信之，則漢室之隆，可計日而待也。

繼前三段闡釋廣開言路，執法公平的建議，此段提升至「親賢遠佞」概念性的原則，作爲施政與安定後方的準則。

「親賢臣，遠小人，此先漢所以興隆也；親小人，遠賢臣，此後漢所以傾頹也。」諸葛亮之所以舉前、後漢的興衰，是激發劉禪挑起繼承遺志的責任，要有遠大的抱負，完成統一江山興復漢室的千秋大業。

「先帝在時，每與臣論此事，未嘗不歎息痛恨於桓、靈也」則暗示劉禪「政者正也」，切不可濫法濫權，重蹈桓、靈，親小人敗國覆轍之歷史悲劇，成爲先帝痛恨之人。順之，再次提出「侍中、尚書、長史、參軍，此悉貞亮死節之臣也」，此寫作目的是回到念念繫之的漢室。是以總結於「願陛下親之信之，則漢室之隆，可計日而待也」，將興復漢室的使命與先帝遺願繫於劉禪是否開張聖聽、能否任用賢才的關鍵因素。

還報知遇之恩，我把這生都獻給你們家：出師的行動、準備、目標與責任

臣本布衣，躬耕於南陽，苟全性命於亂世，不求聞達於諸侯。先帝不以臣卑鄙，猥自枉屈，三顧臣於草廬之中，諮臣以當世之事，由是感激，遂許先帝以驅馳。後值傾覆，受任於敗軍之際，奉命於危難之間，爾來二十有一年矣。先帝知臣謹慎，故臨崩寄臣以大事也。受命以

帝，而忠陛下之職分也。至於斟酌損益，進盡忠言，則攸之、禕、允之任也。

（方框內文字接續上頁）來，夙夜憂歎，恐託付不效，以傷先帝之明，故五月渡瀘，深入不毛。今南方已定，兵甲已足，當獎率三軍，北定中原，庶竭駑鈍，攘除姦凶，興復漢室，還於舊都，此臣所以報先帝，而忠陛下之職分也。至於斟酌損益，進盡忠言，則攸之、禕、允之任也。

文章後半部份進入出師的主題，但諸葛亮並不直言北伐的理由，而是以報「知遇之恩」的「忠」為關鍵，凸顯出師的心念絕無私心，也非義氣，全然是為蜀漢，為與先帝的共同目標。

為表達此乃生命固守執著的信念，諸葛亮展開先自述身分背景、與蜀漢發展的關係使命鋪墊出師的背景，再談出師的戰力準備與目標，表明此行奪勝的決心，最後收筆於出師安內攘外，軍事內政的個別任務與責任歸屬的敘述脈絡。

繼嚴肅而具體的治國之道後，此段轉入依時間順序，歷述明志（自述生平）、抒懷（託孤憂心）、忠願（興復漢室）等一連串「事件」。其作用在追溯感念先帝知遇而出山效命，無欲無求，一心為蜀，暗示後主無需擔心奪權篡位。同時以創業艱難守成不易，激勵後主奮發有為；統一目標尚未完成，後主當惕勵圖強。

首先是鋪陳「臣本布衣，躬耕於南陽」的身世、「苟全性命於亂世，不求聞達於諸侯」的處世態度，表明不求名利的淡泊個性，言下之意是出師不為己，所為一切都出於為蜀漢之忠，劉禪無須擔心位高權重而被傾軋，取代。這份日月可昭的耿耿之心，在臨終前〈自表後主〉還以：「臣死之日，務不使內有餘帛，外有贏財，以負陛下也！」來表明無私心不戀權之意。

這段和接下來感性敘述劉備相遇的目的，都是為凸顯出由隱居南陽到歸於蜀漢的生命抉擇，關鍵在二〇七年「先帝不以臣卑鄙，猥自枉屈，三顧臣於草廬之中，諮臣以當世之事」。此句既彰顯劉備禮賢下士謙虛誠懇的態度，更強調〈隆中對〉君臣志同道合的共識，亦即先取荊州爲家，再取益州形成鼎足之勢，同時與孫權同盟抗曹，伺機取中原，完成興漢室的霸業。

因此「由是感激」，並不單純基於劉備紆尊降貴三顧茅廬的感動，更是劉備贊同諸葛亮的天下形勢分析和未來策略計畫，那份對改變世界理想共識的知己感激。這意味成人即成己，諸葛亮出山不僅爲了劉備，更爲了實踐自己對天下的布局，忠於漢室的信仰，此乃其弟諸葛謹作爲東吳的政治家和武將，諸葛亮獨鍾於劉備之故。

這段理念相知，讓諸葛亮帶著蜀漢履險蹈危，九死一生力挽狂瀾。「後值傾覆，受任於敗軍之際，奉命於危難之間」，暗示自己永遠在打不可能的戰爭，不停爲自己理念行動，告訴劉禪今日的一切都是無數危機險境中打下來的安定；也凸顯連接兩代之間不只是同仇敵慨，更是報恩、輔君的忠誠心志。「先帝知臣謹愼，故臨崩寄臣以大事也」，是壓在諸葛亮身上的另一個重擔，也將「驅馳」歷程涵蓋過去、現在、未來的時間軸，和二二一年劉備鼎立即帝位、二二二年託孤、出師準備的身分與責任、作爲。

諸葛亮作爲臣子，承託六尺之孤，寄百里之命的重任，「受命以來，夙夜憂勤，恐託付不效，以傷先帝之明。」此言既表明爲保蜀漢命脈，戰戰兢兢全力以赴的心志，也表出師的遠因在知遇之恩，以及國存、輔君、完成目標的態度。

「思惟北伐，先宜入南」是既定戰略，也是完成劉備「託付」輔佐劉禪完成大任的實際作爲。建興三年，諸葛亮七擒七縱孟獲，網羅雲南蠻夷豪傑任聘官職，「移南中勁卒青羌萬餘家於蜀，爲五部，所當無前，號爲飛軍」；徵收金銀、丹漆、耕牛、戰馬供應軍事。這是諸葛亮「外連東吳，內平南越」，邁向「北伐曹魏，興復漢室」的步驟與準備，因此他治戎講武以俟大舉。建興五年（二二七），率諸軍北駐漢中，臨發前上疏此表。

諸葛亮執政期間，於二二八年至二三四年間對曹魏發動五次北伐，讓蜀漢取得有主動權，並奪得武都、陰平二郡，更讓魏明帝曹叡遭譏笑畏蜀如畏虎。雖因糧草補給問題，以致始終未能攻取關中、隴西、長安，諸葛亮於北伐期間積勞成疾病逝於五丈原，但魏軍遭擊敗損兵折將，雙方維持在漢中對峙的局面。

我出去打仗，你在家反思：各任其職各盡其責，公衷體國完成大業

> 願陛下託臣以討賊興復之效；不效，則治臣之罪，以告先帝之靈。若無興德之言，則責攸之、禕、允等之慢，以彰其咎。陛下亦宜自課，以諮諏善道，察納雅言。深追先帝遺詔，臣不勝受恩感激。
>
> 今當遠離，臨表涕泣，不知所云。

這篇文章的兩個重點在領導者安內爲政之道、「興復漢室」之出師目標。

第一個重點是以父的身分「教」後主爲君之道、「責」後主何者不當爲。主軸在告訴劉禪當仁君之道在親賢遠佞，實踐作爲是開張聖聽廣開言路、待臣殊遇以得人心，管理領導學是執法公平賞罰嚴明，如此方能凝聚人才志氣，建立平明之治，達到興復漢室的目標。其間處處提及劉備，顯示警醒後主之萬般諫言，無非是期盼劉禪效法父親，同時彰顯諸葛亮的政治哲學在尊重體制，分層負責、公平公正公開的作風、親賢遠佞，運用人才的態度，及爲民表率捍衛正統，鞏固國家生存的目標。

另一個重點是以臣的角度，陳述「忠」於蜀漢，「成」大業的心志。內容圍繞出師是存亡之戰的正當

性、必要性，和情勢分析選擇時機，以及出師條件是忠志之士、武器軍備糧食資源的準備、謀略規畫應變機制的安排。接下來便是張弓拉弦，而「願陛下託臣以討賊興復之效；不效，則治臣之罪，以告先帝之靈。若無興德之言，則戮允等，以彰其慢」，這段類似自願簽署軍令狀的敘述，是爲凸顯出師必勝的決心、文臣武將不懈於內忘身於外的忠心。

劉禪二二三年至二六三年任蜀漢之君，歷時四十一年，是三國在位最長之皇帝。他的前半段執政生涯「政事無巨細，咸決於亮」，因此在蔣琬、董允等人的輔佐下，與曹魏、東吳制衡維持安定。此處「深追先帝遺詔，臣不勝受恩感激」之言，是提醒劉禪謹記先帝「勿以善小而不爲，勿以惡小而爲之」的遺詔，其背後隱含後主好高騖遠，不踏實行小善而妄想一步登天；心態不誠敬，以爲小惡無損於德而苟且。這或許正是文中一而再再而三叮囑「陛下亦宜自課，以諮諏善道，察納雅言」的原因。

「今當遠離，臨表涕泣，不知所云」，這數語亦是千言萬語。所有能說的已然道盡，所有的準備都已置妥，諸葛亮深知盡人事之後，無論出師的未來、自己不在時蜀漢的情況、劉禪的作爲都掌之於他人的決斷，屬於不可知的天命。回首前塵往事，半生戎馬，瞻顧前程，路漫漫其修遠兮。

換你來當作者

「兩朝開濟老臣心」這篇文章中，表面上是陳述出師的理由與目標，實則句句針對後主論說治國之道。字裡行間流動著諸葛亮看見的後主、期待的後主，和諸葛亮的倫理政治觀、生命觀。請抽選文中生命抉擇關鍵事件，化身諸葛亮換位思考，娓娓道出抉擇的關鍵時刻時，「補白」他內心的情緒、感受及想法。

生對時代，就是佼佼者

時勢造英雄與英雄創時勢

歷史學家川勝義雄形容三國時代及魏晉南北朝是「華麗的黑暗時代」，因爲亂世極紛亂，使英雄豪傑得以大顯身手，文化百花齊放。三國，既有正史《三國志》的記述評點傳世，又有稗官小說《三國演義》的渲染鋪疊，更有詩家畫師、戲劇電影歌曲、民間藝術的展衍、漫畫卡通電玩遊戲讓人們重返這風雲時代，扮演喜歡的角色，在選擇中改寫歷史，在運勢間難逃宿命。

儘管楊慎〈臨江仙〉拉長時間笑看這詭譎多變的時代：「滾滾長江東逝水，浪花淘盡英雄。是非成敗轉頭空，青山依舊在，幾度夕陽紅。白髮漁樵江渚上，慣看秋月春風。一壺濁酒喜相逢，古今多少事，都付笑談中。」但三國人物靈動的個性光彩，飄逸流風餘韻的人情際遇又豈會於時間中湮滅，被浪花淘盡？

踔厲風發鷹揚虎視的曹操、屈身忍辱任才尚計的孫權、鞠躬盡瘁，死而後已的諸葛亮、壯有姿貌精於音樂，性度恢廓睿智透達的周瑜、雄壯威猛愛敬君子的張飛、熊虎之將戰死沙場的關羽、治軍整頓禁令必行，雖在軍陣手不釋卷的魯肅……個個都是活得精采的天選之人。四面八方竄起的英雄豪傑，人人都在這個鍾靈毓秀的時代，抓住機會躍躍勃發。

從三國到南北朝，每個國家都自稱正統，每個皇帝都號稱天命。權謀和戰爭是三國的主旋律，一片山河百戰場，其中最關鍵的是赤壁之戰，將原以爲囊中探物不費吹灰之力的南下軍團，打得落花流水。

這是三國，英雄出少年；這是非典型時代，四兩撥千金的武將謀士創造一次又一次不可思議的新局。

那時候的英雄，是一夫當關萬夫莫敵的銳不可當，是胸懷大志勇敢追夢的恆毅不懈，是臨危不懼玄謀妙算化險爲夷的安邦磐石。現今在商業操作與媒體形塑下，英雄可以是流量掛帥的網紅、投射於影視劇人物的偶像，甚至是親密伴侶、某些小人物。

既然英雄是被定義而成，在不同時代脈絡，其之所以成爲時代嚮往的典範，顯然是政治情勢、個人際遇、情感思想等交互共構的結果，其背後寄託的是價值取向。

你覺得三國人物中，誰是英雄？

羅貫中塑造關羽時，先是以文字描繪出氣宇軒昂的相貌：「身長九尺，髯長二尺，面如重棗，脣若塗脂，丹鳳眼，臥蠶眉，相貌堂堂，威風凜凜。」後是配上重八十二斤的青龍偃月刀、赤兔馬座騎、疾如風，勢如火的氣勢。最後以華陀刮骨療毒，飲酒吃肉，談笑自若下棋來襯其勇。另以橫眉冷對曹操出則同輿，坐則同的禮賢下士，讓他無奈遺憾嘆曰「事主不忘其本，天下義士也！」表現其忠。

見仁見智的表述，反映出各人的英雄的界定與想像。杜甫〈蜀相〉感嘆：「三顧頻煩天下計，兩朝開濟老臣心。出師未捷身先死，長使英雄淚滿襟。」〈八陣圖〉：「功蓋三分國，名高八陣圖。江流石不轉，遺恨失吞吳。」寫夷陵之戰劉備慘敗，蜀軍抱頭鼠竄，諸葛亮以「八陣圖」臨機制勝，這是杜甫眼裡的英雄，以智謀韜略承擔使命突破困局，憑丹心赤誠折衝千里竭股肱之力，顯現忠於國，勇於事，智於謀的價值。

蘇東坡喜歡曹操的雄才霸氣，和周瑜踔厲風發志得意滿的自信。〈赤壁賦〉中舉出曹操「周公吐哺，天下歸心」，廣招天下豪傑共成大事的野心：「破荊州，下江陵，順流而東也，舳艫千里，旌旗蔽空，釃酒臨江，橫槊賦詩」，所展現的軍容武略與文才氣勢，那是「固一世之雄」的高度與格局。〈念奴嬌．赤壁懷古〉將三國豪傑頂點推向周瑜，鎖定事業愛情兩得意所煥發的颯爽英姿，和輕鬆打敗強敵的瀟灑：「遙想公瑾當年，小喬初嫁了，雄姿英發，羽扇綸巾，談笑間、強虜灰飛煙滅。」

蘇轍〈黃州快哉亭記〉點名曹操、孫權，和其底下的軍師陸遜、周瑜：「至於長洲之濱，故城之墟，曹孟德、孫仲謀之所睥睨，周瑜、陸遜之所騁騖，其流風遺跡，亦足以稱快世俗。」辛棄疾面對南宋東南戰未休，以〈南鄉子．登京口北固亭有懷〉嘆道：「天下英雄誰敵手？曹劉！生子當如孫仲謀。」

究竟是動盪分裂的時局造就出英雄豪傑，如錐處囊中脫穎而出？還是養精蓄銳趁勢而起的英雄，創造出天下有三個太陽的三國？這些英雄如何在風雲際會中認定心目中的眞人，迎風展翅？這些具英雄氣魄的君王，如何隨機應變運用權謀，智巧行事引領群體，逆風而行開創嶄新的世代？

一、時勢造英雄：政治腐敗，戰爭頻仍，各方豪傑風起雲湧開創新局

漢是中國歷史上第二個統一的王朝，前漢建立於西元前二〇二年，二百年後外戚王莽篡位；後漢始於光武中興，終於曹丕建魏。這兩百多年君幼母專權，政局陷入外戚、宦官干政弄權，朝廷陷入循環內鬥，太學生群起抗議，導致慘被屠殺的「黨錮之禍」。靈帝爲蓋宮殿大興土木，而嚴徵苛稅，賣官鬻爵大肆聚斂，豪強兼併土地，造成「家室怨曠，百姓流離」，社會矛盾激烈民怨四起，爆發大規模的「黃巾之亂」。爲有效平定叛亂，朝廷放權給地方太守與刺史擁兵自重，袁紹、曹操受封校尉，劉表爲荊州州牧，同時縱容地主組

織私人武裝。董卓討伐戰後各群雄互相攻擊，曹操、袁紹和袁術等人揭竿起義逐鹿中原，間接促成漢朝滅亡與三國時代的開始。

失去太陽混亂無序的時勢，促使群雄蜂起決戰天下。這是人人有機會，是成而爲王，還是敗而爲寇？是英雄還是階下囚？是生是死都如羅盤的骰子充滿變數，也充滿無限翻盤可能。但佼佼者如星般升起照亮黑夜，在怒濤的江浪中煥發出雷霆萬鈞的氣勢。

所謂天時，是分久必合的時機，是運會所趨的英雄豪傑四起。劉備頂著景帝之子中山靖王劉勝後代的光環，與關羽、張飛鎮壓黃巾之亂有功，被推爲豫州刺史屯駐沛縣，但始終是傭兵而無根據地，不斷流浪。直到徐庶推薦孔明，在諸葛亮眼裡，劉備具有血統、德行和企圖心：「帝室之胄，信義著於四海，總攬英雄，思賢如渴」。是以，提出得荊州、益州和外交內政的決策：「若跨有荊、益，保其巖阻，西和諸戎，南撫夷越，外結好孫權，內脩政理……誠如是，則霸業可成，漢室可興矣。」

至於出身名門大族的東吳，也因亂世而起。袁紹組聯軍討伐董卓，孫堅勢如破竹直逼洛陽，孫策、孫權繼父位稱霸江東。英雋異才的周瑜與孫策情同兄弟，同年的二人分別納大喬、小喬，相互成就大事。孫策遇刺身亡，周瑜輔孫權討伐江夏。劉琮率眾降曹，占領荊州，漢建安十三年（二〇八年）秋，曹操對孫權發出以八十萬軍力會獵江東的書信，孫權接到曹操駐軍漢上送來的檄文，心知曹操表面上約其打江夏共擒劉備，實則意圖併吞江東。面對大軍即將南征壓境，是戰是降？東吳群臣各有主張。

這是危機，也是轉機。獨英雄，具有看見時勢的洞察力、找到合適環境的遠見和對風險的布局，所以能乘時勢的風浪，掀起翻天覆地的改變。

《三國志．周瑜傳》中，指責「操雖託名漢相，其實漢賊也」，確認此戰爲討賊的正義之師；另期勉孫權承擔起英雄爲天下除害的使命「以神武雄才，兼仗父兄之烈，割據江東，地方數千里，兵精足用，英雄樂業，尚當橫行天下，爲漢家除殘去穢。」並進一步分析北土未安，曹操有後患；北方之人不習水戰、遠道而來水土不服、勞師遠征士卒疲憊等客觀事實，成功激發孫權「勢不兩立」的決心。在這場歷史性的赤壁戰役中，周瑜用黃蓋之計利用東風火燒船艦延及岸邊營寨，然後順勢率輕銳擂鼓追殺，曹軍潰散退走。

劉備掌握了這個時機，加入決定性的一戰，成爲時勢造英雄裡的幸運者。《三國志》記載：「時劉備爲曹公所破，欲引南渡江，與魯肅遇於當陽，遂共圖計，因進住夏口，遣諸葛亮詣權，權遂遣瑜及程普等與備并力逆曹公，遇於赤壁。」

時勢造英雄，意謂時也（天時地利人和）、命也（生辰八字的命格）、運也（自我體力、智力、企圖及貴人幫助）。這是天賜劉備的天時，而輪番對東吳主和派舌戰群雄的諸葛亮，也因在這關鍵時勢下精闢尖銳的利害分析，直逼人心的巧說成爲「坐議立談，無人可及；臨機應變，百無一能」，凜然無敵的英雄。諸葛亮與東吳諸將針對決戰的動機與立場之辯，也讓赤壁之戰成爲「漢賊不兩立，王業不偏安」的正義之戰，捍衛國家統一之戰。

《三國志》中詳細交代諸葛亮對孫權先使出激將法：「若能以吳、越之眾與中國抗衡，不如早與之絕；若不能當，何不案兵束甲，北面而事之！」又以劉備是「王室之冑，英才蓋世」，安能屈處人下乎，升高孫權的主權意識。最後分析劉備擁有戰士還者及關羽水軍精甲萬人，東吳戰士亦不下萬人，相對之下曹操之眾遠來疲弊如彊弩之末、荊州新降軍民不甘投降，非心服也等客觀因素，故兩軍同仇敵愾眾志成城，必能大破曹軍，形成三足鼎立之勢。

自隆中對、舌戰群雄，到蜀漢東吳聯軍正面迎戰的赤壁之戰，這一年（西元二〇八）曹操五十四歲，劉備四十八歲，孫權二十七歲，周瑜三十三歲，諸葛亮二十八歲。這是一場南北對峙的世紀之戰，是少年與老謀以少勝多、鬥智鬥奇的英雄對決，締造新銳扭轉局面，形成魏蜀吳三國鼎立的時代。

二、英雄創時勢：順勢而起，逆勢而為，亦正亦邪主導潮流

劉備、孫權都在亂世中分到一杯羹，得到一方領地，但眞正能叱吒風雲掌控政權者非曹操莫屬。能以仁義取天下，以仁義治天下，唯三皇五帝。漢末朝綱日陵，家室怨曠，百姓流離，這樣的朝代值得繼續嗎？這樣罔顧蒼生的正統應該存在嗎？如果推翻秦的詐力暴政被歌頌，何以威震四海，東據許、兗，南牧荊、豫的曹操被視爲奸邪？

任何的創新都意味打破傳統，啓動全新的思考模式；每個時勢的產生都基於有一個能看見環境變化，把握潮流的英雄，聚合四方人才創造機會，建構出全新的局面。曹操正是這樣一個懷抱野心走入亂世，看「大局」而不拘泥於「小節」的英雄。用人只論忠誠實學，不講究出身、名聲、品德，他胸有雄心，沒有傳統包袱不遵循一家，不在乎被罵「奸臣」或被抹上狡詐陰險的「白臉」，全憑讀書用才平定亂世創造秩序。

曹操以一連串征戰之功升任濟南相，卻因行政嚴明得罪地方豪強，隱居精舍讀書打獵自娛，拒絕各方拉攏。而後他散盡家財徵募鄉勇，揭竿舉義，討伐董卓。當時天下英雄豪傑都以袁紹馬首是瞻，只有鮑信認爲曹操是撥亂反正的雄才。事實正如此，董卓焚燒洛陽，挾持漢獻帝與百官遷都長安，袁紹等畏而不敢發動攻擊，唯曹操單獨引兵西行。而後聯軍各懷鬼胎，曹操使用奇兵詭計晝夜進攻，威風凜凜地平黃巾賊餘黨，收編降兵三十餘萬，掌握青州銳軍；另藉由朝廷名義討伐各地諸侯，進攻徐州大屠殺，以十倍軍力擊破袁紹大軍，征烏桓，統一華北，掌控東漢朝廷的軍政大權。

風雲捭闔的局勢激起滔天大浪，是考驗舵手，試煉英雄的場域，也是英雄展現果決智慧，開創時局的關鍵。赤壁之戰雖敗，曹操放棄統一天下的規畫，在數年之內平定西涼封公稱王權傾朝野，「挾天子以令諸侯」，繼而大規模訓練水師揮兵南下。西南方荊州統領劉表臥病，劉琮投降，曹操不費一兵一卒便探囊取之，軍隊兼程往江東意圖襲擊孫權，並追倉皇而逃的劉備。

曹操是漢相國曹參之後，常年在軍旅亦手不釋卷博覽群書，尤好兵法擅長武藝劍術，弓術出神入化之人。東漢末年的名士許劭說他是「治世之能臣，亂世之奸雄。」陳壽的評論是「非常之人，超世之傑矣」，連諸葛亮都肯定「曹操智計，殊絕於人，其用兵也，彷彿孫（武）、吳（起）。」

相較於劉備底下僅數名共生死的結拜兄弟、孫權之下多是孫策的舊屬，在漢末宦官與名士對決中，現實主義的曹操效周公吐哺握髮唯才是用，企圖重建中央政權；牢牢抓住群眾對僵化體制不滿的心理，以法家治術打破儒學的禮儀和道德束縛，因此得到眾多寒族人才支持。經學士大夫荀彧、荀攸隨行問策，並為曹操引進不少士大夫階層，和有眞才實學卻苦於出身的人才。曹操不僅用人不拘一格，對於歸順投降者，更秉持做大事不計前嫌，接受敵方來歸的武將賦以重任。如使曾奉呂布追殺自己的張遼掌管東南，讓這以七千退孫權十萬大軍的人才，成為曹操的金戈鐵馬。

曹操之所以脫穎而出的另一個作為是推廣兵農合一制度，讓流離失所者得以仰事父母俯蓄妻子，軍隊保護百姓身家安全。軍屯，指無需打仗的軍士種田生產軍糧；民屯是提供土地、種子、耕牛和農具給民眾耕作，收成則扣除佃租，歸私人所有。這套分層管理制度、合理的分成及處罰條款，不僅募得流民開墾荒田，穩定民生，更為曹軍征伐四方，提供糧需。

一分鐘透視

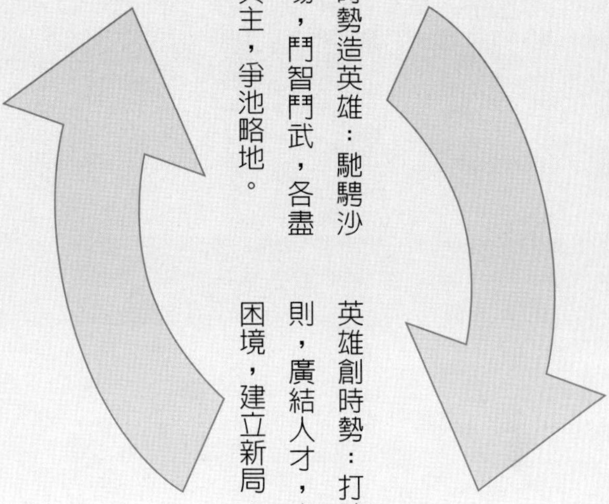
時勢造英雄：馳騁沙場，鬥智鬥武，各盡其主，爭池略地。
英雄創時勢：打破規則，廣結人才，突破困境，建立新局。

穿越時空，走進歷史

蘇洵〈項籍〉一文中評論道：「項籍有取天下之才，而無取天下之慮；曹操有取天下之慮，而無取天下之量；玄德有取天下之量，而無取天下之才。」蘇軾〈諸葛亮論〉認為「仁義詐力雜用以取天下者，此孔明之所以失也」

請就三國政治軍事名人榜上曹操、孫權、劉備、司馬懿、周瑜、諸葛亮，任選其一，提出你的評論分析。

桃花源記

（記敘）

漁人上了頭條新聞

因為失落，所以尋找，發現的出走日記

陶淵明出身仕宦之家，在世的時候卻是沒沒無名，窮愁潦倒的魯蛇。唐宋之後因為孟浩然、王維、李白、高適、杜甫、韓愈、劉禹錫、白居易、蘇東坡寫詩推文打卡傳照而聲名鵲起，文學排行榜的位置節節高升。

他活在東晉至南朝宋的亂世，因為親老家貧硬撐做官，三天兩頭鬧辭職。一會任江州祭酒，一會當鎮軍參軍、建威參軍，撐了十三年，終於發表「不為五斗米向鄉里小兒折腰」新聞稿拍桌嗆聲，在四十一歲摘去彭澤縣令烏紗帽，大筆一揮丟下〈歸去來辭〉，便載欣載奔地回家種田，連姓名都不要了，隨意以「五柳先生」為號。

他拋得瀟灑，棄得乾脆，但作為他的妻子只能強顏歡笑，默默接下原本已沉重不堪的生活擔子。一想到他當彭澤當縣令時，一心把公田全拿來種高粱好釀酒的自私，這位上得了廳堂下得了廚房的賢內助嘴角泛起一抹得意，若不是她逼得陶淵明讓出五十畝種了稻子，全家人都得喝西北風了。

率性任眞的陶淵明愛讀書，卻不求甚解；好酒，卻沒錢買酒；喜歡音樂，彈的卻是無弦琴；自言閑靜少言，但寫起飲酒詩，滔滔不絕二十首；結廬在人境，卻聽不到車馬喧；學曾祖父陶侃搬磚勤奮不懈的精神，晨興理荒穢，帶月荷鋤歸，依舊是草盛豆苗稀，缾中無儲粟。眼看幼稚盈室，短褐穿結簞瓢屢空，只得叩門乞討，幸得街坊鄰居都善解苦處，慷慨相贈，陶淵明有感於「暢談終日話投機」，「新交好友心歡暢」，縱情飲酒並即席賦詩表情意。

他有五男兒，都不好紙筆，更別提克紹箕裘爲父親寫傳；妻子爲了食指浩繁忙前忙後，他則沉浸在自己的天地中，顧影自憐曾經猛志逸四海，騫翮思遠翥的自己，哀怨如栖栖失群鳥，似孤雲獨無依，只有與酒、琴、書、菊爲伍時才感覺欣然忘食。

儘管人們津津樂道的傳聞軼事大多出自虛擬，以顯人物之神態，《晉書》把他列入〈隱逸傳〉、蕭統〈陶淵明傳〉在類型化、典範化下，也都推崇其高風亮節。這固然是陶淵明傲然自得的人生選擇，但午夜夢迴，他也曾陷入對自己任性辭官，讓人家人受累而心生懷疑不安，病重之際，給兒子的信裡對於「自量爲己……使汝幼而飢寒」、「家貧無役，柴水之勞，何時可免，念之在心，若何可言」，表露深深的愧疚。

他是文青，更是憤青，左批老闆瀟灑甩門而去，右寫〈詠荊軻〉託物言志，論暴虐的當世，寄託除暴安良的儒者之思。他亦儒亦道而又非儒非道，以魔幻的方式寫〈形影神〉，讓他們各自發表看法，批判儒家的入世官場、道教長生不死、佛教靈魂不滅，歸於老莊自然無爲的態度面超脫生死。當世人風靡煉丹求長生不老時，大病中的他作〈擬輓歌辭〉、〈自祭文〉設想死後情景，豁達自在，樂天安命地吟道：「縱浪大化中，不憂亦不懼；應盡便須盡，無復獨多慮。」蒼天似乎要見證詩人的豪氣，隨即帶走了他，歸於黃泉。

他是文學史上地標級的作家，卻不是家裡的頂梁柱。第一任妻子難產而死，第二任妻子生下四個孩子，過勞而死。幸好他自帶多情，一首〈閒情賦〉洋洋灑灑許下「十願」：望化作女子上衣的領襟，承受她姣美的面容上發出的馨香；期爲女子外衣上的衣帶，束住她的纖細腰身；盼成髮膏，在頭髮披散下來時滋潤她烏黑的髮鬢；願是粉黛，是莞草編席，是絲鞋，增添容顏嬌媚、伴她安眠，隨她行走，甚至是白天的影子、夜晚的燭光、一把竹扇，在女子盈盈握扇的刹那搧出微微涼風，甘心化爲梧桐做成她膝上的鳴琴。

試想，有誰能敵得過這樣魂牽夢縈致命級的許願？

在講究綺麗駢文，追求對仗用典的時代，他的詩一派自然本色如白開水。鍾嶸《詩品》列其於中品，給了他「古今隱逸詩人之宗」的封號，神準預言了他將被推向典律化的未來。南朝梁代太子蕭統〈陶淵明集序〉公開示愛：「余愛嗜其文，不能釋手，尙想其德，恨不同時。」

生前的種種失落遺憾，終於在唐宋詩人的慧眼下被炒上熱搜。白居易訪陶公舊宅表思慕之情，以「效陶淵體詩」十六首示共鳴。宋蘇軾不但送上「詩質而實綺，癯而實腴」的讚辭，還寫百餘首「和陶」的詩，元好問論陶詩：「一語天然萬古新，豪華落盡見眞淳」，定下陶淵明以「隱者」和「詩人」的形象聳立於文學史長廊的形象與地位。也因爲這些名人加持，替他扳回一局，讓人看懂「平、淡、枯、質」簡古之下，「奇、美、腴、綺」的豐富勝境。

五十七歲寫的〈桃花源記〉，便是這麼一篇穿著白話外衣的古文，以一點點奇幻包裝田園農家樂的童話。但就是如此像嘉南平原、花東縱谷阿嬤家的場景，竟成了中國人的文化原鄉，在每個時代裡再生新意，展演心境。且讓我們一起探究這篇文章到底有什麼魅力，足以引來歷代畫家、書法家、學者、建築師、生物學家、人類學家爭相研究，還原，甚至按圖造景？

課文X光

桃花源記內容脈絡（結構＋內容）

- 桃花源記
  - 開始：漁人發現桃花源。
  - 發展：漁人進入桃花源之所見所聞所歷。
  - 轉折：漁人告太守劉子驥尋訪。
  - 結果：太守尋訪未果，劉子驥尋病終後遂無人問津。

深層思考：核心概念圖

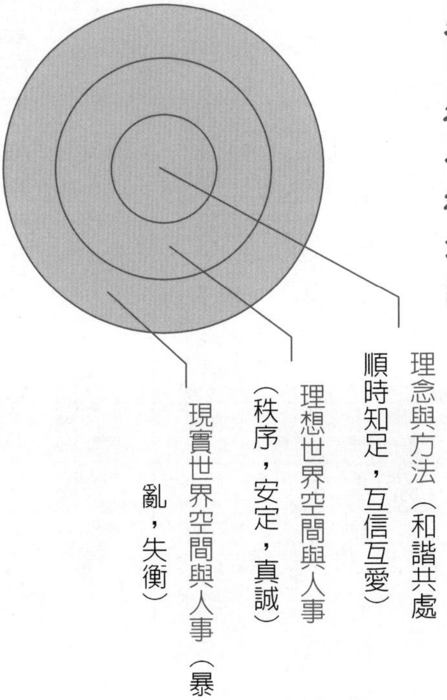

傾聽古文的聲音

一連串偶然變成了必然：從「忘路」到「異之」的發現契機與探究心理

晉太元中，武陵人捕魚爲業。緣溪行，忘路之遠近。忽逢桃花林，夾岸數百步，中無雜樹，芳草鮮美，落英繽紛，漁人甚異之。復前行，欲窮其林。林盡水源，便得一山，山有小口，彷彿若有光。便舍船，從口入。

《鏡中奇緣》的作者路易斯．卡洛爾在書中提醒道：「鏡子內的世界總是與現實相反的。」

〈桃花源記〉寫武陵漁人進入桃花源是在「晉太元中」，劉義慶《幽明錄》〈劉晨阮肇〉寫劉晨、阮肇「忽復去，不知何所」的時間是在「晉太元八年」，正是淝水之戰發生的一年。可見這兩個故事作爲一面鏡子的理想，反映的都是在當下戰亂現實，對世界的虛擬，想像，投射人民內心對完美的詮釋。

這段要關注的是「忘路之遠近」→「忽逢桃花林」→「甚異之」→「欲窮其林」→「舍船，從口入」，這些沿著溪水轉換的空間符號，及漁人動作背後的心理情感變化。

作者之所以要在一路上布下「彩蛋」，單純是爲勾引漁人當發現者嗎？「林盡水源」、「山有小口」，是爲布置出神隱少女穿越神祕隧道，來到另一個世界的神祕感、與人間的距離感嗎？清楚地寫出的路線圖，是爲對照於最初的「忘」，表現此刻的「記得」，證明這一切不是夢，而是無比眞實的存在嗎？

讓我們仔細爬梳文字，釐清這些推測的確實性：

這奇幻的旅程其實發生在尋常的早上，那天漁人找到溪邊船，「緣溪行」。這是他慣性的、無所爲意而必然的生活空間，不同的是有那麼一瞬間他恍神了，「忘路之遠近」。

豈料這樣的「忘」，竟讓黑白的日子有了顏色。

其實，走在熟悉路線的漁人應該知道船行速度與距離，應該在察覺走錯時，立刻倒回正確的路徑，畢竟現實生計更迫切啊。情節若順乎此邏輯便會回到漁人的日常，因此這時需要一個彩蛋，其吸引力必須壓過漁人捕魚賺錢的理智，撥動情感之弦，劇情才能往下發展。於是當漁人發現路徑偏差時，出現「忽逢桃花源」，而這這意外撞擊的力道，必須精彩得讓他捨棄漁獲的職責、養家餬口的社會角色等調頭的意念。

「夾岸數百步，中無雜樹，芳草鮮美，落英繽紛」是透過漁人視角的觀看。

讀者隨著他坐在船上的眼睛看盡由整體到部分的鏡頭，自桃林範圍、空間情境，逐步隨船的移動放低角度至落花、芳草的溫柔細膩。此處描述桃花林的每一個形容詞，都眞切地反映出被解爲「漁人即是愚人」的靈魂，不再懵懂無知，冥頑不明，而被一棒打醒，被帶回澄明清澈的本心。這個畫面是漁人一改順應環境，而爲主動追尋的關鍵，是發現桃花源的契機，也是作爲陶淵明理想國標誌的招牌。

「夾岸數百步，中無雜樹」，展示出純粹的桃樹所渲染的數大之美，色澤之動心。但這違背自然生態系多樣化的現象，顯然是人爲有意爲之的結果，那麼種樹人選擇單一桃花的用意是？

有別於賞花看枝頭百態，追花心急唯恐花落，此處作者（也是漁人）並不著意於千嬌百媚的姿色，卻停格於「落英繽紛」。以「繽紛」形容落花華麗、雜亂而繁盛的樣子。這是陶淵明對落花的觀看，滲透著疼惜不捨憐愛的情感，也可以視爲漁人內心震盪的悸動。那一瞬間，生之燦爛與死之炫美是相同的，甚至更醉人。當超越生與死的界線，不再固執於樹上的花朵玲瓏可愛，落花似春泥任人踐踏時，欣賞的自覺「使人性發現，使名利心減淡，使人格淨化」（郁達夫〈山水及自然景物的欣賞〉）

美的悸動如曙光，照亮漁人麻木疲憊的心靈，回到單純的物我合一，這是久困繁瑣生計所無法感受的赤子之心。因而，漁人聞到草的芳香，春天萌芽的綠意鮮美之水氣。原來，我們不必斤斤計較於桃花的解讀，是代表道家仙境，或諧音「逃」之避世，而該明白作者以此暗示當人與萬物調和，人與宇宙合一，喜歡和諧的本能發露時，如亞里斯多德所言便是詩的源頭，美善的境界。

由「忘」到「甚異之」寫出漁人的「復前行，欲窮其林」，乃至「舍船而入」的動機。足見桃花林是帶動情節發展的推力，過了這通關考驗，接下來的發現之旅以頂眞、短句所形成的水速、船行輕舟已過萬重山的順暢，標出一條清晰的路線。

景中有人，人中有序的桃花源：融入日常的社會結構與生活態度

> 初極狹，才通人。復行數十步，豁然開朗。土地平曠，屋舍儼然，有良田美池桑竹之屬。阡陌交通，雞犬相聞。其中往來種作，男女衣著，悉如外人。黃髮垂髫，並怡然自樂。

承接前段溪水、桃林、山、口等自然屏障所阻隔出的絕境，這段以goole map的綜觀，環視桃花源地理環境、活動神情，勾勒空間全局與社會氣氛。至於敘述者也由作者全知觀點，轉爲由漁人的眼睛主導攝影機，隨著運鏡人心所關注的方向，捕捉畫面、抒發感覺、評價。

對照於幽閉狹小洞口的「豁然開朗」，眼前一亮的光線裡含藏著一覽無遺的寬闊，和別有洞天的意象。緊接而來的是絕佳的農業空間「土地平曠」，和群聚的「屋舍」，而「儼然」則呈現出紀律秩序，與對公共領域的品德素養。

帶著農業社會意識的漁人，瞬間捕捉出「良田美池桑竹之屬」的富足樣貌，與〈桃花源詩〉：「荒路曖交通，雞犬互鳴吠」相同的「雞犬相聞、往來種作」畫面，說明這豐收來自辛勤耕耘，務實態度。「悉如外人」這句表面上是呈現男女「衣裳無新制」，但這與外界比較並無太大分別的評論，實則是漁人對桃花源整體的概括印象。

在環境、物質「悉如外人」的前提下，讓漁人驚愕的是「黃髮垂髫，並怡然自樂」。在〈桃花源詩〉，可見更靈動的老少出遊，歡唱的動畫圖卷：「童孺縱行歌，斑白歡遊詣。」這是孔子嚮往的「風乎舞雩，詠而歸」情境，是陶淵明心裡美好社會的歡愉。

爲什麼同樣是「往來耕作」，洞內人卻「怡然自樂」；一樣是「男女」，此地卻無主內主外之別，人人

平等的成爲社會動能，從勞作的參與感、付出的收穫中創造自我價値和成就感？爲什麼桃花源的生命有生有死，有老去有新生，卻坦然接受無常，歡喜生命裡每一個階段的自己，快樂擔負歲月裡每個角色的責任？

這一切都因爲建立於上古人倫禮法，長幼有序，親人鄰里「自立自助，自發自主」。陶淵明的桃花源不是仙鄉，它的美好不在客觀的制度、經濟條件、基層建設等形式結構，也不在任何政治權力的管理組織，而這恰好就是破壞和平安寧的根源，是作者所要反抗、脫離的社會——假爲民謀福利，實則巧立名目殘虐剝削的政權。

在文章中，漁人只見桃花源的狀態，而無法透知達到「怡然自樂」的方式；我們必須從〈桃花源記〉方明白理想世界不是不勞而獲的仙境，而是自食其力的耕耘。這個小國寡民的烏托邦，沒有放縱無度的享樂，而是依循自然植物生滅的時間，依晨昏定出單純的生活秩序，順空間環境維繫農桑生產的社會：「相命肆農耕，日入從所憩。桑竹垂餘蔭，菽稷隨時藝；春蠶收長絲，秋熟靡王稅」、「草榮識節和，木衰知風厲。雖無紀曆志，四時自成歲。」

時間，從未停止，而在自然的規律裡被刻鏤；永恆，不是不變，而是在因變而生的平易間完成。在人們追逐尖端科技，標榜新穎的社會制度，豪盛文明物質的當下，這不僅是黑澤明〈水車村〉的世界，崇尚自然的生活方式，對於科學帶來的便利並不以爲然；更是「秋熟靡王稅」，「於何勞智慧」，反政府，反用智謀，反人爲的世外桃源，道家反璞歸眞的理想生活。

見漁人，乃大驚，問所從來。具答之。便要還家，設酒殺雞作食。村中聞有此人，咸來問訊。自云先世避秦時亂，率妻子邑人來此絕境，不復出焉，遂與外人間隔。問今是何世，乃不知有漢，無論魏晉。此人一一為具言所聞，皆嘆惋。餘人各復延至其家，皆出酒食。停數日，辭去。此中人語云：「不足為外人道也。」

承接前段漁人掃視桃花源自然情景的描述，這段進入面對面的接觸，在深入生活場域直接對話的互動，挖掘人情流露和歷史脈絡下的生命觀。

如果桃花林是自然觸發的浪漫啟蒙，「見漁人，乃大驚，問所從來，具答之」，便是寫實的情感交流。依常理推斷，漁人對於五百年與世隔絕的洞內人而言猶如外星人，其表情必然是瞠目結舌，其心理也必定充滿懷疑恐懼。但作者僅以「大驚」帶過，除隱含洞內人對人的信任度，顯示敘述重點在「問所從來，具答之」的誠懇回應。

顯然漁人詳細交代始末的態度，化解了洞內人情緒上的不安，接下來的節奏轉為活潑快板。對洞內人而言，「便要還家，設酒殺雞作食」，與「俎豆猶古法」同是尊天地人的待客之道；對漁人則是感受到視如故交舊友的熱情，與完全接納的信任，而這與現實記憶裡的詭詐多偽的世界不啻雲泥。

「村中聞有此人，咸來問訊」，顯現出村人的共同意識，非但不排擠，反而主動而好奇地打探洞外的情況，呈現往來互動親切和善的關係。緊接著「自云先世避秦時亂，率妻子邑人來此絕境，不復出焉，遂與外人間隔」，是作者假桃源之人說出的寄託之意，也是創造此虛幻之境的寫作背景。

「絕境」指涉的是與外界斷絕的空間，也是與霸權、法律、制度監督做出區隔的立場。在「過去來此絕境—現在—未來與外人間隔」的時間裡，避秦時亂的選擇、五百年不出洞的堅持，是生命的依歸，也是信仰的宣示。

對漁人而言，外面的世界由秦而西漢，自西漢、新莽而東漢，再由東漢而魏、西晉，由西晉到東晉太元，近六百年中政局變化之大，但桃源內的人「乃不知有漢，無論魏晉」，竟然完全不知道現實朝代幾度更迭，是不可思議的。

陶淵明自封「羲皇上人」，政治理想是當無懷氏、葛天氏遺民，活在「擊壤自歡，大濟蒼生」的上古淳樸時代；或生存於伏羲、神農、黃帝、堯舜聖明之君，大化之世。是以藉〈桃花源記〉塑造出「雖有父子無君臣」的倫理觀，「無君臣官長尊卑名分」之制度。

在〈桃花源詩〉中特別以「秋熟靡王稅」、「雖無紀曆志」暗示「無君臣」，就沒有苛政、沒有戰爭。是以就陶淵明的立場，這句話表明對三代以下統治階級的不以爲然，即使漢是盛世，卻依舊政權傾軋；更別提漢末董卓危亂，三國征戰不休，魏晉動盪不安，百姓皆如刀俎上之魚肉。

桃花源內、外是兩個並列存在的現實，分別圍繞王權急遽變化的時間，和無君權無貴賤懸隔，四季緩慢運行的軸心。因爲時間點的不同，形成兩個截然不同的空間狀態：一是戰爭頻仍，兵馬倥傯，生靈塗炭，民不聊生，一是清靜悠閒，豐衣足食，怡然自樂。

蔡瑜在〈陶淵明的人境詩學〉一文中點出：「歷史的教訓，讓陶淵明認知到君臣上下的權力結構是無法逾越改變的，政治文明的走向是一再的以暴易暴……」因此，洞內人面對漁人表現的意外，不以爲然，而以沉痛的「嘆惋」回應。

此深深的嘆息、惋惜，蓋爲世事數百年依舊紛擾而難過；爲易姓之間，百姓永遠如飄飛之塵土，被蹂躪荼毒而痛心，這其中還隱含著對秦、漢、魏晉政治的憤怒與抗議。於是〈桃花源記〉便成了儒道政治理想交會所在：既守古禮秩序，遵循自然規律，又去除階級身分的世界。

蕭統〈陶淵明集序〉言：「語時事則指而可想，論懷抱則曠而且眞」，顯見〈桃花源記〉是基於對當時社會不滿，希望追求一個平靜和諧的社會而寫；以「避秦」憤斥劉裕廢君篡晉，對一代接一代，憑藉暴力竄弒以取得政權的現象表達強烈的批判。

不過根據動植物族群生存力，自然災害、環境變化、資源競爭、隨機事件會影響族群中個體的繁殖力和存活率。在較大的族群中，這些事件的影響有限，族群趨於某個穩定的增長率。但小族群的波動風險大，更容易絕滅。

正如陽光下的陰影，花開後的死亡是並存的。桃花源內的人爲了平安寧靜的生活，付出的代價是因封閉缺乏競爭而停滯成長，生活富足安逸卻一成不變，單調乏味，甚至因長期近親繁殖而致使後代受隱性、有害的特性影響，造成色盲、畸形、弱智或遺傳疾病，使得整個族群走向滅亡。這難道是此中人語重心長叮嚀：「不足爲外人道也」的原因？

桃源在心不在地：迷與不迷，問與不問，是風動幡動的形式

既出，得其船，便扶向路，處處誌之。及郡下，詣太守，說如此。太守即遣人隨其往，尋向所志，遂迷不復得路。南陽劉子驥，高尚士也，聞之，欣然規往。未果，尋病終，後遂無問津者。

這段敘述漁人離開桃花源後引起的一連串騷動，重點在這些人物因漁人經驗而展開行動的動機、目的，尤其耐人尋味的是作者按下終止鍵暗藏的餘意。

漁人代表農工商，太守、劉子驥指向官員、隱士等士大夫，涵蓋整個社會階級。無論是「便扶向路，處處誌之」的亟欲重回，「尋向所志」的惘然，或是「欣然規往」的心志相隨，都因有意爲之而迷不復得路。畢竟沒有恬淡寡欲與世無爭的文化自覺，是無法滿足於小國寡民，停留在避秦時五百年前生活習慣的世界；不具自治共好無私的，無法「甘其食，美其服，安其居，樂其俗」（老子《道德經》第八十章）。

這意味著桃花源不是漁人獵得名利、太守宣示主權（蘇軾〈和陶桃花源〉序：「使武陵太守得而至焉，則已化爲爭奪之場久矣」）、隱士逃避現實的場域。理想國不在於人爲的建設發展、嚴密的行政組織，也不提供滿足需求的形式，而在以一種新的價值，重新認知轉化現實處境、詮釋自我和外在世界的關係，以圓成生命理想。

正如藝術史研究者石守謙所說：「桃花源存不存在，不重要，重要的是，你要去尋找。這個故事的主題精神，就是『尋找』。」每個人，每個國家、每個世代的人都在尋找心目中的樂土，它們的共通點是什麼？王安石身處邊境外敵騷擾不斷，國家積貧積困，〈桃源行〉中除發出賢君不復得，亂世不絕之嘆：「聞道長安吹戰塵，春風回首一沾巾。重華一去寧復得，天下紛紛經幾秦？」並從政治角度進行思考「兒孫生長與世隔，雖有父子無君臣」的桃源精神本質。

於是，我們了然桃花源人對漁人的叮嚀爲何是：「不足爲外人道也」。這句容易被誤解爲不信任、預知漁人會處處誌之的警示，原來不是故作玄虛，而是洞裡的一切尋常無奇。陶淵明藉〈桃花源詩並序〉寄託的意旨是：眞正的理想不在外人羨慕物產、社會和樂氛圍，可見的人情，而在沒有戰爭紛亂的反璞歸眞；眞正的怡然自樂，在卸下欲望、比較，遠離名利徵逐，建立一種生命新秩序後，所產生的無分別之心，無猜疑貪欲之境。

原來桃花源不在遠方，而在內心。安置在小國寡民的嚮往裡，是「採菊東籬下，悠然見南山」的平靜恬然，在美好世界的投射間，達到「此中有眞意，欲辨已忘言」的獨特生命情調；隱者不是避世到特定的空間生存，而是重建人間秩序，彰顯現世的倫理價值，那麼即使人境也能「心遠地自偏」。

換你來當作者

桃花源究竟是人間樂土？還是衣食無虞的監獄？

有人認為桃花源雖是封閉式的環境，卻能隔絕爾虞我詐，權力傾軋，自由自尊平等的生活。但也有人說：「沒有競爭、是否也意味著沒有進步？」藏身於與世隔絕的桃花源中，以為摀住耳朵、遮起眼睛，「不知有漢、無論魏晉」就能避免的殘酷的生存競爭。有人認為這將導致食古不化，自我欺騙，愚昧百姓的退步。

進入桃花源，是有代價的，如果你是桃花源的年輕人，願意終身住在桃花源？還是選擇離開，隨漁人看看外面的世界？請說說你取捨之間的考量與理由（如利、弊、代價、預期收穫）

只要我喜歡有什麼不可以

這世界總是千瘡百孔，於是我們活成自己的樣子

提到魏晉南北朝，你眼前浮現的畫面的是什麼？

「白骨露於野，千里無雞鳴。」不斷的戰爭，不斷的改朝換代，被胡人節節逼退，不斷的逃難，無止無休的死亡，和「柴門何蕭條，狐兔翔我宇」的荒涼？

盯著這些殘酷的畫面，險惡的政治環境，你腦中深處想到的人事是什麼？

崇尚老莊，反對禮法，笑傲江湖飲酒賦詩清談的竹林七賢、《世說新語》收錄的高士言行？還是如履薄冰守著名教，企圖維持朝政安定的王、謝家族？

如果你鍾情於文學鑑賞，魏晉相關的書籍必然在書架上占據一席之地，譬如曹丕開啓文學評論的〈典論論文〉、陸機以賦的形式寫成的文學理論〈文賦〉、劉勰寫的中國第一本文學批評專著《文心雕龍》、被封爲「百代詩話之祖」的鍾嶸《詩品》、蕭統以「事出於沉思，義歸乎翰藻」爲原則，編選的《昭明文選》。

當然，如果你醉心於奇幻、魔幻小說，必然不會錯過談鬼說怪、博物神仙的《述異記》、《列異傳》、《搜

神記》、《幽明錄》。

這時你忍不住問自己：漢末到魏晉的四百多年裡，只有三十七年大統一，士人遭受無法想像的迫害、屈辱和不公，一旦惹上禍事，輕則削官罷免，重則株連九族。活在那個時代，會如何安身立命？

我們希望你思考的是：

竹林七賢的狂傲瀟灑，是對抗社會的獨立宣言，自我的覺醒？還是叛逆不馴荒腔走板的放蕩？

翻開《世說新語》，一則則簡短的敘事，看見的是東漢至東晉的文人履歷，還是中國文藝復興的見證？日常生活中的風雅與幽默，表現出的價值追求是失落，還是建構名士的審美趣味和審美風尚？

魏晉知識分子自覺而追求獨立自我，所堅持的原則是什麼？所付的代價又是什麼？

〈桃花源記〉反映的是陶淵明個人的理想，也是魏晉人共同的期盼嗎？

且讓我們走入魏晉，探究在禮制崩壞，信仰瓦解，讀書人煎熬於仕與隱、儒與道釋之間，如何建立自我價值：

一、人家笑我們談空說有很虛妄，只有我們知道這是「我思，故我在」：從新聞挖挖哇式的清談，到哲學論辯的爭鳴

後漢末年外戚宦官當權，內憂外患相逼，士大夫由漢學趨遊談，興起「激揚名聲，互相題拂」的社會風氣，以達到「品覈公卿，裁量時政」的政治性的「清議」。西晉初期清談還圍繞士大夫表達政治立場，議論時事；而後逐漸趨向儒、道、佛結合的玄言，至東晉時已轉為名士狂癡的精神特徵。

這固然與政權專制，社會動盪有關，更因人心惶惶而產生各種解釋生命意義，安置心靈的態度，因此萌發出各類具特殊意味的生活模式，與兩極化的觀點。柳翼謀謂：「清談者崇尚老、莊，則以任天率眞爲貴，推之政治，遂有飽生無君之論，反之者又崇尚務實，勤於人事。蓋時當大亂，人心不寧，或憤慨而流於虛無，或憂懼而趨於篤實，皆時會所造，因其性而出之。清談有尙簡括者，有尙博辯者。然以敷陳義旨、演述周析爲尙，是亦學術之一大進步。」

這彷佛戰國時的百家爭鳴，不過基於君不可爲，制度崩解，議論的方向趨於抽象、虛幻的性理情。思想史學者唐翼明《魏晉清談》一書，將魏晉名士清談話題歸納爲十二類：《老》、《莊》、《易》「三玄」之辨、本末有無之辨、才性四本之論、自然名教之辨、言意之辨、聖人有情無情之辨、名家論理之學、佛經佛理、養生論、聲無哀樂論、形神之辨、鬼神有無論。阮籍逍遙論、嵇康養生論；《列子楊朱篇》縱欲論、何晏、王弼的無爲論；佛教性空，人死後精神不滅、因果報應、輪迴；向秀、郭象安命論……，就在這樣的清談之中，蓬勃而生。

二、最時尚的流行，相濡以沫的跑趴：從政治圈的酬應，到山水之間的文人雅集

這個時代精彩的不再是帝王將相，而是藉由歸隱消弭界線，在與鳥獸同群的山林，感悟興懷體現主體者；或是放浪形骸，融儒道釋之學，在名教與自然之間擺盪，企圖找到性命自處之道之人。

因此，魏晉盛行的不是杯盞之間的權力角逐，而是每至春日佳氣之時，名士社交圈的樂遊園林聚會。他們上傳的篇章和信筆揮來的字畫尺牘，不是流傳爲筆記典故，就是收入皇宮成爲國寶。譬如三曹、建安七子組成的鄴下文人集團，以旅行團般的出遊，浩浩蕩蕩的到各地野餐：「昔日游處，行則連輿，止則接席，何

曾須臾相失。」（曹丕《與吳質書》）

政局越亂，高壓越霸權無道，這樣的集會越是鮮明。對司馬氏集團抱持不合作態度的竹林七賢，縱酒放歌恍如嬉皮，清談佯狂以避世。財大氣粗的石崇辦的「金谷會」，是天花板級的豪門趴，亭臺樓閣，畫棟雕梁，山珍海味享不盡。不過這會雖有美貌婢女勸酒，若不一乾而盡，便當眾殺死婢女；做不出詩，便罰酒三斗。此令一出，眾人莫不捧盞豪飲，唯獨將軍王敦任石崇殺死三名婢女，仍不為所動。

劉義慶《世說新語．言語》新亭對泣，報導……思考：「過江諸人，每至美日，輒相邀新亭，藉卉飲宴。」周侯中坐而嘆曰：「風景不殊，正自有山河之異！」皆相視流淚。唯王丞相愀然變色曰：「當共戮力王室，克復神州，何至作楚囚相對！」

這是東晉南渡名士感性與理性的對話，周顗發出感時憂國，懷想故土的情動；王導正視現實，鞏固王權。這股擔當器識應之於他在為晉元帝安撫南北方士族，得以立足江左建立東晉，抵抗外侮，民族文化因得以續延；平定王敦叛亂，輔助三世，終始一心。

又如晉穆帝永和九年（三五三年）三月初，王羲之與兒子、部屬、好友以脩禊之名，集於會稽山陰的蘭亭。大家依次坐在「清流激湍，映帶左右」的水湄之畔，迎著曲水流觴，暢敘幽情，陶醉於「天朗氣清，惠風和暢。仰觀宇宙之大，俯察品類之盛。」，也開啓了山水詩撰寫之興。

這些文化活動是亂世之中相濡以沫的安頓，也是他們的世界觀人生觀的核心，在自然中賦詩敘懷，展現名士獨立自由的精神氣度，世家大族孤傲的風骨。

三、關起門來過小日子，活在當下做自己：從仕隱的選擇，到自覺任真放浪形骸

儒學禮法的反抗、司馬氏的黑暗打壓，在道家順其自然，無為而治的灌注下，形成順應自我個性的狂誕任放，以率真自得的真情擁抱生命。

於是王羲之〈奉橘帖〉：「奉橘三百枚，霜未降，未可多得。」寥寥十二個字的便條，道盡「好東西要與好朋友分享」的款款深情，天真善想。陶淵明依循內心「歸去來兮，田園將蕪胡不歸？」走出樊籬紅塵，遠離人群，回到山林田野，找回了自己，創造一個安順自然的理想世界。陳寅恪〈陶淵明之思想與清談之關係〉論及〈桃花源記〉道：「陶淵明理想中之社會，無君臣官長尊卑名分之制度，……蓋此文乃是自然而非名教之作品，藉以表示其不與劉寄奴新政權合作之意也。」無論他是不屈於南朝宋的篡晉，或是反抗如暴秦的政權，無階級、無政府、回歸自我都代表魏晉當代的人生觀。

誠如左思〈招隱詩〉之二：「爵服無常玩，好惡有屈伸。」無論是選擇以自我為主體的隱，或是順應時代入世為官的仕，並無高下之分，不過是個人生命的選擇。以《世說新語》所記，或終身不仕如戴安道，或出家為僧如支道林。選擇仕宦的孔融、彌衡、王導、王敦、華歆、周顗、石崇、王愷、殷仲堪、陸機兄弟，以郭象《莊子．逍遙注》，所謂「夫聖人雖在廟堂之上，然其心無異於山林之中」，形成魏晉名士以仕為隱、遺事為高，有所不為之作風。

先隱後仕的山濤、阮咸、王戎、向秀，或出於被迫，或循性而動。先仕後隱者如傾向親魏的竹林七賢，在司馬氏奪權後，以老莊之學「越名教而任自然」處世，否定現實消極反抗，以桀驁不馴的言行舉止作為亂世的生存法則。如嵇康容姿俊美，爽朗清舉如孤松，「非湯武而薄周孔」，以清心寡欲、服食養生修仙道。

一紙〈與山巨源絕交書〉作爲反司馬集團宣言，怒與山濤絕交；狂傲打鐵不屑書法家鍾繇之子鍾會，讓他有機慫恿司馬昭殺之。三千太學生上書請命維護文學偶像，臨行前嵇康撫琴彈〈廣陵散〉，從此廣陵絕響。其子嵇紹亦有節有守，護衛晉惠帝、血濺御服，留得〈正氣歌〉盛讚「嵇侍中血」。面對荒謬的正史時代，阮籍「知白守黑，知榮守辱」，飲酒佯狂，長醉不醒悲憤滿懷，躲過司馬昭的求親。以天地爲衣衫歌頌酒德的劉伶，藉偏執舉止，行「不屑不潔」之狂狷。

余英時認爲自漢末到魏晉，「士大夫的精神還是有其積極的、主動的、創造的新成分，不僅僅是因爲在政治上受到壓迫和挫折才被動地走上了虛無放誕的道路。這個成分便是『個體自覺』或『自我發現』。」從煉丹、清談、王羲之坦腹東床、王子猷雪夜訪戴「乘興而往，盡興而返」，皆可見這些近於狂狷之行底下，對現實消極反抗，個人眞性情與天地精神往來的追求。

四、給我一枝筆，我就能撐起這世界：由立德立功立言的不朽之業，走向文學藝術繫命千秋的創作

宗白華《美學散步》對這時代的總結是：「漢末魏晉六朝是中國政治上最混亂、社會上最痛苦的時代，然而卻是精神史上極自由、極解放、最富於智慧、最濃於熱情的一個時代。因此也就是最富於藝術精神的一個時代。」

名士的深情不僅表現在重視人的存在、自我尊嚴與價值，關心「主體的人」的追求，更多的是借詩文藝術找到可以宣洩的出口，表達自己的志向和人生價值追求。

藝術作品，是人與社會、人與死亡的勇敢抗爭。因此陶淵明以詩文明志，王羲之〈蘭亭集序〉思及欣然所遇的人際美好，會因為「情隨事遷」而成為陳跡、生命「脩短隨化」而至於終期頓入悲痛，唯以「列敘時人，錄其所述，雖世殊事異，所以興懷，其致一也。後之覽者，亦將有感於斯文」的方式，寄託未來的讀者在共鳴中，體察這個時代的心聲。這正是酈道元以《水經注》開展地理學、楊衒之《洛陽伽藍記》記載洛陽佛教建築之盛、顏之推《顏氏家訓》記載南北政治學術與處世之道……的心志所繫。

痛苦迸發出藝術的激情，催生具自覺生命意識、個性化的創作，將整個人生融入審美化藝術化的追求。無論是迷茫、孤獨，憂生感慨的悲劇色彩，或是棄絕世俗功利，嚮往適情逍遙，在這「華麗的黑暗時代」不僅內容朝向個人化的百花齊放，更在漢賦、古詩、樂府詩的基礎上轉型，並以強調對仗用典的駢文表現所追求的審美極境，發展出「雅好慷慨，良由世積亂離，風衰俗怨，並志深而筆長，故梗概而多氣也」的建安文學、「阮旨遙深，嵇志清俊」的正始文學、「採縟於正始，力柔於建安」的西晉文學、「競一韻之巧，爭一字之奇」貴族化和宮廷化的宋齊梁陳，以及偏向於樸實、厚重的北朝文學。

文學創作的實踐，必然促進文學理論的發展。魏晉南北朝文學理論批評興盛的主要原因，正在文人企圖將飄忽短暫的個體生命與永恆無限的自然本體融為一體的境界，以此來消解人生的悲劇性質，賦予人生以意義和價值。畢竟達到「道」的永恆無限境界後，個體生命的短促有限也就不足為憂了，是以有品人之《世說新語》、品文之《文心雕龍》、品詩之《詩品》建立鑑賞評論的標準，創作的價值。

一分鐘透視魏晉

名士風度：自由精神與浪漫情懷

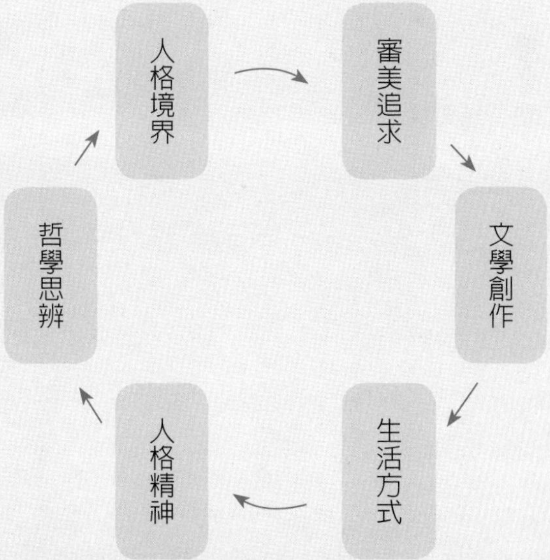

穿越時空，走進歷史

藉由歷史記載、文學典籍與篇章，我們得以了解時代的政經變化、社會氛圍與價值思考。從漢末到隋代統一，社會處於長期分裂和動盪不安的狀態，如果生在魏晉，你會做出什麼的選擇？過什麼樣的生活？

請以「回到魏晉的想像」為題，描繪所見所聞所為及所感。

唐宋篇

師說
赤壁賦
虯髯客傳

師說

（說明議論）

罵老師、罵士大夫的內心小劇場

憤青的焦慮源與定位點

父母雙亡的韓愈，十歲便跟著擔任公職的大哥韓會東奔西遷，十四歲隨嫂嫂護兄靈柩返回老家河陽，而後又跟侄兒韓老成避難安徽宣城。上無恆產下無庇蔭的現實，和流離不定的成長經歷，讓他明白唯有咬緊牙根往書裡鑽才能出人頭地。

十九歲滿懷經世之志的他進京趕考，既非士族子弟且無門第資蔭，以致一連三次都名落孫山。好不容易在二十五歲第四次考進士得古文家梁肅的推薦，與知貢舉陸贄的賞拔，通過進士考試。但在接下來的吏部博學宏辭科考試，所考文體正是他不屑的駢儷文，以致連遭三度敗北，三次上書宰相希得薦舉而不得，三次登權貴之門也吃了閉門羹。自二十九到三十四歲先後進入汴州節度使董晉、徐州節度使張建封手下當幕僚，直到貞元十八年（八〇二年），三十五歲才通過銓選任職國子監。

有道是：「千金難買少年貧。」三代單傳的家族延續，光耀門楣再造榮耀的壓力，迫得韓愈必須堅苦卓絕地熬過窮厄。考場多蹇，身分被鄙辱的挫敗讓他深自思索國家選才制度、學習風氣，乃至做為學術研究者的擔當，知識分子的社會責任，進而提出一套有系統的文學理論。

韓愈是氣場和存在感極強之人，滿腹牢騷如滔滔江水而泄，先是自立門戶傳授經學，後藉贈文後生的名義，發表〈師說〉，狠狠地數落當下的老師、學生只為考試而不務實學，家長有眼無珠盲從附和，士大夫故步自封。柳宗元〈答韋中立論師道書〉報導這位鋼鐵直男所掀起的網路熱搜：「奮不顧流俗，犯笑侮，收召後學，作〈師說〉，因抗顏而為師。世果群怪聚罵，指目牽引，而增與為言辭。愈以是得狂名，居長安，炊不暇熟，又挈挈而東，如是者數矣。」足見韓愈勇猛衝撞現實，敢為風氣之先，招來了狂者之名，結果因為政治智慧不足、人際協調不圓潤、個人色彩太鮮明，由長安跌落到洛陽當河陽令。

苦難，讓韓愈有絕佳的抗壓力，激使他直言不諱地攻訐弊病，剛強地做自己；苦讀，使他擁有膽識和自信，懂得以文章來宣傳理念。〈馬說〉以「千里馬常有，而伯樂不常有」拐彎抹腳地指責當局者。〈送窮文〉表面要送走智窮、學窮、文窮、命窮、交窮五個窮鬼，實則凸顯這些窮厄鍛鍊出不趨時適俗，百世不磨的名聲。

韓愈具有底蘊的自信和有厚度的驕傲，既然直言被貶，他便以〈進學解〉明裡歌頌當今聖明，只要有才有德定能脫穎而出。繼而筆鋒一轉，暗底藉學生的嘲諷畫出窮經苦讀、捍衛儒道的畫像來打臉：「先生口不絕吟於六藝之文，手不停披於百家之編。紀事者必提其要，纂言者必鉤其玄。貪多務得，細大不捐。焚膏油以繼晷，恆兀兀以窮年。先生之業，可謂勤矣。」指桑罵槐地抒發自己懷才不遇、仕途蹭蹬的牢騷。

這塊敲門磚成功贏得裴度賞識，擢爲禮部郎中。但心直口快的他，遇上看不慣的事依然如鯁在喉不吐不快，這回太歲頭上動土，竟批皇帝逆鱗，將矛頭對上唐憲宗迎釋迦骨入宮廷供奉這樁全國瘋狂的大事。堅信儒學排斥佛老的他甘冒大不韙，洋洋灑灑地以一封〈諫迎佛骨表〉，批判此舉對國家無益，並舉東漢以來信佛的皇帝皆短命而死。如此狂妄的詛咒惹怒皇帝，結果死罪雖逃，活罪難免，一紙令下把他自河南貶到廣東潮州。這條路有多遠，路的盡頭是死亡？還是重生？

或許是愛女死在南遷的路上而心生愧疚，或許是南方的瘴癘之氣，蠻夷之地讓韓愈感慨至極吟出〈左遷至藍關示侄孫湘〉。像跟侄孫交代後事，又像叩問命運多舛的未來，流露出從未浮現的徬徨茫然：「一封朝奏九重天，夕貶潮州路八千。欲爲聖明除弊事，肯將衰朽惜殘年。雲橫秦嶺家何在？雪擁藍關馬不前。知汝遠來應有意，好收吾骨瘴江邊。」

到了潮州，看見比他更不堪的奴隸、民智未開的百姓，內心汩汩流動的濟世情感，士大夫憂國憂民的自許，激發他編三字經興學，以工抵債釋放奴婢，寫〈祭鱷魚文〉擾得鱷魚一去萬里不再危害。儘管當地人視之如神，飽嚐顛沛流離的韓愈還是燈下，一字一淚地寫了篇自責妄自尊大不知道禮教的悔過書，乞求皇帝陛下法外開恩。因爲他還有許多心願想要完成，他看不慣佛老思想不事君父、不擔賦稅的消極；聖人之志爲己任的他，想以「先王之道」拯救混亂的政治和頹廢的民風。

十個月後，韓愈如願特赦回京，從此官運亨通，一路由兵部、吏部侍郎到京兆尹兼御史大夫，建立「文統」與「道統」地位。他不知道的是潮州人癡癡地等著他的回眸，建韓文公廟供奉，事之如神「飲食必祭，水旱疾疫，凡有求必禱焉」。他更沒料到在潮州不及一年裡播下的讀書種子，在蔓藤森然的土地上蔚爲篤於文行的風氣，百姓請來宋代文豪蘇東坡寫碑文。

蘇軾一槌定音：「匹夫而爲百世師，一言而爲天下法」，歌頌韓愈品格可以與天地化育萬物相提並論，關係到國家氣運的盛衰。「文起八代之衰，而道濟天下之溺」，說的是東漢以來，儒道淪喪，佛道盛行，韓愈以繼承儒學道統自居，導正敗壞文風，開宋明理學家先聲之功。

且讓我們透過〈師說〉，一方面看具「文宗」、「聖徒」與「循吏」三種身分的韓愈批判士大夫恥學於師，論學習對社會的影響，思索其焦慮源和定位點；另方面欣賞兼具實用與藝術的文道合一，如何形成奔騰流動的「韓潮」氣勢。

- 寫作動機
  - 寫作背景
    - 中唐儒學衰微佛老興盛
    - 社會動盪不安，道德逐漸式微
    - 進士科崇尚文學，士大夫子弟憑門第或祖先餘蔭「恥學於師」、「恥為人師」
  - 寫作目的
    - 針砭時弊，明道濟世
- 批判世風
  - 學習態度
    - 恥於問學，群笑羞訕
    - 為子擇師，己恥於師
  - 學習目的
    - 科考句讀，小學大遺
- 論點
  - 學者必有師
    - 師者，所以傳道授業解惑
    - 師則聖益聖，不師則愚益愚
  - 道之所存，師之所存
    - 聞道有先後，術業有專攻

韓愈抗顏為師的自我定位：學必有師，從師則人無惑，政治清明

> 古之學者必有師。師者，所以傳道、受業、解惑也。人非生而知之者，孰能無惑？惑而不從師，其爲惑也，終不解矣。

論說文的寫法一是三段論法：提出問題、分析問題、解決問題；二是四段式論法：總（確立原則，提出論點）、分（闡釋說明：正面論證／舉證、反面論證／舉證，或提出反駁）、總（結論）。其中以立下大前提，爲論點打下地基的敘述最能看出精彩的論點，和匠心獨運的寫作特色。

歐陽脩〈縱囚論〉、〈朋黨論〉、〈諫太宗十思疏〉、曾鞏〈論習〉、蘇洵〈六國論〉、蘇軾〈留侯論〉、〈賈誼論〉、蘇轍〈三國論〉、〈漢武帝論〉這些藉古諷今的文章，都在首段提出普世價值作爲立論的基石，定下後段分析評論的支撐點。如〈縱囚論〉開門見山提出大前提：「信義行於君子，而刑戮施於小人」，和君子、小人面對抉擇時的價值判斷，「寧以義死，不苟幸生，而視死如歸，此又君子之尤難者也」，破解縱囚事件中死刑犯守信來歸受刑的現象背後，祕而不宣的玄機。

古文運動在中唐衰敗，解決當前社會問題爲首要之務的背景下被搬上檯面。韓愈以「非三代兩漢之書不敢觀，非聖人之志不敢存」，強烈的的儒家文統觀，建構文學理論，形成「文以載道，道以文顯」的特色。是以，這篇文章乃針砭時弊，關注的面向並非只是與從師問學相關的教育問題、學習風氣，尤在韓愈眼見上層領導階級昏昧無知卻不疑不問不學，內心焦慮所發出的批判、痛責。因爲這社會狀態涉及的是國家政治，

而這正是中唐之所以衰敗，弊端叢生的源頭。

何況，基於接二連三科舉敗北的挫折、門第所致的不公平對待，和對學術界、社會風氣滿腹不滿的心情，故〈師說〉這篇文章採用先揭示「羅盤」的寫作策略。首先以「古之學者必有師」，定下大前提，其次就「師者，所以傳道、受業、解惑也」，界定老師的責任、教學方向和價值，最後回應學者必有師的原因、學習歷程與結果。

由「傳道、受業、解惑」的排序，可知學習的要務是學道，老師的職責是傳道。此處並未就道的內容解說，但由後段「聖益聖，愚益愚」的結果，及「巫醫樂師百工之人，不恥相師」可推知，韓愈對於道的解釋既包括儒家之道的思想，也涵蓋各種技藝的方法；既是透過「受業」所指的課本等傳道的媒介演繹文明發展中的規則、邏輯和事理信念，也涵蓋現實生活萬般現象中不變的因應之道，因勢制宜變動權衡之道。

在韓愈看來，學習的動機不是科考，而是單純的爲了「解惑」；學習的目的不是「受業」中字句解讀，而是超越文字、訊息載體的方法，掌握足以解決人生問題的知識、方法和原則。這是韓愈抗顏爲師的自我定位，是他要翻動不思考、不懷疑、不反抗一灘死水的企圖，更是他高舉「冀行道以拯生靈」之大旗要向昏庸朝廷，專權宦官宣戰，以振興儒學強化儒學，從思想上鞏固中央，穩定社會秩序的底氣。

因此接下來的闡釋，不就道的內涵，而專注於從師以「解惑」，並採用三段論法的思考，來辯證道理：

師者，所以傳道、受業、解惑也（大前提）

人非生而知之者，孰能無惑？惑而不從師，其爲惑也，終不解矣。（小前提）

是故古之學者必有師。（結論）

「古之學者必有師。」的結論冠於段首，顯示這不僅是本段重點，也是全文所聚焦的觀點。而加上

「。」，更凸顯此如格言的眞理性，一貫性，尤其是「古」字，明白高舉對照於「今」的諷刺性。

「人非生而知之者，孰能無惑？惑而不從師，其爲惑也，終不解矣。」這段分析把從師、解惑連繫成環環相扣的因果，凸顯「從師解惑」是振聾發聵，追求眞理的途徑。因爲韓愈看清要撥亂反正，解決日益嚴重社會危機，就需從疑惑、解惑的心念，突破認知限制，開啓辯證眞理的行動，才能喚醒群眾理性思考，解決藩鎮割據，權臣傾軋的政治昏朽，回到仁義的倫理，民本的政治。

確認師的定義：有道者即是師，與其他外在條件無關

生乎吾前，其聞道也，固先乎吾，吾從而師之；生乎吾後，其聞道也，亦先乎吾，吾從而師之。吾師道也，夫庸知其年之先後生於吾乎？是故無貴、無賤、無長、無少，道之所存，師之所存也。

承上段的推論，韓愈進一步定出：「傳道、受業、解惑者爲師→道之所存，師之所存也」的觀點。在分析說明此觀點之前，韓愈採取先演繹後歸納的方式，以「生乎吾前，其聞道也，固先乎吾，吾從而師之」，這個顯而本然的道理，形成定錨效應。其間又由「固」的經驗先行，推出「亦」的專攻才識，落實「吾從而師之」的原因在「聞道先乎吾」。但爲提升此結論的光亮，尤其是擊破現實的盲點，韓愈選擇帶著質問的反詰語氣「吾師道也，夫庸知其年之先後生於吾乎？」來揚起文章的波瀾。

緊接這一步一步闡釋的結論，理應爲「是故無長、無少，道之所存，師之所存也」，但韓愈卻運用了原則相通的同理可證，夾帶了「無貴、無賤」這個未經導論的結論。其目的一是讓行文簡潔，二則暗指現實中

挑剔老師地位的謬論，凸顯學習來源的多樣性，將老師的定位於「道之所存，師之所存」，知識先行的有道者，無關乎外在身分、地位、年齡，甚至性別、種族的差異。

抬起寫作高度，憂以天下之存心：學，關乎啓迪民智，繫乎國家未來

> 嗟乎！師道之不傳也久矣！欲人之無惑也難矣！古之聖人，其出人也遠矣，猶且從師而問焉；今之眾人，其下聖人也亦遠矣，而恥學於師。是故聖益聖，愚益愚，聖人之所以爲聖，愚人之所以爲愚，其皆出於此乎？

這段承繼「惑而不從師，其爲惑也，終不解矣」的分析結果是「愚益愚」。但韓愈著眼的並不只是個人的「愚益愚」，而是整個社會惑而不從師的愚昧盲目、無知膚淺。

思及師道不傳的結果是社會整體退步，是眞理隱晦、道德淪喪、國家衰敗，怎不憂心忡忡，痛心悲憤。是以這段開頭便以情緒性的「嗟乎！」感嘆，帶入「師道之不傳也久矣！」的社會情境，和「欲人之無惑也難矣！」的巨大影響。接連三個感嘆號底下，是韓愈心存聖人之志的沉痛，分析中唐崩壞癥結的眞知灼見。

爲了鋪展學、不學所造成的危害性，韓愈採取二元對立，形成「聖益聖，愚益愚」強而有力的論述。但韓愈要強調的非但是「愚」的結果，更是「今之眾人，其下聖人也亦遠矣，而恥學於師」的現象；所要登高呼籲的不僅是「古之聖人，其出人也遠矣，猶且從師而問焉」的精進自期，更是「惑，因從師而解」、「人因求道得道，而超越自我」的觀點。

韓愈企圖從師問學的傳統豎立的論述邏輯，尤其在「學，讓個人離開認知的舒適圈，打破局限的視

角」，「社會在不斷與傳統對話中迸發創新進步」，「國家振衰起敝端賴建立在追求眞理、突破限制的風氣」的推論與觀點之上，這也是他藉聞所載之道，藉學必有師來批判士大夫恥於相師的長矛。

快刀直搗愚昧風氣，荒謬時弊：小學句讀，大遺解惑，捨本逐末

> 愛其子，擇師而教之，於其身也則恥師焉，惑矣！彼童子之師，授之書而習其句讀者，非吾所謂傳其道、解其惑者也。句讀之不知，惑之不解，或師焉，或不焉，小學而大遺，吾未見其明也。

這段的重點在呈現狀況、分析問題、批判誤謬。這是建構論證的基本功，亦即以具體、明確、簡潔、簡單的說明，顯示所觀察的現象、所批判的問題、所主張的論點。

韓愈對社會現象的隱憂是大人恥於學，心裡卻明白必須從師問學，因此爲子擇師：「愛其子，擇師而教之，於其身也則恥師焉」，但家長千挑萬選的老師卻是「授之書而習其句讀者」。

接下來，韓愈以「惑矣！」、「非吾所謂」、「吾未見其明也」的批判，如精準的手術刀，剖開家長與老師問題的背後，是科舉考試著重記憶性的經傳背誦與註釋，導致所謂的名師教句讀而不傳道，所謂的學習是記誦之學而非爲解惑。如此所培育出的知識分子將是食古不化之徒，連帶的是師道不復，眞理不明的愚昧。

在韓愈看來，眞正好老師、眞正的學習當是「傳其道、解其惑」。「句讀之不知，惑之不解，或師焉，或不焉」，根本是「小學而大遺」。就如《禮記．學記》所指教學弊病在照本宣科，不待學生提問自顧自地

一味反覆解說灌輸知識；一心汲汲於學生快速進步，而不在乎學生是否聽懂：「今之教者，呻其占畢，多其訊言，及于數進，而不顧其安。」這樣徒爲考試教學的老師是不具教育理念，無法傳道的敷衍者。

韓愈在批判時弊的同時，要凸顯的是儒家的「師」與「學」，因此比較經師與人師的差別。他不知道一千多年後的時代，決定性的資源不再是資本、土地或勞動力，而是知識；他無法料到知識就是權力、財富，新的技術造就全新的產業，模糊了國家的疆界，也加深貧富鴻溝。但他深知人才培育必須從追根究柢的解惑以得道開始，做爲國家領導階級的士大夫必須無止境地除舊布新，創造新觀點。

放大鏡下的對比形象：士大夫比地位，而不在乎學問的怪現象

> 巫、醫、樂師、百工之人，不恥相師；士大夫之族，曰師、曰弟子云者，則群聚而笑之。問之，則曰：「彼與彼年相若也，道相似也。位卑則足羞，官盛則近諛。」嗚呼！師道之不復可知矣。巫、醫、樂師、百工之人，君子不齒，今其智乃反不能及，其可怪也歟！

余秋雨在〈十萬進士〉所言：「科舉既然把讀書當作手段，把做官當作目的，文化學和政治學上的人性內核也就被抽離。」這是韓愈焦慮的狀況，當士大夫之族喪失人性的美善，淪爲求名奪利的傀儡，運用職權成爲歪曲事理敗壞家國的幫兇，何足以爲四民之首？是以這段藉由與百工之人的對比，諷刺士大夫「今其智乃反不能及」，並揭露比官位，不比道學，論師生則被嘲笑的現實，達到抑邪興正，辨時俗之惑的寫作目的。在觀點的演繹上，以亞里斯多德三段論推演：

人非生而知之，有惑當從師問學，（大前提）

士大夫非生而知之，（小前提）

是故，士大夫有惑當從師問學。（結論）

同理導出的是「巫、醫、樂師、百工之人（非生而知之）」，有惑當從師問學」，依據此結論對應於「巫、醫、樂師、百工之人，不恥相師」是正確的作爲；「士大夫之族，曰師、曰弟子云者，則群聚而笑之」是錯誤的現象。

這一開頭韓愈夾槍帶棍的敘述，看似不帶批判，其實筆筆都是銳利的箭，射得士大夫之族無地自容。而「群聚而笑之」的畫面更露骨地揭開這些即將進入政治體系的官員荒謬的行徑，無知的醜態。

由時代背景、心理因素等角度分析士大夫恥於從師問學的原因，一是自魏晉以降的九品中正，選拔官員只重門第而不論品德才學，唐代承此貴家士族無須通過貢舉，就可以門蔭入仕，故在心態上自恃出身，自然無須從師求教累積實學，反而輕視嘲笑學習之人。二是科舉考試進士科重詩賦，全憑個人感知和稟賦才氣，以致士人不專注於經史哲學與經世實務，而趨向自學成才獨創新意。

再者，〈師說〉作於唐德宗貞元十八年，韓愈初任國子監七品官。當時國子監下設六學（或稱六館），其中國子學收文武三品以上官員子弟，太學收五品以上官員子弟，四門學招收七品以上官員子弟與庶民子弟優秀者。這意味韓愈面對的現實是家長官職比他高，學生之間難免比較，而出現群聚而笑之的場景。

士人「恥學於師」蔚爲風氣，韓愈以切身經驗和對於流俗荒誕，師道不存的痛心疾首，展開抨擊。「彼與彼年相若也，道相似也。位卑則足羞，官盛則近諛」群聚而笑之的理由，細思隱藏的線索是同榜登科者，具相近的才學能力，因此無從爲師，也無可學習。這話乍看合理，卻忽略了個別專長的差異性，也把考試當成唯一的鑑別標準，更將學問定位於考試。

「位卑則足羞，官盛則近諛」，更呈現通過科考後，比的是官職高低而非學問、前瞻性與行政解決問題的能力；當官後在乎的是地位高低、面子上的羞與諛，於是汲汲營營的是官場權力、人際關係運作，而非解惑辨疑求知求進。

官員如此，怎能期望當權者能公忠體國，為民謀福？這是韓愈的焦慮源，也是他企圖以批判現象來找到扭轉風氣，帶領社會走向師學的定位。

「嗚呼！師道之不復可知矣」，既是對這般現象的憂心，也回應前文「嗟乎！師道之不傳也久矣！欲人之無惑也難矣！」將矛頭指向士大夫不從師問學的錯誤觀念，導致愚昧昏庸，整個社會缺乏綱紀秩序的理想。其目的在闡發「師道」的眞義，以「師道」振興儒道，力斥停滯學習的決心；「明先王之教」之道統，「學所以爲道」精進專業的教育理念。

《領導引擎》這本書論及二十一世紀的企業必須成爲「學習型組織」，更要進一步走向「教導型組織」，以此推知國家要維持強盛端賴居上位能培養出更多的領導者，其具體作法便是士大夫相互切磋學習，引領全民終身學習。因此，韓愈繼前面古之聖人求師問道而愈聖，今之眾人恥學於師而愚；今人擇師教子，而自身卻恥於相師兩層對比之後，提出第三層對比：「巫、醫、樂師、百工之人，君子不齒，今其智乃反不能及，其可怪也歟！」一方面凸顯社會現況之荒誕，另方面鞏固「古之學者必有師」的中心論點。

人人可為師，時時可學習：術業專攻，各有所長

聖人無常師：孔子師郯子、萇弘、師襄、老聃。郯子之徒，其賢不及孔子。孔子曰：「三人行，則必有我師。」是故弟子不必不如師，師不必賢於弟子，聞道有先後，術業有專攻，如是而已。

這段論述之中，推出王牌證人是說服的利器之一，就如孔孟言必稱堯舜，自許繼承儒家道統的韓愈則力推孔子「聖人無常師」，並舉「孔子師郯子、萇弘、師襄、老聃」的事實佐證。同時進一步解讀「郯子之徒，其賢不及孔子」，用以回應從師問學「無貴賤長少」之分；以孔子曰：「三人行，則必有我師。」凸顯「道之所存，師之所存」的主張。

最後導出的結論是「是故弟子不必不如師，師不必賢於弟子，聞道有先後，術業有專攻。」「如是而已」四字，表示道理就是如此簡單明白，弟子與老師的關係僅僅在聞道之先後、術業之專攻的差別。「弟子不必不如師，師不必賢於弟子」則打破弟子一定不如師，師必得賢於弟子的壓力與成見，形成人人可以爲師，人人有師可解惑；更讓學習變成像呼吸一般理所當然的狀態，而又尋常的習慣。如此，「相師」才能社會常態，人們心中的惑才能在從師問學中撥雲見日，而朝野上下一片虛妄委靡之風也將在追求眞理之中清明澄淨。

後生可畏，不從流俗：嘉勉期許，贈文以勵

> 李氏子蟠，年十七，好古文，六藝經傳，皆通習之，不拘於時，請學於余。余嘉其能行古道，作《師說》以貽之。

這段列舉贈文的原因在「嘉其（李蟠）能行古道」，而所謂的古道是「年十七，好古文」的選擇、「六藝經傳，皆通習之」的實踐、「不拘於時，請學於余」的態度。

說服對方接受的關鍵乍看是舌粲蓮花的表達技巧，實則乃洞悉雙方的期待，透過觀念對話傳遞思想，產

生理解、欣賞的共識，理念的默契。這是甄選時面對考官的考量與準備，也是三十五歲歷經打磨後的韓愈，以國子監教師身分選擇李蟠，藉贈文名義，寫下批判時弊，闡釋「師道」的原因。這段表面上像主考官寫錄取該生的理由，實則是帶著滿意堅持信念的行事、青睞擇善固執的精神、惺惺相惜特立獨行性格的情感。

細究李蟠眾多特質中，「年十七，好古文」放在最前面，固然有對後生可畏的期待，但更多的是捨時文（駢文），就古文的選擇。在韓愈眼裡，古文象徵的並非文體的選擇，更是文以載道心志、價值的方向。韓愈〈與鳳翔邢尚書書〉自言：「前古之興亡，未嘗不經於心也，當世之得失，未嘗不留於意也。」這是他懷抱的經世濟民之志，也是企圖藉由樸實無華的表現形式，最大化針砭世態，提出灼見實用價值的目標。韓愈長久以來反對重視形式而缺乏思想內涵的駢文，因為在他的認知裡，追求個人情感經驗而叛離現實是躲在象牙塔，無法扛起振衰起敝的使命。

回到中國散文發展史，先秦散文並未形式化區隔駢、散，於是純文學的美文與經史子的學術論文，在以講究實用為前提的著作上兼具眞實、藝術性。漢代承接戰國遺風，以樸素的文字闡釋實用性的政論散文。自司馬相如以浮誇的辭藻寫文章、辭賦，講究均衡、節制、典雅、優美的貴族風度，韻律秩序美感的駢文逐漸興起。

文學表現的方式、追求的價值理念反映出時代整體形勢、思想氛圍。魏晉儒學衰微，盛行追求藝術之風氣，文學作品傾向重用典故，雕琢辭藻，詞色工麗的駢文。這些重文辭修飾的唯美文風，在初唐政治風向、文學審美觀、意識形態、社會價值等諸多層面的結構性變遷下，被指責為僵化的表現工具，無法呈現時代的情感與思想，於是改革文體和改善文風的呼聲鵲起。而中唐政局動盪，由盛而衰的現實，促使韓愈登高一呼，藉由重新審視三代兩漢文道合一的古文，扭轉駢文華而不實，專注形式而無法反映現實的風氣。而文章復古根本的目標是捍衛傳統禮教，以恢復皇朝盛世；抗顏爲師、冒死排佛的思想體系是牴排異端，實踐知識分子憂以天下，樂以天下的道德責任。

而「六藝經傳，皆通習之」的實踐，吻合韓愈對模範學生的標準，亦即不滿足於表層的句讀，而致力於通達了解其含蘊的道。「不拘於時，請學於余」這八個字在今天看來如此尋常，但放在「曰師、曰弟子云者，則群聚而笑之」的環境，便顯出不受當時恥學於師風氣影響，需要多大的勇氣，多清明的智慧，多超脫的格局。這是韓愈推倒高牆的新力軍，是他面對「時人始而驚，中而笑且排」，之所以能堅定不屈，「終而翕然隨以定」（李漢〈昌黎先生集序〉）的原因。

因此，這段看似讚美李蟠的敘述背後，其實也是韓愈推廣古文運動的宣傳帖，弘揚傳統師徒傳承的教學理念行銷文；這篇寄託贈文後生的敘述行爲，底層隱含作者、形式、內容、敘事動因，隱然回應當時因公開招收學生、傳授古文而遭到士大夫的嘲笑、誤解。

換你來當作者

〈師說〉是每一代華人必讀的文章，或許是它所勾勒理想的學生，理想的老師，理想的社會風氣也或許它隱含的思想理念超越時空，合乎全球化的當代。

作為學生的你，對於學習意義、方式、環境和同儕、老師之間的期待，必然有自己的角度和想法。請以「我們這一代的師說」為題，寫下你的觀察、省思或批判。

全球化的時尚玩家

活得霸氣，過得精彩的大唐盛世

如果能回到過去，你想在中國哪個朝代生活？

對外國人而言中國就是漢唐，所以有華人的地方就有「唐人街」。

聽說走入唐代長安城，就像來到今天的紐約、巴黎、東京這類國際大都市。幸運的話，你會自朝鮮半島的新羅人群裡，遇見來學飲食養生的大長今；或者在橋上看見日本遣唐使專注地畫下一條條街道屋舍的地圖，準備全盤移到京都。如果你在長安住下，定會被騎著駱駝阿拉伯人滿臉風塵，步步迴響的銅鈴聲吸引，而看見塔增頭巾下的眼睛閃著商人銳利的精明。突厥人、波斯人、粟特人、龜茲人、回鶻人在這裡娶妻生子，樂不思歸。祆教、摩尼教、景教的寺院圍繞在西市附近，空氣中瀰漫中東和中亞服飾、家具、食物、歌舞、語言的聲色。

聽說唐代流行豐腴之美，女性擁有充分的身體自主權，無需斤斤計較卡路里減肥，她們不追逐一六八飲食法，也不美容做臉，卻個個肌膚如羊脂，光滑透明吹彈可破。臉頰白皙粉嫩的仕女梳著高高的髮髻，穿絲戴銀，身著輕薄的露背露胸高腰及地長裙，肩垂兩條帔帛。數百年後的和服、韓服都承襲了線條飄柔的襦裙，隨款款蓮步蹁躚起舞。女孩們個個是自信而有個性的時尚博主，濃妝豔抹爭奇鬥豔，服飾圖案不再形式化，而是五彩繽紛的花鳥蟲魚，自頭飾、髮型、化妝、鞋襪都有整體造型設計。

活在大唐的女子不僅拒絕骨感，喜歡穿啥就穿啥，還鍾愛穿男裝逛夜市、穿胡服打馬球、套件胡人的細袖窄裙泡溫泉、戴頂「羃籬」的胡帽去大賣場，更把「女子無才便是德」甩得遠遠的，讀書識字吟章作詩的文青比比皆是。女皇武則天提振女權，韋后、太平公主與女官上官婉兒都上朝參政，展現治國之能。

唐代女人有歷代所沒有的自由戀愛權，只要二人情投意合，父母同意不同意也沒關係，法律絕對支持私訂終身。至於夫死再嫁、離婚改嫁，沒人會閒言閒語嚼舌根，這高調的獨立自主讓歐洲十九世紀興起的女性解放運動者瞠乎其後。她們活得有血有淚，過得有志有才，可歌可泣。謝小娥屈身爲奴報父、夫被盜殺之仇，後遁入空門，垢衣糲飯終身；魚玄機既得溫庭筠之教化，隨名門李億爲妾，被棄後看破「易求無價寶，難得有心郎」，寄身道觀，貼公告與名士往來酬唱，遊山玩水，豔名遠播，作品收入《全唐詩》。

聽說唐朝的錢淹腳踝，「憶昔開元全盛日，小邑猶藏萬家室。稻米流脂粟米白，公私倉廩俱豐實。」（白居易〈長恨歌〉）掛著流蘇，雕刻華美的香車絡繹不絕如游龍，一層層樓閣連著房脊的雙闕上像金鳳垂翅，「長安大道連狹斜，青牛白馬七香車。玉輦縱橫過主第，金鞭絡繹向侯家。」（盧照鄰〈長安古意〉）

唐朝詩人多風流，攜妓宴遊逍遙醉。李白觀賞美人魏姝跳舞，留下〈邯鄲南亭觀妓〉：「歌鼓燕趙兒，魏姝弄鳴絲。粉色豔日彩，舞袖拂花枝。把酒顧美人，請把邯鄲詞」的綺麗圖景。「櫻桃樊素口，楊柳小蠻腰」指的是白居易養的樊素和小蠻；「名情惟阿軟，巧笑許秋娘」，說的是他留戀的歌妓阿軟與秋娘。杜牧「落魄江湖載酒行，楚腰纖細掌中輕。十年一覺揚州夢，贏得青樓薄倖名」，嘆的是他倚紅偎翠，淺斟低唱尋歡作樂的寫照。

這，都是眞的。

在你熟悉的詩人，詩作之外，在你記憶的李世民貞觀之治、玄宗開元之治、走向低谷的安史之亂之外，這個朝代創造出前所未有的國際化、現代化、學術化、商業化的交流，和百花齊放，百家爭鳴的文化共振。且來看看建國二百八十九年（六一八～九〇七）的唐朝當局者，如何鋪陳出開放的風氣爲沃土，建立何種體系制度讓國勢鼎盛，人人自由追夢平等圓夢。

一、學術開放貿易繁榮的政策：創造國內市場打到國際貿易的格局

太宗至高宗期間，唐代疆域東起朝鮮半島，西到中亞阿拉伯，南達越南印度，北至蒙古北部。在這幅員遼闊無邊，國勢強盛壯碩的土地上，聚集多元種族、多樣文化、多味商品物流。

英國學者威爾斯在《世界史綱》中比較歐洲中世紀與初唐、盛唐的差異時說：「當西方人的心靈爲神學所纏迷而處於蒙昧黑暗之中，中國人的思想卻是開放的，兼收並蓄而好探求的。」朝廷以開明的態度捏拿與外國並存互利的關係，透過冊封和羈縻的方式管轄周邊國家；爲防止混居，於城內設立蕃坊供外國人居住，選出蕃長擔任行政、司法業務以夷制夷，給予一定程度的自治權。

在唐太宗「胡漢華夷一家」的觀念，及唐帝國文化的普遍性，和四方都是政府子女的包容力下，剔除封閉的城郭構造、森嚴的制度，而以包容和管制並存法律，給予外國移民充分的方便和宗教信仰的自由。不僅支付外國留學生和僧侶生活費，突厥、西亞、新羅、安南人等外族都能參加中國文武科舉，並授官職。是以唐初外國留學生、求法僧、外交使節、士兵、政治家、商人的數量大概在一百二十萬到二百萬之間，約占開

元全國總人口的百分之二點五。不過，文治以漢人為中心，武力卻在胡人手中，埋下日後王室孤立，宦官跟藩鎮掌權的安史之亂。

另則興修大型水利工程，發展農業生產，奠定「貞觀之治」、「開元之治」民生經濟的基礎。同時以長安為中心遍布全國的道路、驛站，和以洛陽為中心的南北大運河交錯如蛛網，促進人口激增，物流交易商業化、全球化。

安史之亂以後，大批士紳與工匠南遷；陸上絲綢之路交通受阻，形成海上貿易的新局勢。擁有先進航海技術的阿拉伯人開始主導海上貿易，連接起中東、印度、東南亞到達中國的南海貿易圈，和中國、朝鮮半島、日本新羅商人的東北亞貿易圈。大批中亞、阿拉伯、印度、東南亞商人、使節帶來香料、藥材、珠寶換回中國的絲織品和瓷器；往新羅、日本的海道上商船往返不絕，堆滿象牙、龜甲、檀香木、香料等南海產珍貴物品。日益擴張的世界貿易網點燃蘇州、揚州、廣州等城市的商業火炬，珠寶商和香藥商集體居住在糧食、絲綢、海鹽的產地，也是工業水準最高的揚州，市場附近結成商業組織，每年舉辦寶石展覽會。

日本遣唐使大量收購書籍、香料、藥材，回國複製出唐風文化，透過大化革新成功建立中央集權制的律令國家；從銅幣設計、婦女髮髻服裝、屋舍布置到圍棋、茶道、詩詞都參照大唐的時尚。

大城市設置「市舶司」管理蕃舶的進出以及徵稅，同時出現布帛、糧食抵押借錢的櫃坊，和類似於支票、匯票的飛錢。這是唐朝的貿易榮景，工廠、店家、道路、江流、大海無時無刻都轉動著生產線、運輸線奔跑的聲音，金銀珠寶物質商品轉手打包，一筐筐進入國庫私家銀櫃的歡笑聲。

二、彩色生活包羅萬象：中西合併異族共融，豐潤和諧有滋有味

唐朝清明政治締造路不拾遺夜不閉戶，物價低廉物質豐沛的安定富庶。國威遠播萬國來朝，更迎接胡漢混搭的生活風情，萬花筒般的美食天堂。

唐朝大幅改變舊有飲食文化，雖然仍是一日三餐，但桌子取代席地跪坐，一人一案單獨進食的分食制，轉向眾人圍坐的合食，美食品項豐富多樣，氣氛熱鬧歡愉。

打開唐人的臉書、IG、dcard、部落客網頁、美食家頻道，那無奇不有的山珍海味、甜點細食，大碗酒、大塊肉的江湖豪氣，曲巷通幽處的百年小吃，現做現烤現炸的色香花舞，直叫你瞠目結舌、嘆爲觀止。饆饠、燒餅、胡餅、搭納、撒上芝麻的胡麻餅等種類多樣，和摻進各種配料的蒸餅（饅頭、包子）、湯餅（麵條、麵片），是唐人每餐必備的糧食。立春這一天，唐武宗會賞賜文武百官胡餅。嘴饞時，街上美式速食、日式料理、義大利麵、中東烤肉、印度咖哩、東南亞美食……應有盡有，讓你吃遍全世界，比易牙還得意。

拜交通所賜，山東沿海的文蛤、長江流域的糖蟹、安徽北部的糟白魚、陝西的枇杷和櫻桃都成了舌尖上的好滋味。原本以麥、粟爲主糧的習慣，因安史之亂波及產地，南方的稻米躍升爲餐桌主角。以米做的各色飲食，和融合南北烹飪技術的創新，變化多端。如白居易懷念蘇州帶著竹子清香的竹筒粽、脆皮嫩燒鵝：「粽香筒竹嫩，炙脆子鵝鮮。」南方的白肉魚加上肉桂、生薑清蒸，配上像春花般美艷的紅米飯，以及北方新調的酪漿、花椒薤菜烹煮的肉醬，都讓這美食家回味無窮：「魴鱗白如雪，蒸炙加桂薑。稻飯紅似花，沃酪漿。佐以脯醢味，間之椒薤芳」。（白居易〈二年三月五日齋畢，開素當食，偶吟贈妻弘農郡君〉）

國外進口而來的食物，如被稱爲「黑色黃金」的胡椒是珍貴調味品，甚至被當成賄賂的贓物。西域的葡萄、安南來的檳榔和香蕉、新羅來的松子、尼泊爾來的菠菜，和魏徵特別喜歡吃的醋醃芹菜，被唐人稱之爲「葫」的大蒜、稱爲「胡荽」的香菜、名爲「胡瓜」的黃瓜……都來自西域，和原產印度的「崑崙瓜」、「伽子」（茄子），都已成爲市民日常蔬菜。

牛、羊、豬、雞見諸富貴之家，羊肉最得人心，河湖的野生魚當然要配上一壺酒。唐朝釀酒沽酒生意紅火，一如眼前所見的冷飲店，三步一家旗亭，五步一家酒店，長安胡姬開胡酒專賣店，文人雅游飲宴把它坐成沙龍。同樣大行其道的是茶肆，上至朝廷貴客寺院文人，下到販夫走卒日日都離不開一盞茶。茶史上有「茶興於唐」之說，陸羽寫成第一部研究茶道之作《茶經》。士人雅好品茶、鬥茶，講究鑑茗、品水、觀火、辨器。茶僧釋皎然詩作禪意茶趣，盧仝〈七碗茶歌〉描繪一飲、再飲、三飲茶，情思朗爽，神如飛雨灑輕塵，破惱得道之境界。

茶葉於是成爲進貢、賞賜、饋贈的佳品，內需外貿的經濟商品。透過大運河和陸路大批茶葉運往北方各地、吐蕃渤海，甚至遠及波斯大食。政府設置茶場定價抽稅，成爲國家的重要收入。

唐朝人多富豪，一擲千金只爲牡丹花。白居易〈買花〉以農夫之感嘆諷刺貧富懸殊現象：「有一田舍翁，偶來買花處。低頭獨長嘆，此嘆無人諭：一叢深色花，十戶中人賦！」但更多時候，他們癡迷鬥雞，舉國以鬥雞爲樂，時人有云：「生兒不用識文字，鬥雞走馬勝讀書。」一隻雞價格高達二百萬錢，王侯子弟爲此而爭。任誰都沒想到出身貴族世家，自少聰慧，以吟出「落霞與孤鶩齊飛，秋水共長天一色」，被譽才子的王勃因此擦槍走火，落得終生永不錄用的厄運。話說沛王和英王鬥雞，王勃戲作〈檄周王雞〉，本想爲沛王雞助興，豈料唐高宗聯想起父親李世民，和兄弟殘殺之事，認爲王勃意圖挑撥他和英王間的兄弟情誼，當即罷黜官職，斥出沛王府。

這時的手工業精緻瑰麗，以黃、綠、白三色為主的唐三彩，立馬英姿爽颯，正是唐人傲然底氣。蠟纈、夾纈、絞纈法染色，和受胡風影響的波斯風格絲麻紡織，讓衣著雲羅如煙霞。由今天留下的幾幅畫可捕捉女子「豐肥體」的形象和閒情逸致。首先是張萱、周昉〈唐宮仕女圖〉，畫中十三位貴族婦挽著高髻、細目圓面體貌豐腴，衣飾華麗長裙曳地或執扇閒坐，解囊抽琴，或持鏡而立，對鏡理妝，或繡案做工，揮扇小憩，儀態端莊華麗，雍容典雅。其次是張萱〈搗練圖〉描繪婦女搗練、絡線、熨平、縫製勞動操作時的情景，設色富麗，表現出唐代典型仕女畫的風格。周昉〈簪花仕女圖〉描寫衣著豔麗的貴族婦女逗犬、拈花、戲鶴、撲蝶賞花遊園怡然自得。〈宮樂圖〉描繪後宮嬪妃十人，圍坐品茗、行酒令，旁有吹樂助興，桌下小狗酣然如醉。

唐人日常娛樂多采多姿，有以故事情節為主的大面、拔頭和踏搖娘三大歌舞戲，在戲棚下表演《蘭陵王》；廟口前有詼諧幽默的參軍戲、傀儡戲，上元七夕中秋大節日裡，舞龍舞獅、吞刀吐火、走鋼絲的雜技鑼鼓喧天，隨處可見拔河、相撲、盪鞦韆、射箭、划船比賽。

宮廷夜宴上舞姬長袖飄逸聲色靡麗，樂音裊裊。開元年間沉香亭前牡丹花繁開，李隆基騎著最喜愛的馬，楊貴妃坐著步輦隨其後，李龜年手捧檀板，引領梨園子弟正要唱時，自編舞曲《霓裳羽衣曲》、《雨霖鈴》的玄宗不願聽舊曲，立即詔翰林學士李白創新詞。據說李白宿酲未解，提筆醺然寫下〈清平調〉詞三章，其中「雲想衣裳花想容，春風拂檻露華濃。若非群玉山頭見，會向瑤臺月下逢」，把貴妃雍容華貴的綽約風姿，描繪得出神入化。只可惜如此肌態豐豔能歌善舞，回眸一笑百媚生的容顏，不久後惹得六軍不發，馬嵬驛自縊而亡的命運。

玄奘出使西域，從印度、中亞帶回許多文化；以詩賦取士，唐詩的成就震古鑠今；唐人筆記、傳奇、敦煌文物中，隨手都能打撈起比文藝復興更巨大創新的人文，比羅馬希臘更盛碩高亢的壯美。盛唐的詩歌在威震四海得的國威加持下，展現囊括寰宇器宇軒昂的自負。盧綸〈塞下曲〉：「月黑雁飛高，單于夜遁逃。卻將輕騎逐，大雪滿弓刀。」岑參〈走馬川行奉送出師西征詩〉：「漢家大將西出師　將軍金甲夜不脫，半夜軍行戈相撥，風頭如刀面如割。馬毛帶雪汗氣蒸，五花連前旋作冰，幕中草檄硯水凝。虜騎聞之應膽懾，料知短兵不敢接，車師西門佇獻捷」，句句盡是所向披靡，無敵銳氣。

三、實踐社會公平正義的選才制度：翻轉階級鯉魚躍龍門的科舉，升職考核的檢定

李淵父子開國，但眞正統一在李世民，故玄武門之變雖違反正統體制，但其雄才大略留心吏治，能容納魏徵直諫，成就雄峙東亞四夷來服泱泱大國的格局，奠定高宗、武后、玄宗基礎，仍博得「天可汗」威震至尊之名。

領導統御的根本在人，凝聚理念、精神、專業、組織的關鍵也是人，因此李世民在秦王時創建羅致飽學之士的文學館，得到房玄齡、杜如晦等十八學士，透過他們舉賢、諫言、敬業、忠義創造盛世。是以當時雖維持王公貴族高官的門蔭制度，讓豪門世族子弟經一定期限的雜役或繳納錢財，再通過有關部門選拔授官職，或從基層小吏參加考試成爲有品級的官員。但社會看重的乃是向通過層層關卡公平競爭所拔擢的進士，開元年間皇宮更設翰林院，由皇帝遴選善於詩詞賦的文臣，代皇帝起草詔書，翰林學士隨侍左右，至唐後期，分擔宰相。

唐代的科舉制度包括每三年舉行的「常舉」（貢舉）、皇帝決定的不定期詔舉的「制舉」、選拔軍事

人才的「武舉」。這套完善的甄選制度造就人才輩出，有效打破血緣世襲和世族壟斷，讓人人可靠眞本事出頭。

禮部主持的科舉考試，試卷並不彌封，考生可提供類似今天學習歷程檔案的備審資料，稱「行卷」。由於考官會參酌考生所著詩文、聲望、專家名流的推薦，因此坊間有因應的行卷補習班、參考書出現，考生莫不卯足了勁準備，如杜牧行卷足足有一百五十篇，皮日休兩百篇。朱慶餘參加進士考試前夕作〈近試上張籍水部〉，探問作品是否符合主考之意：「洞房昨夜停紅燭，待曉堂前拜舅姑。妝罷低聲問夫婿，畫眉深淺入時無。」白居易以詩文拜見顧況，顧況笑說：「長安百物貴，居大不易。」但讀到〈賦得原上草送有人〉：「野火燒不盡，春風吹又生」，立刻改口讚嘆：「有句如此，居天下有何難！」果然於二十七歲高中進士，得意地寫下「慈恩塔下題名處，十七人中最少年」。

隋唐確立三級科舉考試制度，亦即每年秋季州府的「鄉試」、中央尚書的「省試」、農曆三月禮部貢院的「春闈」。考試分爲明經、進士科。由「三十老明經，五十少進士」可知進士的門檻甚高，錄取率僅百分之一至二，故備受重視。「朝爲田舍郎，暮登天子堂」的新科進士不僅得以風風光光地參加皇帝賜的曲江宴、杏園探花，登上慈恩寺大雁塔下題名，更是「一登龍門，則身價十倍」，成爲皇親國族選婿的焦點，眾人吹捧的明星。

明經先考摘錄經書文句填空的「帖經」，再考經文內容的「墨義」，這些純屬記憶經傳注釋，是韓愈〈師說〉裡詬病的「句讀之學」，最後考時務策。進士科還加上雜文詩賦各一篇，憑個人文化素養與才氣發揮新意。風氣之趨炒起全國學詩作賦的熱潮，白居易、劉禹錫的詩被當成教科書，上自皇帝下到販夫走卒追著這流行時尚，連南蠻小兒都會吟上幾句，以致乾隆編《全唐詩》有三千多人，五萬首作品。

不過即使禮部考試高中，「春風得意馬蹄疾，一日看盡長安花」，只是拿到做官的資格證，還必須通過吏部「貌、言、書、判」的考核，亦即考察面相、談吐舉止、書法、判案，四關都通過才能穿上官服，其中判案占分最高。這套文官甄選制度挑選出房玄齡等名臣，王維、柳公權、賀知章、張九齡等狀元，故杜牧肯定地說：「國家自房梁從以降，有入功立大節，率多科第人也。」

但這關少則一年，多則十多年才能像流浪教師終於上岸。劉禹錫，兩年通過吏部取士，二十三歲便被拔擢爲太子校書；與他同時位列進士的柳宗元，十六參加科舉進士科考試，考了四次終於高中，兩年通過吏部取士，二十五歲初入宦職，都算是學神級的佼佼者。

未通過吏部考試者，可參加試文三篇的博學宏辭科，或試判三條的拔萃科，或擔任節度使幕僚，歷練後經保舉爲官。考運坎坷的韓愈走的便是這條路。

就像今天一樣，當上公職還必須經過層層考試，各類資格檢定關卡才能升等。以神童白居易而言，拔萃科登科後，被授予省校書郎職位，幾年後任職屆滿，參加皇帝親自主持的策問制科考試，順利通過「才識兼茂，明於體用」科，官升至京畿縣尉、集賢校理、逐步爲翰林學士、左拾遺，成爲朝廷的重要諫官。

四、養才育藝成專家的教育制度：算學、醫學、音樂教坊

唐代分官學、私學。官學分中央官學、地方府、州、縣、鄉、里學；中央官學中，律學、書學、算學、醫學專校以學習專業知識爲主；國子學、太學、四門學都以儒學爲主。以「算學館」而言，設算學博士、助教任課，《算學十經》爲教科書，定規畫完整的進度、修業年限、每月考試。依皇帝決定全國統一考試「明算科」只考數學，通過即受官職，影響日後天文曆法、財政金融。

「太醫署」總管醫療，重視臨床醫學。日趨專科化的體制讓醫學教育不再是「師徒相授」、「父子相傳」的私家，而是頻繁與印度、韓國、中東交流，豐富中醫學藥材與觀念。醫學院培訓醫生、針生、按摩生、咒禁生、藥園生，分別學習病理、針灸、推拿、念咒避穀施法、種植及識用藥材。皇室醫學院的醫科學生主要爲皇室貴族服務，在課程上，先學《素問》、《神農本草經》、《脈經》等基礎課程，然後分別學習臨床內科、兒科、外科、耳鼻口齒科及拔火罐科專業。內科習七年，兒科、外科五年，耳鼻口齒集拔火罐兩年。咒禁生必須堅信道教或佛教，吃素，持潔身心。

醫學養成的要求很嚴格，學生壓力比起現在有過之而無不及，每月、每季、每年都有考試評核，連續兩年不合格者，或讀了九年還過不了關，都會收到一紙退學令。畢業考資格考會事先公布命題形式、範圍（神農本草經、脈經、皇帝內經素問十題、傷寒論、其他醫書隨機出兩題、醫經方術十題）、評分標準、錄取辦法，考題生活化結合理論和實際，醫師升遷制度也基於治癒率。

太常寺掌管宗廟祭祀禮儀，太樂署、鼓吹署專注於宮廷樂，王維便擔任過太樂丞。皇宮有專收女子的音樂學校，專爲皇帝表演：宜春院專攻舞蹈、雲韶院則精研演奏。唐玄宗梨園曾選伶人三百人在禁院梨園中歌舞，所流傳音樂作品影響元雜劇、明清章回小說。

一分鐘透視活得霸氣，過得精彩的大唐

大唐

活得霸氣：
海上陸上貿易熱，獨立自我有個性

過得精采：
吃喝玩樂國際化，專業技能真實學

穿越時空，走進歷史

每個人心裡都有一個唐朝想像，余秋雨《文化苦旅》寫一帙風乾的青史中，柳宗元十年貶官，清淚孤傷的漂泊、李白四海為家，萬里為客的鄉愁、杜甫憂國憂民，有揮之不去焰火野草的哀愁。《長安十二時辰》融入懸疑、史實改編，還原長安場景；賴瑞和《杜甫的五城：一個火車迷的中國壯遊》以徐霞客的實地踏查方式走入唐代大書法家歐陽詢九成宮醴泉銘碑、西安唐太宗的昭陵和唐大明宮遺址。

你嚮往的是何時何地何事的唐代？請放縱天馬行空的情思飛揚，描述你走在唐人街所見所聞的故事，所感所思的評論。

赤壁賦

（記敘抒情議論，辭賦類）

遠望美人的那一夜

本我、自我、超我，Podcast熱線對話

他被蘇小妹嘲笑滿臉鬍渣「口角幾回無覓處，忽聞毛裡有聲傳」，卻抱得賢妻歸，還擁有能歌善舞，精通樂器，集貞義美慧於一身的紅顏知己朝雲。他們在最美的杭州認識，「欲把西湖比西子，淡妝濃抹總相宜」說的是湖，更是東坡眼裡的朝雲。他那滿肚皮不合時宜，唯有朝雲懂；「佳人相見一千年」，對於這從小丫環跟著翻山越水貶謫嶺南，不離不棄的女子，他心裡有萬般憐愛。

他自言：「稽首天中天，毫光照大千，八風吹不動，端坐紫金蓮」，卻被佛印「一屁打過江」。他備了豐盛酒菜偷偷和黃庭堅遊西湖，一個望月詩興大發吟道：「浮雲撥開，明月出來，天何言哉？天何言哉？」，另個望著滿湖荷花，應道：「蓮萍撥開，遊魚出來，得其所哉！得其所哉！」正當以爲今晚避開佛印這大食客，可以大快朵頤時，忽聞：「船板撥開，佛印出來，人焉廋哉！人焉廋哉！」

他位居宋代「蘇黃米蔡」四大書法家之首，〈寒食帖〉縱橫流轉的墨跡與王羲之〈蘭亭序〉、顏眞卿〈祭姪稿〉並稱「天下三大行書」，自出新意不踐古人，連作畫也「胸有成竹」，一派天眞。

「眉山有三蘇，草木皆盡枯」，說的是這家父子吸乾了天地靈氣，像拾草芥般摘下唐宋八大家網紅排名。他夸夸其談地說寫文章完全信手拈來「如萬斛泉源，不擇地而出，在平地滔滔汩汩，雖一日千里無難。及其與山石曲折、隨物賦形，而不可知也。」又說自己「嘻笑怒罵皆文章」。豈料多言多嘴惹來烏臺詩案鋃鐺入獄，坐牢一百零三天差點被砍頭，成了有案可查的前科犯。最後躲過了大劫，卻逃不出活罪，過著每天一百五十錢掂斤掂兩錙銖必較，流言蜚語草木皆兵的窮日子。

神宗元豐五年七月和十月，蘇軾兩次遊歷黃州城外的赤壁，寫下〈前赤壁賦〉、〈後赤壁賦〉。目前藏於臺北故宮博物院〈前赤壁賦〉的手稿後面，寫著「軾去歲作此賦，未嘗輕出以示人，見者蓋一二人而已。欽之有使至求近文，遂親書以寄。多難畏事。欽之愛我，必深藏之不出也。又有後赤壁賦，筆倦未能寫，當俟後信。軾白。」這是以文章代書信回報知交的告白，赤壁的月夜如幻境，死過翻生的現實很殘酷，杯弓蛇影的忐忑，欲加之罪的抹黑，是揮之不去的夢魘。

他身兼翰林、端明兩學士，為帝王師，被百姓畫像奉祀，卻難逃朝廷一紙令下，從黃州、惠州貶到海南島，頂著烈日自己蓋茅屋。面對如此雪崩的政壇淪落，任何人都不免心生怨懟，乃至愁苦攻心自暴自棄，但透視物極必衰人忌英才世理的他，轉念將「流放當成流浪」，以順處逆縱情於千山獨行。一句「竹杖芒鞋輕勝馬，誰怕？一蓑煙雨任平生」的傲然，「回首向來蕭瑟處，歸去，也無風雨也無晴」的瀟灑透達，一直如蠻牛提振谷底魯蛇之士氣，鼓舞在塵世囧途沉沉浮浮的人心，成為走出幽谷的心靈雞湯。

他是「豪放詞」的開山鼻祖，銅琵琶、鐵綽板，高唱「大江東去」，其實骨子裡滿腔兒女柔情。「夜來幽夢忽還鄉，小軒窗，正梳妝。相顧無言，惟有淚千行」，一首癡情的〈江城子〉，讓世世代代的女人奉為「國民老公」，記得生死不渝的他。

他不僅是吃貨，更是宋代創意料理的祖師爺，東坡茯苓餅、東坡豆腐、東坡鯽魚，和不用魚肉五味，有自然之甘的東坡菜羹都出自他的廚藝。當我們大推「吃在地食當季」，斤斤計較食物里程和養生時，謫居湖北黃岡的他，把「富者不肯喫，貧者不解煮」，價錢如糞土的豬肉，慢燉成肥而不膩的東坡肉，紅到今天依舊是餐廳的特色菜。流落至嶺南惠州，日啖荔枝三百顆，讓貴妃稱羨不已；買不起羊肉，他先是跟肉鋪子老闆套交情，買來沒有人要的羊脊骨，煮熟後澆點酒、撒點鹽，火烤至微焦，然後一點點挑出脊骨碎肉，吸骨髓，得意地跟弟弟蘇轍炫耀，堪稱翻轉貧窮的樂活家。年逾六十貶到海南儋州不毛之地的他，自覺無歸期，於是只帶了一個兒子上任，外加一口棺材。豈料此地四季如春，美味奇異多姿，他樂得當在美食代言人，大啖生蠔吹捧海鮮打響觀光，還不忘叮嚀兒子不要告訴朝中大臣，免得大家搶著要貶官到海南。

這份看似日常的詼諧幽默，卻是一個人格局與操守的顯現，代表文人生命追尋的價值與品味，自成一格的品牌。因此人們會諷刺焚琴煮鶴是大殺風景之莽漢庸徒，卻捨不得嘲笑「平生為口忙」的他顛沛困頓，墜於市井江湖之際，以鳩肉膾芹芽的詩意和那份內斂的幽默。

風靡美式速食、韓式泡菜鍋、歐式牛排、葡萄酒……的年輕人總不屑老派慢活的古典情調，直到認識蘇東坡才懂得依節氣的蘇式飲食美學多麼有情調、有雅趣。

譬如春江水暖鴨先知之時，他想到的是「蔞蒿滿地蘆芽短，正是河豚欲上時」，揮筆寫下〈老饕賦〉，暢談庖丁解牛、易牙調味、歌舞聲中享佳餚，末了就紅泥爐上水滾傳出松風的韻律，冒出蟹眼大小的氣泡時，以兔毫盞沖泡雪花茶，頓覺海闊天空。

三蘇之文出於國策、莊子、縱橫家，讀熟三人所寫的策論，習染其經史互證雄峻風格，便能名登黃榜，故有言：「蘇文熟，喫羊肉、蘇文生，嚼菜根」。他的文章不僅是宋代科舉必讀必背的寶典，千百年後無論高中古文從四十篇、三十篇刪到十五篇，他，永遠是莘莘學子必修必背、老師必考的最愛。

文學史為他立的石碑上刻著「一洗千古」、「千古以來無出其右者」。每一代都有他的鐵粉，拜倒於這型男、潮男、暖男「磁吸效應」下，你呢？

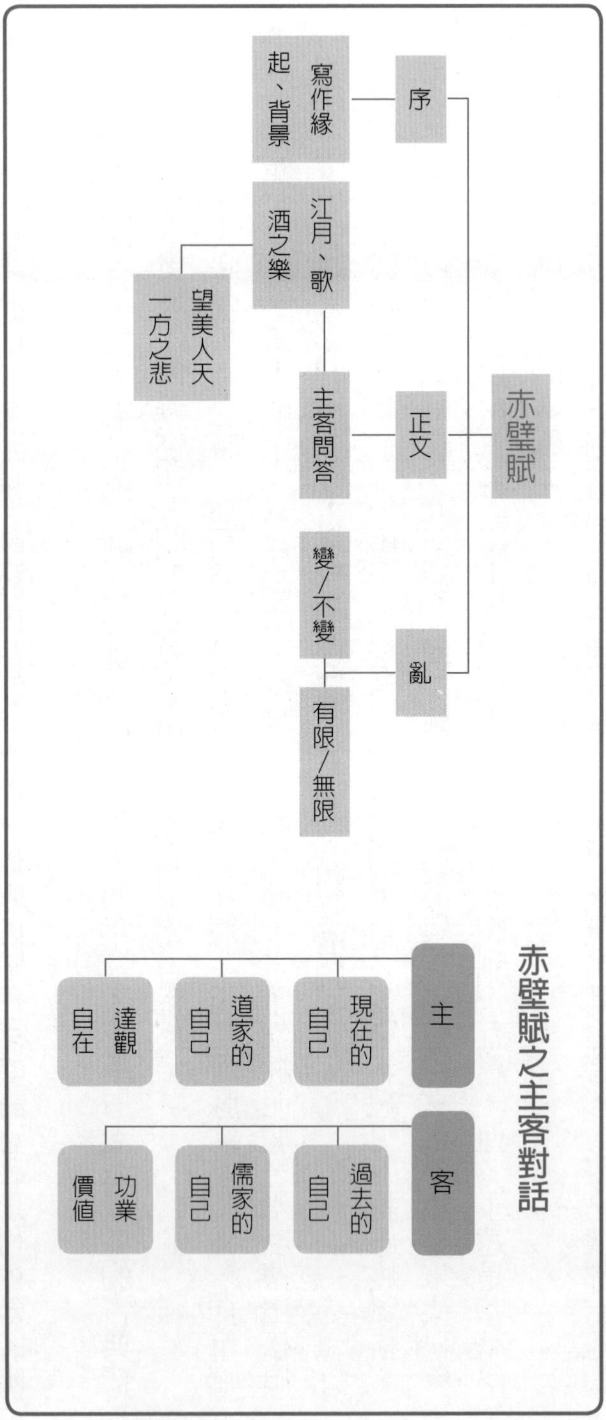
赤壁賦
序
寫作緣起、背景
正文
主客問答
江月、歌酒之樂
望美人天一方之悲
亂
變/不變
有限/無限
赤壁賦之主客對話
主
現在的自己
道家的自己
達觀自在
客
過去的自己
儒家的自己
功業價值

詩化情境間的幻化心境：從與客遊的誦詩飲酒，到縱我的遺世獨立

壬戌之秋，七月既望，蘇子與客泛舟遊於赤壁之下。清風徐來，水波不興，舉酒屬客，誦明月之詩，歌窈窕之章。少焉，月出於東山之上，徘徊於斗牛之間，白露橫江，水光接天；縱一葦之所如，凌萬頃之茫然。浩浩乎如憑虛御風，而不知其所止；飄飄乎如遺世獨立，羽化而登仙。

這段如詩書畫的長卷，隨著文字緩緩展開東坡來到黃州第三年後的秋夜，浮現與客遊赤壁的活動與心境。

「壬戌之秋，七月既望」，連詩間都如電影，流轉出冉冉的悠長。特別標舉日期的心情，只有自己知道那是怎樣自責，迷惘，忐忑的三年；是如何自閉而又放浪山水間，自喜漸不為人識，不敢作文字的默自觀省。

今夜有客相伴，同是天涯淪落的心思，只能以「鋪采摛文，體物寫志也」的賦來傾訴。秋夕時節內斂而細緻的天時之美，「清風徐來，水波不興」的泛舟之晏，心靜之暇，遊賞之怡，唯有閎麗的詩酒可以抒發。於是這群患難至交「誦《明月》之詩，歌《窈窕》之章」，月出皎兮如體態嬌好的美人，風致多姿引人念想，思而不得牽動隱隱的愁意。

這番由《詩經》、《楚辭．少司命》：「望美人兮未來，臨風怳兮浩歌」引來的情愫，呼喚來東山之

月，與月下的蘇子「徘徊」留戀星斗之間。皎月銀輝萬里，款款移動的時間唯美多情，空氣中瀰漫明滅的回眸，於心裡微微揚起溫柔豐美又圓滿的怡然平靜。

「白露橫江」之水氣霧起，虛無縹緲；「水光接天」之月光映水，盡皆空靈。這詩意的情境讓沉醉於相濡以沫的蘇子，由人際活動的賦詩飲酒逐漸朦朧，因爲「縱」放之情，解脫現實桎梏，化入虛無而超脫的意念。

一椿椿紅塵過眼繁華，沉痛屈辱都散在霧裡水裡。今夜，「縱一葦之所如，凌萬頃之茫然」，世界成了無邊無際，沒有界線，沒有榮辱的空白。且任小舟無論東西去，漂浮在無盡的迷迷濛濛之上；且「縱」那個情緒性、直覺性、衝動的本我，放任那個社會化的自我、道德的超我，游離於曠遠無垠的天地之間。

清風推著船速，船帆帶著月光，「浩浩乎如憑虛御風，而不知其所止；飄飄乎如遺世獨立，羽化而登仙。」我被風送上天，不知道將停留到什麼地方；心境飄飄然像脫離塵世，無牽無掛，變成飛昇的神仙。

由清風水波的觸覺、月出東山徘徊於斗牛的視覺，人在畫裡，寫實的事與景映出引出私密的情。在白露水光交融的情裡，人，我相忘，蘇子獨自走入內心最深處的渴望，看見靈魂自我。自靜而動，從四字描景到徘徊流連的長句敘事，和最終拉長綿綿不絕的陶醉，實虛合一於忘我，羽化。那是解放壓抑之後的與自然宇宙交融相參合一的自由，凌駕於人間俗世剎那超脫的境界，也是百轉千迴的跌宕與求索。

卸下虛幻後的真實：從樂甚，到追尋、遙望，悲絕的自我

> 於是飲酒樂甚，扣舷而歌之。歌曰：「桂棹兮蘭槳，擊空明兮泝流光。渺渺兮予懷，望美人兮天一方。」客有吹洞簫者，倚歌而和之，其聲嗚嗚然，如怨、如慕、如泣、如訴，餘音嫋嫋，不絕如縷。舞幽壑之潛蛟，泣孤舟之嫠婦。

翻開斑駁的黃卷，上面記錄著宋神宗元豐二年烏臺詩案，蘇軾入獄一百多天，年底貶黃州團練副使，停發官俸，不得簽書公事。十二月二十九日文書下達，正月初一便得倉皇起程。在長子蘇邁陪同，御史臺差人押解下，長途跋涉一個多月抵黃州，借宿於定惠院。

經歷三年「多難畏人」，深自閉塞杜門深居讀書爲文的日子，一日三百錢捉襟見肘的生活，元豐五年（一〇八二年）以一篇篇日後流傳千古的獨白，描繪起伏的心境與激烈辯證的哲思。

這年暮春三月，寫〈黃州寒食詩帖〉，見烏鴉銜著冥紙掠過，在漫漶的屋室裡，思及困厄的當下，遙不可及的未來，蘇子以滿紙悽苦，飽蘸淚水寫下「君門深九重，墳墓在萬里，也擬哭塗窮，死灰吹不起」，陷入深深的絕望。

三月七日，沙湖道中遇雨，寫〈定風波〉：「莫聽穿林打葉聲，何妨吟嘯且徐行。竹杖芒鞋輕勝馬，誰怕？一蓑煙雨任平生。料峭春風吹酒醒，微冷，山頭斜照卻相迎。回首向來蕭瑟處，歸去，也無風雨也無晴。」雨過天晴的天地，讓蘇子比賦自身處境，參透得失毀譽貴賤窮達，頓時豁達灑脫超然物外，歡喜自在。

所以，七月十六寫的〈前赤壁賦〉，蘇子化身爲說道人，然而現實依舊窘迫，他依舊困在繭裡。〈念奴

嬌．赤壁懷古〉，藉反思三國爭雄之史事，引發出「人生如夢，一尊還酹江月」的慨嘆。九月寫〈臨江仙．夜飲東坡醒復醉〉：「長恨此身非我有，何時忘卻營營。夜闌風靜縠紋平。小舟從此逝，江海寄餘生。」掩不住的無限恨，無法忘卻的世間癡想，歸於寄於江湖的消逝，是解？還是無解？

對蘇子而言，貶謫黃州最難堪的不是生活處境，不是四面八方的否定汙衊，而是現實的我／理想的我距離越來越大，一向抱持的人生信念被劇烈搖撼。

心底疑惑一向奉行的價值觀會逐漸崩解嗎？

找不到足以支撐的的信仰，是否會淪爲廢墟？

恐懼糾結纏繞，拒絕接受，因爲避免面對的傷悲而壓抑、而躑躅。

泛舟於赤壁的樂，來得如此突然而又理所當然。放縱的喝酒，瀟灑的敲船舷打拍子，大聲地唱心裡的歌，這一夜，形神不再隔閡，自我不再扭曲變形。蘇子奮力高舉蘭桂之槳，擊向水中空靈明亮的月，追逐迤邐粼粼的月光，只因內心那無法排解的情懷，因爲美人總在可望不可即的遠方。

從來都明白表相的快樂並不眞實，眞實的內在總無處可逃，於是自以爲樂的放縱與幻境間，猛然拉開自欺的掩蓋，指向殘酷的事實：憑藉「桂」、「蘭」象徵的君子之德，「擊」、「泝」的執著追尋，「渺渺」不絕念茲在茲的誠意，美人仍在水一方，君王青睞的眼角從未朝向這裡。

吟罷騷體賦思之歌，剎那間，模糊的又清晰了，斷絕的又連接了。洞簫客「倚歌而和之」的簫聲迴旋「嗚嗚然」啜泣的狀聲之中，渲染成嗚咽的生命底色。一連四句「如怨、如慕、如泣、如訴」濃稠的深情之下，聽見深層的自己長久積壓的怨憤思盼、婉轉激動的苦楚委屈、等待尋覓的悲愴幻滅。「餘音嫋嫋，不絕如縷」，悲傷的蕭聲如絲線，柔弱搖曳卻清晰可見，忽遠忽近似有若無卻緊抽心緒。

吹簫的人吹出蒼茫天地間，蛟龍之才遊蕩的憤慨悲淒；簫聲懂得孤舟嫠婦，夜深忽夢少年事孤獨寂寞的處境。今夜，縹緲的悲音來得又快又猛，人說這是音樂的感染力，讓潛藏暗處的遷客騷人猝不及防，讓孤立無援的棄臣掩面而泣，但有誰知吹簫人心底壓著多麼深重巨大的苦啊！

這段因「望美人天一方」而帶出簫聲之悲的情節裡，吟詩與吹簫之作用在引出下段主客問答的過渡，同時使上段「泛舟」的快樂氣氛，道家絕塵而去的想像，轉向思考儒家生命存在與價值的悲哀，形成感情抑揚起伏的張力。而文中洞簫之聲悲，實則是被貶謫黃州的蘇軾空有雄才難展，壯志難酬之憾啊！

簫客／曹操／東坡的激辯：儒家／道家，本我／自我／超我的對話

> 蘇子愀然，正襟危坐，而問客曰：「何爲其然也？」
> 客曰：「『月明星稀，烏鵲南飛』，此非曹孟德之詩乎？西望夏口，東望武昌，山川相繆，鬱乎蒼蒼，此非孟德之困於周郎者乎？方其破荊州，下江陵，順流而東也，舳艫千里，旌旗蔽空，釃酒臨江，橫槊賦詩，固一世之雄也，而今安在哉？況吾與子漁樵於江渚之上，侶魚蝦而友麋鹿；駕一葉之扁舟，舉匏樽以相屬。寄蜉蝣於天地，渺滄海之一粟。哀吾生之須臾，羨長江之無窮。挾飛仙以遨遊，抱明月而長終。知不可乎驟得，託遺響於悲風。」

隨著飄飄然羽化登仙、扣舷而歌「本我」的喜樂，到簫聲悲淒的抒情，步步轉入洞簫客感歎生命之苦短與渺小，更私密的內心，更哲學的思索。與情緒並行的是作者「望美人天一方」，具體的政治哀傷。看似悠閒的「侶魚蝦，友麋鹿」背後，是生命無常而渺小的焦慮，自我定位的懷疑，社會評價下存在價值與意義的

叩問，和「本我」、「超我」，企圖超脫與捨棄愿想的衝突。

面對蘇子一副不解而震驚的提問，簫客以賦體重鋪陳、筆勢誇張的氣質，藉曹操「月明星稀，烏鵲南飛」求才之切，與其「破荊州，下江陵」氣勢之盛，顯現「一世之雄」帝王富貴之氣與豪邁宏大的格局。這超我的英雄形象，是東坡嚮往的立功立業。至於選取曹操向天下英才所發招才帖、南下赤壁武裝行動展現的英氣勃發，和橫槊賦詩的眉宇間流轉之自信豪邁等鏡頭，則聚焦於宏觀的格局、領導的魅力、個性的氣質，將曹操推向「一世之雄」的高度。

〈短歌行〉始於人生短暫所興起的憂思：「對酒當歌，人生幾何？譬如朝露，去日苦多。慨當以慷，憂思難忘。何以解憂？惟有杜康。」轉入求才若渴之心：「青青子衿，悠悠我心。但爲君故，沉吟至今。」「越阡度陌，枉用相存。契闊談讌，心戀舊恩。」這是對世襲豪強勢力的宣戰，唯才適用求賢共創新局的宣告，顯示曹操破陳腐舊觀念，企圖建構前瞻性抱負的野心與膽識。

如果亂世是肇始下一個盛世的預言，那麼賢者盼得明主之心境：「月明星稀，烏鵲南飛。繞樹三匝，何枝可依？」正是呼籲有志之士人生如朝露，及時當建功的邀約，暗言自己是可依之枝，願天下賢士來歸；最後歸結於禮賢下士的宏大心志：「周公吐哺，天下歸心。」既有「人生無常」、「賢才難得」、「功業未竟」之悲涼深沉，亦有得天下英才匡濟危世的豪邁雄壯。

推想客何以僅提及〈短歌行〉：「月明星稀，烏鵲南飛。繞樹三匝，何枝可依」這句話？一方面與首段月出之詩、次段月明之詩綰合；另方面南方的賢士如烏鵲無枝可依，似乎隱喻蘇子與客被貶南方，無枝可依。而曹操求才以成功業，以一統天下爲志，正是儒者追求功業的象徵，也對照出蘇子與客「望美人兮天一方」的失落，「侶魚蝦，友麋鹿」的落寞之困。

在蘇軾的認知裡，儘管赤壁敗績，仍難掩曹操氣勢才情、相得益彰的武略功業。故筆墨著力於戰前「舳艫千里，旌旗蔽空，釃酒臨江，橫槊賦詩」，英姿颯爽的豪情壯懷，志在必得的意氣風發，文才武略氣概非凡，是儒者嚮往的境界，蘇軾渴望攀登的高峰與超我的描繪。置身當時廝殺的歷史戰場，遙想三國英雄影像，彷彿聽見衝鋒陷陣的金戈之聲，頓覺內心汩汩湧動的憧憬熾熱澎湃。他多麼羨慕曹操招才的誠意氣魄，領導的氣勢才情，雄心壯志的作爲實踐，此生不求赫赫功名，但望有這樣躊躇滿志放手一搏，迸濺才情壯志的時刻！

就在以爲激昂得意登於人生之巓時，筆鋒忽然來了三百六十度的大逆轉，輕輕一句叩問命運的質詰凌空劈下：「而今安在哉？」。剛堆疊出的積木應聲倒塌，剛在心頭震撼的豪壯頓時無聲。赤壁水月空悠悠，如果連叱吒風雲的曹操都逃不過命運的擺弄與無常的宿命，被貶荒漠不得問政事的我如何找到著力點？

我是誰？我在，還是不在？

如果這是天命，曹操之困，簫客之困，東坡之困都是注定的狀態嗎？

更何況「寄蜉蝣於天地，渺滄海之一粟」的宿命之困，提示出的人生問題——生命有限，個體微小。若是則生命價値何在？被貶謫的現實生命有何可爲？

蘇軾對儒者境界開始產生懷疑與批判——反思過去的我，曾經嚮往的功業有何意義？

當超我不可期，自我堅持的價値何在？

它們能證明我存在的意義嗎？

在巨大的問題意識前，答案，在茫茫的風裡，心底縈繞的是無盡的哀苦。一哀英雄無常，感慨生命短暫：人生有限，美景樂事無法長存，曹操而今安在？二哀生命渺小，「漁樵於江渚之上，侶魚蝦而友麋鹿；

駕一葉之扁舟，舉匏樽以相屬」的我，空有理想無法實現。

盛世難長久，英雄轉眼成空，懷抱壯志才情卻敵不了命運的曹操，該如何？

羨長江無窮、明月長終、飛仙遨遊永恆；嚮往建立功業，渴望創造生命價值的機會，但貶黃州的東坡又能如何？

「知不可乎驟得，托遺響於悲風」，流露的正是那一心致君如堯舜，濟天下蒼生的儒家之我，感傷不遇的我絕望之悲。那以爲可以解決宿命困境，聊與造物遊，縱浪大化中不喜不悲的道家之我，達觀自在的我，又在哪裡？

議論變／不變：哲理思辨，自然慰藉，轉變角度化解糾結

> 蘇子曰：「客亦知夫水與月乎？逝者如斯，而未嘗往也；盈虛者如彼，而卒莫消長也，蓋將自其變者而觀之，則天地曾不能以一瞬；自其不變者而觀之，則物與我皆無盡也，而又何羨乎？

繼抒情與意境、多情與思辨之後，本段的重點一是哲理思辨「水月變之現象／不變之本體」，二是「物各有主之受限／共享自然之無限」的自然慰藉。

變的是「逝者如斯」的水、「盈虛者如彼」的月。這是「天地曾不能一瞬」，無時無刻都在改變的自然界現象，所見的物理界，所感的意識界；是人世間不斷變動的事實，更是人的面貌形軀、情感思想會隨時空變化的必然。

不變的是「未嘗往也」的水，「卒莫消長也」的月。這是「物與我皆無盡也」，秦時明月照漢時關，「人生代代無窮已，江月年年祇相似」的水月本體；也是存於記憶經歷不變的永在，自我超越卻恆常不變的主體，不因生死流轉，榮辱毀譽而變的心靈高度；更是群體客觀的文化、無限存在的狀態。

「烏臺詩案」前的蘇軾以傳統儒家入世思想爲主，貶謫黃州後，切身的生存憂患和深刻的精神困境，迫使蘇軾重新尋找價值根據，轉向對生命本體漫漫求索，試圖以另一種形式、角度建構精神永恆的高度。他在〈黃州安國寺記〉中說：「焚香默坐，深自省察，則物我相忘，身心皆空。」洗心歸佛，是經歷身心痛苦後的深刻反省，已不同於前期的借禪觀心。

「不斷變化中呈現恆常不變的規律性」、「變化自有其不變的根源」，根源就是所謂的「不動的致動者」。簫客看見的是人之變而未見自然之變，因此掉入主觀認定生命有限，個人渺小無解的悲哀之中。蘇軾點明水月和人都變，世間根本不存在永恆，就如《金剛經》所言：「過去心不可得，現在心不可得，未來心不可得。」未來的時間瞬間已成現在，現在剎時已成過去，永遠把握不住物理世界中，眾生一切的心都在變化，沒有不變的永恆。知道宇宙天地的恆變恆動之必然，故接受「應盡便須盡」，便可「無復獨多慮」，不被無常之變所牽繫，不因禍福而悲喜。

但從客觀角度觀之，萬事萬物都不變，群體生命、種族繁衍、文明遞嬗都有不變的規律、不變的內在。潮起潮落的江海、興衰迭起的時代與生死相隨的生命如迴圈，儘管在輪迴線圈不斷啓動各式各樣的命運，但終歸不斷去而復返。無論是文學星河裡璀璨的先行者、翻轉文明歷史的聖賢英雄成爲後人追索浸淫的經典，或是名不見經傳的市井小民、打石磨鏡雕花刻字的匠師，在代代相傳的文化傳統裡成爲有機體的再創造者，也融化爲文明長河的一部分。是以儘管人生忽焉短暫，但每個存在的本身便是永恆，形體死去，迴旋不已的生命力度，卻又彷彿沒有死去，無限循環的宇宙裡都有你我的曾經，留下的粉塵。

當我們的自體改變，眞實地做自己，接納了自己，便能困厄中保持平靜，達到「天地與我爲一，萬物與我並生」，人與宇宙皆無限的狀態。

如此，何必羨慕長江，何需抱明月追求羽化登仙？

主客／本我、自我、超我對話：接受有限，享受無限

> 且夫天地之間，物各有主，苟非吾之所有，雖一毫而莫取。惟江上之清風，與山間之明月，耳得之而爲聲，目遇之而成色，取之無禁，用之不竭，是造物者之無盡藏也，而吾與子之所共適。」
>
> 客喜而笑，洗盞更酌。肴核既盡，杯盤狼籍，相與枕藉乎舟中，不知東方之既白。

解決心頭過不去的坎之後，要問的是如何化解不遇的處境，看見可以握在手上的眞實感，人情世界尋得的心靈安頓？

在回答之前，要思考的是「擁有、享有是對立的嗎？」

擁有的人未必享有，享有的人無需擁有。當我們執著於擁有才能享有時，我們已然失去存有的意義；有時候放手便能擁有，即使空無，亦是享有。如電影〈臥虎藏龍〉中李慕白所言：「握緊拳頭，裡頭什麼也沒有；打開雙手，你擁有的是一切。」

當不再拘泥於長久／短暫、渺小／偉大，不再陷溺於於單向的觀看世間，看清「天地之間，物各有

主」，命定而無奈的有限；明白我們只能遵守「苟非吾之所有，雖一毫而莫取」的規則，放開占有的執著桎梏，接受變動不已而又充滿條件的人間情時，便不再為此而憾恨。

當我們轉而看見宇宙心：「惟江上之清風，與山間之明月，耳得之而為聲，目遇之而成色。取之無禁，用之不竭。」這是造物者之無盡藏，任何懷抱無所待，無強求的知足者都能享有天地大美，游心於藝術境界。這是「縱浪大化」中，無所耽溺，而又樂在其中之趣。

楊治宜《「自然」之辯：蘇軾的有限與不朽》一書中，說到：「蘇軾恰恰是在對自身有限性的接受中，實現了他的不朽，這種『不朽』並非絕對的，而是通過把自身存在的真實注入作品，讓作品成為他身體的替代，讓讀者成為他生命的後身，從而實現的有限的不朽。恰在蘇軾放棄對絕對自由、超越境界的追求的時刻，他作為人的心靈才獲得了自由。」

只有當發現真正束縛自己的力量，乃是內心的欲望，進而事物分別的物我換位時，方乃不悲不羨，臻於心靈的覺悟和自由。

一段一段展開的手卷，是時間的過去、現在，和未來；是客與主政治失意苦悶的生命過程，更是蘇東坡的自我、本我、超我的問答，爭辯，困惑，與了悟。文章脈絡從景↓情↓理，探索安身立命的焦點；自感傷於事物表象的變、體悟萬物表象變化而本體不變，到以曠達心面對世事，藉大自然寄託情懷。蘇軾在儒家的社會我和道釋的自然我兩個極端之間，終於找到自己的平衡點，情緒由樂↓悲↓「客喜而笑」。

「洗盞更酌」是放下哀苦重開宴，洗淨煩惱，重新面對內心，豁達歡暢。

「肴核既盡，杯盤狼籍」，是放下執著縱情，但已非「羽化登仙」的虛無，而是陶然自樂。

「相與枕藉乎舟中，不知東方之既白」的忘卻時間，是卸下被觀看的姿勢，全然的釋懷。

文章由短句到長句，自主觀的因景生情、曠達的哲理，到客觀的美景，帶出酒酣沉醉之悠長情感，內心如清風明月的皎然，而困、轉、曠底層流動的是哲理思辯後的頓悟。原來當站在相同角度客觀看待宇宙人生，不要拘泥於單向的觀看時，便能掙脫感傷於事物表象之變的困惑，執著的憂懼；能夠無所待，無強求的學會知足，便能達觀面對世事，藉大自然寄託情懷，處處心安自在。

換你來當作者

元風五年七月寫的〈赤壁賦〉，是段逃避、面對、脫困的歷程，是內心自我的辯論，也是放下與重新開始的建構。十月寫的〈後赤壁賦〉，是心懷恐懼、敬畏，獨自走向「江山不可復識」的旅程，蘇子—孤鶴—道士是三人一體的精神象徵，也是羽化登仙的幻境幻想。

王家衛《東邪西毒》裡，歐陽鋒說：「從以前到現在，我每天都望著同一片沙漠。以前我會想，沙漠的另一頭不曉得是什麼，有時候甚至會想走過去看一看。但現在我不這麼想了，沙漠的另一頭其實並沒有什麼，沙漠的另一頭只是另一片沙漠。」

在你的成長歷程中，是否也曾糾結困惑，請以「轉彎」為題，敘說你如何釐清，解釋，超越困境？形成什麼樣的蛻變？

文人當家掌櫃的風景

左手賺錢，右手寫書，頭頂豎起理想天線的大宋王朝

宋代政治經濟文化水準高，士大夫文人素質修養氣度高，百姓生活幸福指數高。這是一個市民文化蓬勃、商品經濟繁榮、人口增加城市興起、科技進步的時代，知識分子覺醒，社會上瀰漫尊師重道的風氣。

如果你是小說迷，定然熟悉狄青、岳家軍，和忠烈楊家將、少年楊家將、鐵血楊家將等故事；也可能看過京劇、電影、電視，楊業、楊延昭、楊文廣三代戍守北疆，奮勇對抗遼、西夏的故事、「楊家槍法」的神奇，佘太君、穆桂英等女英雄的身影寫成俠的情節。

如果你喜歡皇室宮廷劇，會跟我一般猜測難道宋徽宗是李後主投胎轉世，否則兩人的氣息和命運為何如此相近？此生的宋徽宗不再是偏安江寧的小國，而是坐擁一億國民，處於世界上最富有和最先進的國家；不再繾綣於大、小周后的溫柔鄉裡，而是熱衷於修建寺觀與園林，埋入瓷器、茶學、金石學、古琴和蹴鞠、擊鞠、打獵、射箭、馬術之間的玩家；他不再寫兒女情長的詞，而是自創「瘦金書」字體，作畫寫字。怎奈他背負帝王的黃金官，使力地超越朝廷黨爭，建立官學，廣設醫院、孤兒院、乞丐墓地等慈善事業，卻逃不過

骨子裡卻始終是不問世事的浪漫種子，落得被女眞人俘虜，受盡屈辱的下場。

你若是時尚達人，必會喜歡這女子大方示愛，以纖瘦爲美的宋代。別以爲理學之下穿著保守，其實從皇家成員、宮女、大家閨秀，到宮廷樂伎、市井伶人、平民女性，幾乎都穿著「檳榔西施」級的「抹胸+褙子」，也就是小可愛外套件直領對襟，兩腋開衩的過膝長衣，走起路來長衫飄飄，微露「事業線」的樣子性感而迷人。

你想做生意發大財，那麼出生在海外貿易高度發達的宋代，絕對讓你上得了京城，下得了明州（今寧波）、泉州、廣州等國際性大港，把香料、飾品等舶來貨打成「網紅」暢銷產品，賺得盆滿缽滿，名列富士比榜。

你想當作家，唐宋八大家排行榜上六位全是宋代人。如果唐詩是中國人的文化故鄉，那麼，宋代散文便是文青志士們的心靈之光。歐陽脩實踐范仲淹理想的〈醉翁亭記〉，揭示忘個人得失，捨情緒之困，懷抱與民同樂的政治情懷。曾鞏〈墨池記〉自期勉人讀書修德，如仁人莊士之遺風餘思，被於來世者。王安石〈遊褒禪山記〉以志、立、物探索世之奇偉瑰怪非常之觀，呈顯宋代知識分子以仁人自許，追尋出凡入聖的境界。三蘇藉史喻今的〈六國論〉，說的是六國敗亡，弊在賂秦，指的是宋朝廷慮患之疏，金錢外交政策之愚。

且讓我們看看這朝代何以能孕育人才輩出，高遠視野、瀟灑高逸生活態度？何以讓人人懂得閒適的慢活，活出生命的意義和價值？

一、享受生活，講究品味的時代：琳琅滿目的美食秀＋品茶聽說書＋春遊打馬球

宋代社會經濟文化發展，達官貴人都是時尚玩家，四處遊山玩水，以詩畫收藏金石器物體現品味。文人遍遊山川自然，寫旅遊文章，品嚐珍饈嘉旨、享受燒香、點茶、掛畫、插花「四般閒事」。這股活得有閒情逸致，過得有藝術感的雅痞風，帶動酒樓、茶坊、食店，薰染出風生水起的茶文化與酒文化，連看個書展都能有茶酒招待，無怪乎錢穆先生談：「宋以後的文學藝術，都已經平民化了。」

宋朝政府積極鼓勵住宅別窩在田中，而往道路兩旁居。打破坊市界限的結果是住商區混合，生活的空間就是文藝的空間。住家隔壁是唱戲、卜卦，說書的攤子，轉彎買個南北雜貨，鐵鋸鐮刀。大宴小酌的店鋪和沿街叫賣的販夫更是從皇宮正宣德樓門至大街小巷，到處都是大賣場、小市集，和名牌專賣店。原本一日二餐在宋朝開始一日三餐、席地而坐也改為桌椅配置，這些環境、形式到家具的舒適化、便利性，都促使宋代發展出豐富而精緻的美食文化。

宋代飲食文化是平民的文化，跟著紈袴子弟孟元老《東京夢華錄》遊走御路關廂、通衢深巷，出入茶坊酒肆、勾欄瓦舍，讓你對大宋的富庶繁盛嘖嘖稱奇之餘，享盡北宋東京「集四海之珍奇，會寰區之異味」的美食。由早市薄皮春繭（即春卷）、生煎饅頭、棗箍、荷葉餅、芙蓉餅、點心羹湯，吃到飯店裡的宮廷菜蟹釀橙、燒臆子、五色板肚、杞憂烘皮肘、櫻桃煎魚膾。不想出門，約三五好友叫外賣來盤汴京烤鴨、土豪羊肉、東京烤餅夾醬肉在家從容品味，然後點茶、鬥茶、品茶，或弈棋、泛舟，玩雙陸、蹴鞠、投壺遊戲。

士大夫交際往來，以禮輕情意重為原則，饋贈之禮從生活用品日常食材、書法繪畫碑拓、花草木植物，多樣而實用，低調而節制。譬如友人贈無花果、藥物，陸游回贈家鄉所產「新茶三十聘，子魚五十尾」。若假人際往來行賄賂之實則會被唾棄，故蘇軾堅持「不受非親舊之饋」而退回惠春茶，唯喜與門下客清風明月

品茗論文。司馬光〈訓儉示康〉筆下的士大夫家宴客：「酒酤於市，果止於梨、栗、棗、柿之類；肴止於脯醢、菜羹，器用瓷漆」，吃得家常但會數而禮勤，物薄而情厚。

宋史學者李開周說：「要想吃得舒服，吃得健康，你只有去宋朝，宋朝才是吃貨的好時代。」華燈初上，放眼望去「車馬盈市、羅綺滿街」，年輕帥哥鮮衣怒馬趕著到市井瓦舍聽說書，正妹急著週年慶血拼。小市民們則趕去酒樓飯店聚餐，或到夜市點個湯鍋炒鍋，小攤上買包糖炒栗子、鍋貼和鍋貼豆腐，在深夜食堂點各式撈麵、湯麵、炒麵……續攤，渴了點杯冰鎮中藥飲、冰雪甘草湯、雪泡梅花茶。鐵鍋熱炒的火苗如煙火，小市民滋滋噴香的歡聲笑語，連宋仁宗都不禁感慨宮中冷清，豔羡高牆外的夜生活。

二、科技發展，經濟躍升的時代：百工百業興隆昌盛，高所得高房價生活壓力大

北宋經濟實力全球第一，眾人對當時GDP占比之說雖在百分之六十至八十擺盪，但可確定的是富裕程度在埃及、印度、羅馬帝國等古文明國間。因此，日本文史家內藤湖南在〈概括的唐宋時代觀〉中說：「唐代是中國中世紀的結束，宋代則是中國近代的開始。」

張擇端《清明上河圖》像一卷紀錄片，帶人們走進千年前的開封城。沿著虹橋上、汴河兩岸張望畫廊、酒家、飯館、銀樓、布莊、穀物市集、廚具舖、武器舖、燈籠店、樂器行、藥房、算命攤，聞聞人聲鼎沸的市井況味；爬上樹，遠眺漕運繁華，寺廟、竹籬茅舍、巍峨城樓，琉璃官邸，那勝景堪比國際大都會。

雖說宋朝賺錢行業是鹽務、礦產、海運、漕運，但經濟繁盛的根柢是突飛猛進科技發展。著名的張衡渾天地動儀撥開天文地質神祕的面紗、畢昇活字印刷術是中國四大發明之一。計量、算術、幾何金頭腦沈括，精通生物醫學地質氣候農業，一本《夢溪筆談》紀錄百工技藝，原理運用。

黃仁宇《中國大歷史》描述：「公元九六〇年宋代興起，中國好像進入了現代，一種物質文化由此展開。貨幣之流通，較前普及。火藥之發明，火焰器之使用，航海用之指南針，天文時鐘，鼓風爐，水力紡織機，船隻使用不漏水艙壁等，都於宋代出現。在十一至十二世紀，中國大城市裡的生活程度可以與世界上任何城市比較而毫無遜色。」

科技帶動工業，讓定、汝、官、哥窯瓷器大放異彩；鋼鐵業產量飛漲，促進武器、錢幣、炊具、農具種類繁多；槳輪大輪船，讓岳飛對抗叛將獲得戰略性勝利；航海的指南針、掌握季風規律、千人大船的製造能力和卓越的航海技術，讓宋朝船隻遍及東南亞，更航行到綠衣大食（法蒂瑪王朝的埃及）的港口。

因農田、水利、城市建設而被挖掘出土的器物，在疑古治學之風下，成爲與文獻相互佐證的研究資料，促成金石之學的興起。如歐陽脩《集古錄》；李清照、趙明誠的《金石錄》。

宋朝以高薪養廉，從宋太祖到宋徽宗都不斷爲文武百官加薪，擴充福利。正薪之外還有治裝費、柴米油鹽茶酒配給、外加隨從費、公使錢及恩賞等各種福利及職務補貼。但是公務員的死薪水，永遠敵不過商人的興風作浪的通貨膨脹，和因爲人口增加、土地兼併、商業發達，造成財富集中，嚴重的貧富差距。

汴京房屋自有率約百分之五十，雖然政府提供的「國民住宅」、民間的房屋租賃市場充分，房租便宜，能滿足無殼蝸牛族需求。但當你看見秦觀、張耒、黃庭堅、晁補之蘇門四學士租屋而棲，揮汗寫詩文的苦狀。好不容易熬上官職的百官仍無屋住，國家最高法院院長的歐陽脩、監察院長官蘇轍、副宰相也只能委身陋巷，租房子住。宋眞宗冒雨前往祭弔樞密副使楊礪時「乘輿不能進，步至其第」，不禁爲官員屈身於這連馬車都進不了這巷子而感到悲傷。

幸而宋代對社會福利的重視與成就遠勝其他朝代，由政府、士大夫、民間、宗教形成多層次的救助團體，讓「鰥寡孤獨廢疾者皆有所養」。朝廷於各地設立福田院、居養院、養濟院、安濟房，影響地方士大夫、富民仕紳自發性地置義田賑濟孤苦弱勢，使族人能養生送死，男婚女嫁。如范仲淹義田、義莊因制度完善後人經營得當，從北宋到清末延續八百多年。

三、人文薈萃，抗懷千古的時代：在遠方戰火不休，保守積弱富國圖強變法中踽踽而行的仁人志士

唐末藩鎭割據，導致宋朝政治風向轉爲「以文立國」，徹底肅清武人爲害的根源，安定人心。雖然三百年帝國在強幹弱枝、內重外輕的政策下，從未實現眞正意義上的大一統，但趙匡胤促成權力分配和人才選拔的完整體系。他以公平的考試制度、不斷擴充錄取名額，並立下「不得殺士大夫及上書言事人」的祖訓，使出身貧寒才智者能藉以平步青雲，讀書人備受尊重，社會颳起讀書風。另則以繁複的官員體系，流動性強的官職制度，讓各級官員在某地區任期有限，沒有勾結地方勢力形成盤根糾結人脈勢力的機會，一旦犯錯立刻下臺，無法官官相護紊亂綱紀。

門閥士族消融，社會不再有貴賤之分和出身的門第限制，人人可憑藉科舉考試進入上層階級。貢舉不考詩賦，獨重策論和操行，所以當官的清廉自守。在這樣的政治體制之下，形成集官僚、文士、學者於一身的複合型人才——士大夫，及宋代士人尙風節，具政治使命感和道德感的風範。文道關係是宋代文學思想中的重要命題，孫復、胡瑗、徂徠「宋初三先生」，打下宋文化根底。張載「爲天地立心，爲生民立命，爲往聖繼絕學，爲萬世開太平」，建立崇高的價值體系，締造出日本學者內藤湖南稱之爲「近世文明」開端的成就。

宋代儒家復興，讀書人自認該有「國家興亡，匹夫有責」、「天下爲己任」的擔當。仁宗親政，呂夷簡成宰相，范仲淹急欲除之，不惜以「吾不勝，必死之」的絕食搏命，並繪製〈百官圖〉詳記呂當政百官升降謫遷舞弊之舉，除惡務盡，以免勾結後患無窮的正邪之爭。雖然最終范仲淹因此被貶饒州，但骨鯁之風被譽爲「天下第一流人物」。此時江山人才濟濟，除歐曾王三蘇，公正無私的包拯、勇而善謀的狄青、與范仲淹率軍防禦西夏的韓琦、拒絕割地的名相富弼、詞家柳永和晏殊、晏幾道父子都如騏驥各逞其能。

更何況慶曆新政的一群人個個是寫作能手，王禹偁〈黃岡竹樓記〉聽雨聲，遠望山光平挹江瀨，送夕陽，迎素月，甘居清苦。范仲淹以〈岳陽樓記〉超脫雨悲晴喜，昂首走向「先憂後樂」的燈塔。

即使被貶官，一卷線條清瘦平穩的宋體字折頁印刷書在手，北窗高臥怡然自得；或是往皇家長達三個月的曝書會逛逛，早食五品，午會茶果，晚食七品免費吃到底，臨走還獲贈朝廷刊印的《太平廣記》、《春秋左氏傳》各一部。避居文化中心洛陽的司馬光以十九年修《資治通鑑》，遇見講學的程頤、程顥大爲激賞，談笑無還期。

這樣澹遠安然的風度成就宋代藝術，在世界上最早的美術專業學校翰林圖畫院「以不仿前人，而物之情態形色俱若自然，筆韻高簡爲工」爲標準之下，山水花鳥豐富多姿。宋徽宗更親自出題，要求畫出「野水無人渡，孤舟盡日横」、「踏花歸來馬蹄香」、「深山藏古寺」的意境。一時之間，蘇軾、黃庭堅、米芾「畫意不畫形」的文人畫；「尙意、重氣、重韻」的行書都展現出絕世的高峰，范寬〈谿山行旅圖〉、董源〈瀟湘圖〉更是傳世名作。

在宮外長大的神宗即位後，不甘以人民血汗錢買和平，懷抱擺脫幽燕之戰、雍熙北伐以來百年屈辱，奪回燕雲十六州，蕩平西夏吐蕃，讓宋如漢唐盛世的企圖。但面對的是因冗員、與西夏開戰軍用、每年納歲幣等所造成赤字嚴重，急於興利除弊，富國強兵。

熙寧元年，十九歲的神宗遇見四十六歲的王安石，神宗問的第一句話是「治天下何先？」王安石答的是「治術爲先」，而且要植入全新的企業概念大刀闊斧地改變。於是這位被日本人稱之爲「偉大的改革設計師」的王安石，開啓結合周禮政經制度和宋社會現實構築的新法。

儘管王安石秉持「天命不足畏，祖宗不足法，人言不足恤」的心態，事先料到會引發強烈反對聲浪，自信自負地挺身對抗眾議怨誹，豈料爲天下理財、興利除弊之策終究敵不了洶洶然的浪潮。

理想很豐滿，現實很骨感，網路鍵盤手抹黑的功力更勝一籌，原本加惠貧苦農民的青苗法，變成剝削農民的手段；以賦稅代替兵役的募役法，變成聚斂害民的藉口；大旱造成飢民湧入開封，反對者以「天變」攻擊。

最後在民怨如浪，司馬光上書歷數罪狀、鄭俠〈流民圖〉的圍剿之下，新法腹背受敵，王安石求退金陵，潛心學問，不問世事。留下朱熹「不好聲色，不愛官職，不殖貨利」的總結和小說、史家的質疑批判，直到梁啓超爲戊戌變法發聲、徹底翻案，才還王安石「改革家」的稱號。

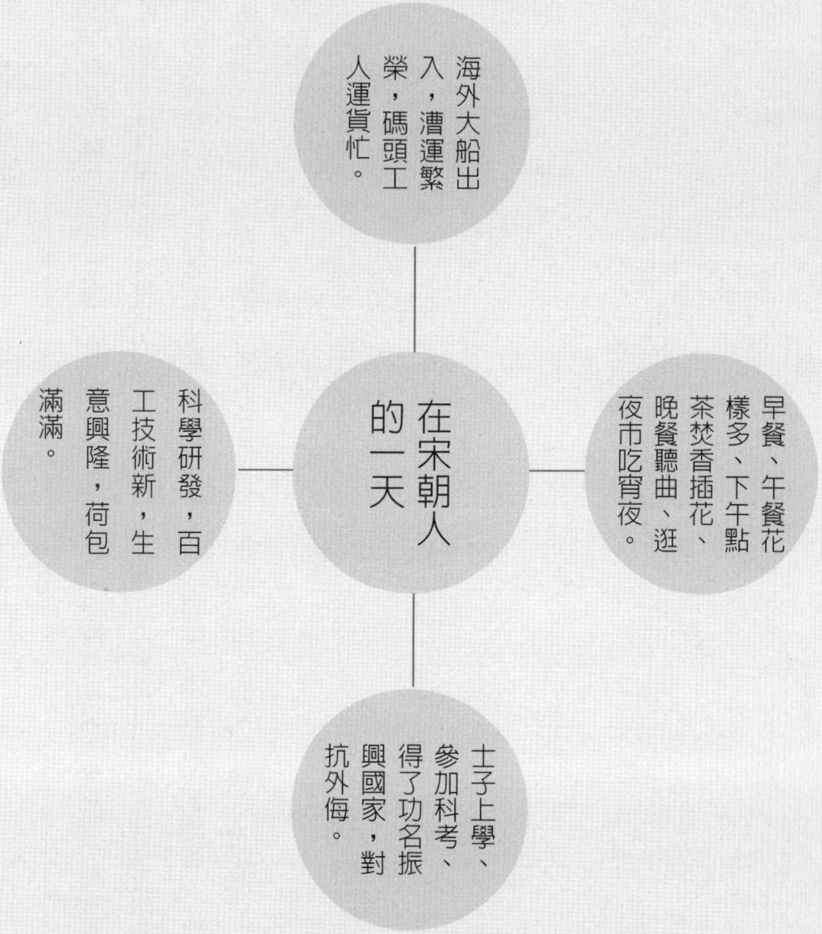
在宋朝人的一天
海外大船出入，漕運繁榮，碼頭工人運貨忙。
早餐、午餐花樣多、下午點茶焚香插花、晚餐聽曲、逛夜市吃宵夜。
士子上學、參加科考、得了功名振興國家，對抗外侮。
科學研發，百工技術新，生意興隆，荷包滿滿。

宋朝人一年有「一百多天」的國定假日，孟元老《東京夢華錄》裡記錄勾欄瓦舍的表演雜耍全年無休，堪比百老匯。小市民個個都是享樂族，打馬球、聽說書，暮春洛陽賞牡丹；俊男美女歌樓舞榭吟詩作詞，楊柳岸曉風殘月執手淚眼相看；官府裡案牘勞形志在濟蒼生，窗前書生心懷寰宇焚膏繼晷。

比起二十一世紀，宋代的小日子似乎很滋潤，請以「與我的宋朝偶像一起過一天」為題，並說說這天的所見所聞和所感。

虬髯客傳

（文言小說）

此處不留爺，自有留爺處

一群異人演出的傳奇劇

隋代很短，短得就像打了一個噴嚏。歷史的墓碑上記錄它的生死是西元五八一年三月四日至西元六一九年五月二十三日，始於三十八年前的春，終於三十八年後的夏。那天剛過端午，來不及結麥穗，等不到豐收，這朝代就倉皇地在戰爭中結束了。

其實，隋上承南北朝、下啓唐朝，就像秦上承戰國、下啓漢朝。得天時聚英雄凝結民心氣勢的君王，把分裂的拼圖收攏爲完整的一張大一統江山地圖，開啓嶄新的視野建立顛覆傳統的理念興利除弊。然後，在失天時遭民變氣運毀之下，一粒沙破了窗，一陣風吹起骨牌效應，偌大的王朝瞬間土崩瓦解。看著被焚燒的宮殿、兵馬倥傯間流離的難民，不禁想起《漢書．異姓諸侯王表》：「鐫金石者難爲功，摧枯朽者易爲力。」

但不可否認當時萬邦來朝，疆域之遼闊、文化之昌盛，奠定下一個盛世基石的偉岸高度，因此與其討論終止兩百八十多年南北對峙的隋代，何以如此短命，不如數一數這歷史上最短的王朝推動了哪些的政策，讓唐朝可以順風順水，名震四方。

首先是鞏固政權，沒收天下武器削弱地方勢力，防止軍事割據和叛亂的機率是中央集權的必要對策。另則透過和親、通使懷柔、廣開互市來拓展外交；藉由三征高麗，威懾西突厥，會盟西域，讓日本、百濟來朝，東突厥稱臣，充分顯示「宣揚風化」、「四夷率服」世界觀的企圖。東突厥上表尊稱文帝楊堅爲「大隋聖人・莫緣可汗」，意爲楊堅是中國及東突厥的皇帝。

其次是培養人才，杜絕世家貴族壟斷仕宦機會，設立科舉讓寒門出頭，實學有才者能爲國所用，實踐社會公平正義。接著是承繼南北朝時的禮佛，宏揚佛法。在經濟上，藉人口調查掌握賦稅來源，開拓耕地，並以均田削弱地主，減稅富藏於民。同時統一貨幣推動財政制度的規範穩定經濟、發展瓷器、雕版印刷、造船築橋等工藝，開展與西域、西亞羅馬、波斯、歐洲等國貿易。

一時之間，一批批遣隋使、僧人自日本來到中國長期留學，習典章制度、文學藝術、科學技術、醫學及宗教哲學。成千上百頭馬匹，羊、駝、牛納貢隊伍從絲路而來，一艘艘船運來香料、象牙、黃金珍寶。史傳上記載煬帝從大興出發，經雁門到達榆林郡，突厥修御道迎接，搭起可容納千人以上的行宮，宴請可汗及其部眾三千人。整個月洛陽城大街上戲場綿亙八里，百戲並奏，樂聲飛揚，百官坐在棚閣看四方奇技異藝，店家擺上酒食招待蠻夷商人。

內政上，隋文帝鼓勵人民開墾土地、在各地修建糧倉的政策，不僅使糧食充沛民生富裕，更形成人口數暴增，國力強盛的局面。由貞觀十一年，監察御史馬周對唐太宗李世民說：「隋家儲洛口，而李密因之；西京府庫，亦爲國家之用，至今未盡。」這段話可知隋朝已滅亡二十年，隋文帝死了三十三年之後，隋所儲積的糧食布帛還未用完，可見其富裕，以及爲貞觀之治打下的基礎多麼厚實。

隋除卻在內政、外交、貿易發揮承前啓後的作用，且開運河、修馳道與築長城，帶動關中與南北各地區經濟與文化發展。尤其是以洛陽爲中心，北到陝西西安的廣通渠、至河北的永濟渠，南到江蘇的通濟渠和山陽瀆，以及連接江蘇鎭江、浙江杭州的江南運河，串聯南方繁榮，形成日後的南宋、南明，以及文人匯集的局面。

豈料這條貫穿南北交通的動脈所耗費的成本，竟成爲隋崩塌的原因，唐代詩人皮日休《汴河懷古二首》盛讚其功：「萬艘龍舸綠叢間，載到揚州盡不還。應是天教開汴水，一千餘里地無山。盡道隋亡爲此河，至今千里賴通波。若無水殿龍舟事，共禹論功不較多。」

在俯瞰整個隋朝之後，回頭讀〈虯髯客傳〉把時空設在隋末，顯然是爲鋪墊英雄出場的必要性，改朝換代的迫切性。但在一筆筆濃墨渲染出英雄抱負格局與作爲之後，卻以「天命」這非理性的神祕力量否決了一切，並搬出別妄想得天下的警告。虯髯客到底是臣服於這樣的迷信而改弦易轍？還是爲天下蒼生而讓賢？他遠走海外是因爲一山不容二虎？還是此處不是爺的，於是另闢蹊徑找到當家作主的地盤？杜光庭出世人說入世話，抱持著什麼樣的心態和用意？

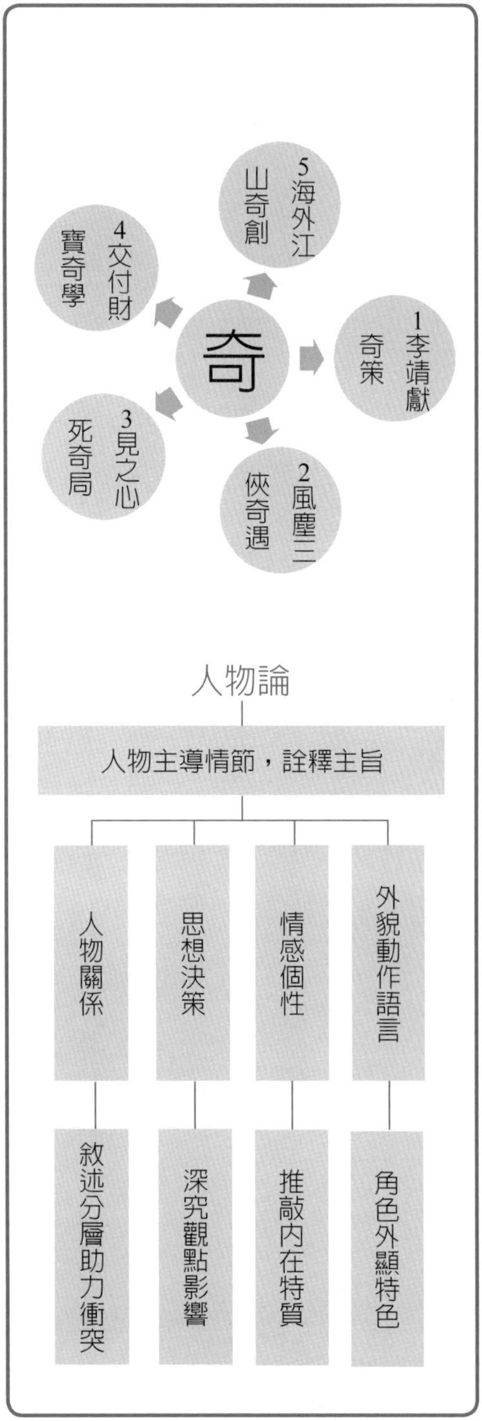

傾聽古文的聲音

情節論：主線、副線交織情節起伏，掀起高潮迭起的奇異敘事

這篇小說寫的是大歷史下的民變，因此定位的時空、人物命運軌跡類型、敘事模式都有其象徵意涵。鑑於宏觀型敘事模式著重於主人公所處環境發生變化的「行動情節」、所處道德發生變化的「人物情節」，和

所處思想發生變化的「思想情節」。因此敘事策略除虬髯客爲主線、李靖紅拂爲副線，並採取凸出敘事中不穩定的動態因果，導致行爲的複雜和敘事的張力，以及行動造成的結果。讓讀者理解事件發展進程，與主題的關係，達到說服接受主旨的效果。

是以，瀏覽全文的重點在掌握大環境下的人物抉擇、行爲推動的情節，進而探究選擇背後呈現的意義、人物情思。

(一)時空發展出情節的人物、行動與思想

小說時間發生於「隋煬帝之幸江都也，命司空楊素守西京」，框出隋末帝遊臣荒的場景。倒推歷史，是隋煬帝三次征高句麗、北巡西域、南巡遊江都（今江蘇揚州）。當時爲造船，工人晝夜立水中不得休息，死者十分之三四；爲運輸物質屍橫遍道路，再加上山東大水災情嚴重，引發饑民暴亂。因此〈虬髯客傳〉所寫的英雄聚合是自隋煬帝大業七年（六一一年）長白山之役到李淵結束，戰火瀰漫歷時十四年民變之戰的某一段，代表敗極必反的天理、英雄競起百姓揭竿反叛，追求正義和平的世道。

小說空間以順時方式從西京楊素、紅拂、李靖出場↓靈石旅店風塵三俠相遇↓太原汾陽橋酒樓，虬髯客初見太宗，李靖、紅拂、劉文靜作陪↓虬髯客回西京馬行東酒樓↓太原汾陽橋酒樓，道士見太宗，現場有虬髯客、劉文靜、李靖↓李靖、紅拂至西京虬髯客府邸，獲贈家財以輔佐李世民成帝業↓唐朝廷西京，李靖得虬髯客捷報。

這些空間地點都有其意義。西京，指隋文帝所定都的大興（唐代稱長安，今稱西安），隋煬帝遷都洛陽，稱東京，顯見楊素居大興陪都，雖非朝廷政治權力核心所在，但以其三公之位足以代表當時政壇官員之

腐敗。特別是大興之名源於隋文帝早年封號，寓有隋的發跡地根腐枝敗，氣數已盡之兆。

至於小說安排天下英雄聚於太原，乃因大業十三年（六一七年），李淵遷任太原郡留守，李世民隨之到太原，這是唐興起據點。李靖至西都進謁楊素，代表還對隋懷抱期望，願效忠於國。其後「將歸太原」的變因，是見楊素位高權重卻無圖存救亡之心，故改變投靠意志，決定放棄楊素歸向太原。這是當時千萬人才志士的象徵，也鋪陳出英雄競起乃合理局勢。

㈡由神話學英雄旅程建構情節因果，分析衝突意義

加拿大著名文學評論家佛萊說：「文學從文學中再生文學。」這意味文學作品有其記憶性的原型、規律化的概念，因此當我們找出故事情節下的模式、規律和原型，小說便不再只是浮面的故事敘述，而可看出透過事件編排表達所想呈現的意義深度。

因此除以時間、空間作爲還原事件的重要線索，將故事化約出幾個重要的核心事件，從事件與事件之間關係，觀察情節建構邏輯，有助於跳脫情節故事角色，觀看全局。如果以克里斯多夫·佛格勒英雄旅程中的十二階段作爲辨認模式，可知〈虯髯客傳〉鎖定在「傳奇」，故直接省略平凡世界、冒險的召喚、拒絕召喚、遇上師父的前導，一方面凸顯人物獨當一面的英雄氣質，另方面快轉敘事節奏，以操縱讀者的好奇心。

1.英雄的試煉

小說以「此人天下負心者，銜之十年，今始獲之，吾憾釋矣」，跨越第一道門檻，通過試煉，邁入結交李靖、紅拂盟友，尤其是競爭對手出現，逼進洞穴最深處的情節。

這是第二道門檻，比前階段更困難的試煉，也是故事核心。小說家在疊疊堆高的情節中，塑造出虯髯

客一心想平亂匡世濟天下蒼生，其為人智勇俱全，行事豪氣干雲的強者形象。然後劈頭逆轉情勢，讓本該探囊取物勢在必得的虯髯客，在見李世民「不衫不屨，裼裘而來，神氣揚揚，貌與常異」後，狂傲的自負自信頓然雪崩，悻悻然吁嗟而去。不過，畢竟是英雄，作者並未描繪苦難折磨虯髯客內心眞實的恐懼憤怨，僅以「見之心死」簡單帶過，但可想像其錯愕與內心難以置信的委屈。

「俄而文皇來，精采驚人，長揖就座，神氣清朗，滿座風生，顧盼暐如也。」相對李世民在眾人談笑中一派輕鬆的瀟灑自若，「道士一見慘然」，這反應對虯髯客而言既是確認天象諭示，也是致命之擊。「此局全輸矣！於此失卻局，奇哉！救無路矣！復奚言？」是對天意的控訴，對命運不公的質問，醞釀出本文「眞主乃天命」的主題，也帶出李世民兩次出場雖是虛寫其神采，其眞英主瀟灑自若，氣宇泰然的震撼力可比千鈞。

〈虯髯客傳〉將大部分篇幅放在與敵人對抗，奇的是這對抗雖是面對面，卻不動干戈，不費口舌，李世民甚至不覺被「審視」。全文的高潮在一步步推向李世民是眞英主的焦點上，作者懸疑地張羅了一盤棋局。世局、命局的觀測對峙，一語雙關。一明一暗之間，僅憑一眼，毫無作為的李世民就讓心高氣傲、不可一世虯髯客者，甘拜下風無言以對。正所謂高手過招，劍未出鞘便已分勝負；眞天子四兩撥千斤，便決定天下之所歸，怎不教人嘆：「天命如此！豈能違之？」而這一切之目的都在演繹「眞人之興也，非英雄所冀」，神聖不可侵犯的王權。

2. 英雄的轉身

英雄必然有各種形式的死亡象徵，或受到死亡影響才能重生。英雄旅程通過第二關的獎賞，不是眞實的死裡逃生，而是意念上的滅亡與追尋的選擇。小說家以製造衝突點形成意外張力，而英雄面對外在目標、內在需要所做出的抉擇，接下來的歸返之路，是故事的轉折點，英雄將繼續上路。

照常理，以虯髯客在前段所展現志在必得的壯心，理該出現爭戰場面、報復性行動或更強大的阻礙，形成虯髯客、李世民的武力對決。但「傳奇」的是虯髯客表現出英雄服輸，以拿得起放得下的氣魄，立即約李靖夫婦到家宅，並叮嚀「兼議從容，無前卻也」。此胸有成竹果斷明快的情節，讓讀者在惋惜傷痛之餘，萌生敬佩和尊重。

優雅轉身，正是英雄豪傑的氣宇和智慧。

大死大悲後的「復甦重生」是故事高潮，英雄最後一次面對死亡或威脅，做出最困難的抉擇。作爲傳奇，杜光庭以帝王級的排場取代悲歌的哀悼，以勝利者的冠冕消弭改弦易轍的無奈。當李靖夫婦拜訪虯髯客時，層層重門之後別是洞天福地，是有意的深藏；羅列庭前的女婢童僕、窮極珍異之陳設、首飾之盛「非人間之物」，與「盤筵之盛，雖王公家不侔也」、「飲食妓樂若從天降，非人間之曲」……都耀眼地擺出其資產之雄厚，享受之頂端。此時虯髯客「紗帽裼裘而來，有龍虎之姿」，正是天子氣派神韻，其妻「蓋亦天人也」，將讀者帶入至「奇」至盛的場景。這情節的目的，並不是炫富，而是推出「文簿鑰匙」二十床，「悉以充贈」的豪情。而這份豪情的核心是「持余之贈，以佐眞主，贊功業也」，這份成全對手的氣度直可睥睨古今、傲視群雄。

英雄旅程的最後是「帶著萬靈丹歸返」，英雄從非常世界回到平凡世界，而且帶著戰利品。位至左僕射平章事的李靖，聞東南蠻入奏：「有海船千艘，甲兵十萬入扶餘國，殺其主，自立。國已定矣。」

3. 英雄的追求

小說以情感、生命選擇塑造人物的形象。「客」字注定他終究無法成爲眞主，虯髯客是刺客、俠客、不速之客、喧賓奪主之客、放下中原自屈爲客、異鄉之客。他內心小劇場上演著：誰是眞主的對話。眞實歷史的眞主如一道影子，但這篇傳奇小說裡的「眞主」鮮明有個性。英雄終究是英雄，虯髯客對天下的執念不是天下本身，而是天下所象徵的「蒼生」、「理想世界」的「正義」。是以，爲了天下蒼生免於腥風血雨的戰爭而選擇離開，不是軟弱放棄順應「君權神授，天命難爲」，而是成人之美的利他；不是投降自認不如，而是努力過後的看淡結果再往前走，爲而不有的道家哲學，其行動的意義是命運給我的是檸檬，我把它做成檸檬汁的事在人爲逆天而行。

優雅的轉身，不是得天下，而是心懷天下。對於這個著墨最深，肯定爲「眞英雄」的虯髯客，既有儒家濟世救民的大志，又具道家爲而不有的格局。在英雄的世界觀裡，天下何其大，東南爲王的殖民主義，是因爲聽見不一樣的鼓聲，堅持又能順勢地走出自己的王者之路，展現無比的氣魄和不凡的胸襟。

人物論：三個性格鮮明的形象，碰撞出神祕奇異的火花

由小說命名可知情節發展圍繞著虯髯客爲圓心點，輻射出相關人物與事件，但作者爲凸顯「奇異」的氛圍，設計出連環套的人物出場。

㈠從人物出場推出的情節，讀角色關係與作用

小說背景中安排「隋煬帝—楊素—李靖」的出場，鋪陳出君不君，臣不臣，禮樂崩壞燈枯油盡的王朝

末路，渲染出英雄人才四起，對整個局勢失望鬱悶的思變氛圍。繼而透過「李靖—紅拂—虯髯客」的相識與結合，對焦於「觀人」、「論人」的觀察評論，如壓抑於黑暗中突破的曙光，將劇情拉向對強弩之末大勢已去的憤慨絕望，轉向英雄異人同仇敵愾的契合，另起爐灶的默契。「劉文靜—李世民—道士」的出場是過渡的媒介，在完成既定的任務之後便消失了，最特別的是李世民，既沒臺詞、也沒動作，卻是情節、主題的歸宿。

李靖、紅拂、虯髯客演繹主要情節，故一方面以戲劇化的鋪陳描寫其身心特徵、關係變化，和相知相惜的情誼。另透過楊素引出李靖、李靖引出紅拂、紅拂引出虯髯客，呈現出一山比一山高的奇人，而其結交的經過圍繞著「奇」字。他如張文靜引出李世民、道士／李世民／虯髯客，都襯托並帶出另一個人物出場推動情節，放大對比的後者，產生對話、行動的交互影響。

作者以眾多眞實人物、精心形塑的虛構人物相互交匯，和人物株連式的成串出場，目的在布置典型人物賴以存在的典型環境，放大人物是行動者的結構主義敘事。

(二)從三稜鏡照出的三俠形象，讀角色意義與寫作手法

角色之所以爲角色，先決條件必須獨一無二，具代表性甚至是象徵性。典型人物的塑造是現實主義文學的重要特徵，作爲展示個人與社會歷史間張力的媒介者，這些人物性格特徵凝縮了社會歷史的深刻動向。是以，〈虯髯客傳〉中，李靖、紅拂、虯髯客都非庸庸碌碌之輩，而是具有明確性格、剛毅處事原則和既定目標的非凡之人。處於亂世的他們一方面待時而動，伺機而出，另方面摩拳擦掌，尋求共識者齊心開創新局。

因此，小說不著重於人物的外在形貌，而是傾向於角色作爲、觀念、位置與關係的意義，尤其是「識人」。

在寫作上，一是以人物關係推動故事發展、呈現主題；二是透過人物間彼此間微小細膩的動作、交錯的事件，取代以陳腔濫調、浮辭濫藻的修辭語言，以刻畫複雜曲折的內心世界和個性，如李世民的不衫不屨、李靖怒而猶刷馬、虯髯客斜看紅拂梳頭……，其意義就在讓讀者自己去感受，推想人物的心理與個性；三是藉由不同視角、距離的觀看，讓人物具有亦眞亦假的雙重性，引人入勝的傳奇性；四是透過如同戴上不同面具的敘述者與隱含作者，將價值觀念隱藏的倫理立場安置於人物選擇之中。

1. 楊素倨傲鮮腆

爲遵循說故事的客觀性，透過作者旁白式的陳述、主要人物接觸角度描述，和彼此觀看的反應、評價的選擇，以變化敘述距離，達到多角度呈現人物的立體性。如楊素的出場，先以作者視角描述：「守西京、驕貴自奉、禮異人臣、踞床見賓客、無復知所負荷，有扶危持顚之心」，藉以鋪陳這場英雄並起的歷史背景，埋下另起爐灶的伏筆。其次，由李靖的評論：「天下方亂，英雄競起，公以帝室重臣，須以收羅豪傑爲心，不宜踞見賓客」，顯現楊素無心囊括人才，振衰起敝。最後是紅拂以長時間隨侍其側的經驗值：「屍居餘氣，不足畏也」，進一步貶抑其放肆無禮任意妄爲底下，是無可救藥的空虛，象徵隋朝大勢已去。

2. 李靖布衣懷奇策

對於三俠的描繪，除聚焦於共同點的膽識、才能、對生命的選擇與正義的嚮往，分別以奇策頂撞當權寫李靖，識人私奔寫紅拂，言行狂傲深藏不露寫虯髯客。基於人物間的生命選擇，在視角上採用交叉對看，各以三層次言談舉止的觀察描繪，可探究的是關乎生命選擇背後其評估判斷之基準，及所定位的意義。

描寫李靖的三個角度：

第一層是作者視角：布衣身分見楊素獻奇策、直言批判，側寫在強權之下不卑不亢的膽識氣魄、正義凜然的眞性情和具謀略遠見的格局。

第二層是紅拂視角看李靖與楊素對答：「當靖之騁辯也，……獨目靖」，此緊盯則偏重格局和事業心。紅拂夜奔時言：「閱天下之人多矣，未有如公者」，顯示視李靖爲眾裡尋他千百度之人選，不僅可依託終身喬木，更是觀宇內、看四方之後，知其人精神的高大，是眞正的豪傑。

第三層是虬髯客看李靖：起初是不配得到紅拂女如此異人的「貧士」，接著以各種無禮行徑測試李靖如何見招拆招，是否沉穩應變；最後以邀請李靖吃心肝確認壯士特質，肯定李靖是無懼無畏的「眞丈夫」，器宇軒昂未來可成大事之豪俠。這正是虬髯客試驗李靖的目的，希望能建立共識的信任，確認同盟的方向。

3. 紅拂天賦異稟

作者藉由紅拂冷靜觀李靖，冷峻而鋒利地穿透楊素，顯現其識人的敏銳度和推理分析能力。夜奔李靖完全採白描手法，卻也見作者精心安排，既以紅拂開門見山毛遂自薦，寫其女中豪傑的不凡；又以李靖「瞬息萬慮不安，而窺戶者無停屨」的惶恐不安，襯紅拂周詳局勢的氣定神閒、鄙視楊素之通透、敢愛敢做主動追求幸福之勇氣，和不認分屈服命運之「奇」。

李靖讀紅拂看似著重於外貌：「紫衣戴帽人，杖揭一囊，十八九佳麗人」，實則看入靈魂：「觀其肌膚、儀狀、言詞、氣性，眞天人也。」「天人」二字於此，不僅指容貌出眾美若天仙，更是身心清淨光明磊落，具有大才能，爲三善道最上層者（中層阿修羅、下層人類）。這正是虬髯客「取枕欹臥，看張梳頭」的原因，看其氣質神采，確認具「異人」奇特稟賦。

4. 虬髯客江湖豪傑

對於主角虬髯客，作者極力凸顯「奇」，因此設計狂傲的無賴→自信豪氣的俠士，止戈爲武的英雄，一諾千金的烈士→能捨能退的仁者三種形象變化的重磅登場。

開場以「中形，赤髯而虬」粗筆勾出線條，「乘蹇驢而來」讓人聯想騎倒驢的張果老，隱含道家深藏不露的諱莫高行，而染上神祕色彩，讀至後文「其行若飛，回顧已遠」，方見驢非凡品，主人更是不凡。其後，出現戲劇性的登堂入室，「取枕欹臥，看張梳頭」這類「江湖式」的舉止，顯出虬髯客唐突無禮，造成讀者對此怪異行爲的負面印象。李靖的「怒甚」是正常反應，紅拂與虬髯客互看則非尋常表現，但也就在這只有特異天賦「不世之藝」者才能解碼的無言中，透過道家看宿慧，慧眼知天命之間，完成確認「異人」，和結拜的認同。

描繪虬髯客的高潮點落在：「開革囊，取一人頭並心肝，卻收頭囊中，以匕首切心肝，共食之。」這血腥場面，殘忍舉止的目的是強化「此人天下負心者，銜之十年，今始獲之，吾憾釋矣」的心理與態度。至此，虬髯客由狂妄逆轉成滅絕民賊，爲天下除害的正義使者，其「碎屍萬段」、「千刀萬剮」的誇張動作，是爲塑造討惡翦暴，替天行道的英雄形象。

主題論：主客、英雄真人、盡人事，聽天命的集體意識

寫作背景、寫作動機、情節安排意義的目的都在闡釋主旨。這不是彰顯制度衝突、階級權力批判性的小說，而是帶著濃厚政宣意味的集體催眠，小說情節設計都爲導向「乃知眞人之興也，非英雄所冀，況非英雄者乎？人臣之謬思亂者，乃螳臂之拒走輪耳」的主題與結論。「我皇家垂福萬葉，豈虛然哉」之語，揭露作者藉「天命所歸」，任何人不可逆犯，以鞏固大唐天下之正統性。

因此小說先是安排虬髯客大啖「天下負心者」心肝的驚悚畫面，然後在認同共食者李靖是「眞丈夫也」

的瞬間，突然話鋒一轉問出：「嘗識一人，愚謂之眞人也。其餘，將相而已」的州將之子，以及「靖之友劉文靜者，與之狎，因文靜而見之可也」，確認心裡「望氣者言，太原有奇氣」的徵兆。

接著這段鋪梗之後出現李世民的大特寫：「不衫不履，裼裘而來，神氣揚揚，貌與常異」，這寥寥數筆勾勒出事實性的描述，和評論性的讚美。自帶氣場的帝王氣質就在飛揚神采之間，顯出「異」於眾人的魅力，對照原本飛揚跋扈的虯髯客不僅「默居座末」，而且出現全知角度「見之心死」的刻劃。至此眞主、英雄不言而喻，劉文靜「益喜，自負」，實源自《舊唐書．劉文靜傳》中長期觀察與推崇，終於被證實的得意：「及高祖鎭太原，文靜察高祖有四方之志，深自結託。又竊觀太宗，謂（裴）寂曰：『非常人也。大度類於漢高，神武同於魏祖，其年雖少，乃天縱矣。』」

最後假道士加強天命，這固然因作者杜光庭的身分，更源自最早的巫師。夏朝設太史令到後來的欽天監（司天監）負責觀星、記錄天象、推算曆法、確立正朔，相信天象變化與人間帝王興衰相關的傳統。

在「天命所在，無可選擇」、天子「上應天命、下順人心」的文化記憶與政治意識之下，作者借歷史事實，加入杜撰人物及情節，虛虛實實鋪敘的線交錯如網，細密地承載「擇明主，識時務」、「唐有天下，乃天命所歸」主旨。明寫虯髯客，暗襯李世民之不可侵犯；以濃墨搶眼的鮮艷色彩畫出虯髯客桀驁不馴的形象，其實是爲顯現那隱身於背景卻無可取代的李世民。對比映襯之中，又見角色之間相互牽連，彼此呼應，觀李靖中有紅拂，讀紅拂中有李靖，看虯髯客中有李世民，望李世民中有虯髯客。

情節中的一個個結果，都是選擇而來，也都是思想觀點的展演。因此在智者知天命而順從眞人，愚者昧此而頑抗的旨意之下，無論因亂世而起的英雄豪傑，擁有多麼超凡奇異的能力，具有多麼強大的野心，終歸是「客」，遑論那些非英雄及其他「謬思亂者」。

而「此世界，非公世界也。他方可圖」，所暗示「此處不留爺，自有留爺處」的轉彎，何嘗不是鼓勵順天命下盡人事的作爲？這是杜光庭賦予虬髯客主體意志選擇的弦外之音。末句的「衛公之兵法，半是虬髯所傳也。」不僅說明李唐天下得虬髯客間接之助甚大，也應證虬髯客具有一統天下本質上的謀畫決策，統籌運作能力。至於虬髯客遠赴海上的選擇，傳奇色彩濃厚。小說中雖未鋪陳其審視主、客觀條件，後設分析對策與行動，卻以推想整個局與未來發展，再一次鮮明化虬髯客的決策依據的理念和價值觀，付諸實現的膽識與魄力。

小說像一個舞臺，〈虬髯客傳〉以出色的布局、奇特的情節，呈現亂世的奇人奇事。雖然被套上天命的枷鎖，王道的宣傳標籤，但風塵三俠仍以他們獨特魅力生動地活出自己的王者之尊。

換你來當作者

詩人艾略特說：「一部文學作品就是一座紀念碑，每當新作問世，世界上就多了一座紀念碑，從而改變現存紀念碑的排列方式。」歷史小說的改編便是透過文本之間的相似處見縫插針、竄改規則、滲透時空事件，彰顯作者對史事的反應。

你是否認同「唐有天下，乃天命之所歸也」的觀點？由歷代推演這篇小說的作品，如明張鳳翼〈紅拂記〉、凌初成〈虬髯翁〉、馮夢龍〈女丈夫〉、無名氏〈雙紅記〉，和高陽《風塵三俠》，可見改寫情節間所渲染的想像與評論。請改寫這篇小說，提出你對非英雄、英雄、真人、天命的想法與說明。

中國人的緊箍咒

從哲學、宗教看天命觀

無論地球的哪一個角落，必能見華人持香對著觀音、媽祖拜拜。臘月廿四，老派作風是「送神日」拜家神、準備糖果讓灶神開心，回到天庭後就可以跟玉皇大帝多說好話。新世代也維持除夕時謝年、拜天公感謝這一年家宅平安的禮儀。那時候，我們心裡都相信有一個永恆存在而又通古今知未來具賞善懲惡的天神，能捍衛人間世公平公正，讓黑暗中閃爍希望之光。

而你必然曾對著上帝祈禱，或到廟裡抽籤解謎、卜卦去厄運，見過以抽出來籤文預示國運的新聞。你也可能聽過有人請地理師堪輿風水、取名字、破惡煞，或遇到人生大事，或歧路徬徨時，找人算紫微斗數、塔羅，安太歲、點光明燈、拜文昌帝君，再不，也曾見過媒體上星座分析性格、運勢。

否則必然聽過「舉頭三尺有神明」、「天道好還」的提醒；讀過希臘神話裡太陽神駕著馬車橫過世界帶來光明、酒神愛神藝術神的浪漫，和創世紀裡耶和華用六天創造物質的天地、按自己的形像造出亞當和夏娃的故事。至於盤古開天闢地、火神祝融和水神共工打架，撞倒天柱之一的不周山，造成空前大劫難、女媧補天，或是年獸吃人、雷公打雷、八仙過海各顯神通、玉皇大帝、孫悟空大鬧天宮，乃至《西遊記》……之類的神話小說更是自童年便如玩伴，融入遊戲的人物。

這些萬物皆有靈，超越人的神級世界、神祕而具至高無上地位的神靈，具宗教力量的主宰者，既有人的喜怒哀樂好惡欲情緒，且各居特定的管轄領域，建立綱紀主持正義。因此，人們認爲在人之上有更高的上帝意志，具有操縱一切的權能，畫好每個人的藍圖。譬如有人起於卑微布衣，卻橫掃六合龍飛九五；有人銜金湯匙出生，外表亮麗血統高純，是天賦異稟的「神選之子」。有人是一買便中高額彩券的「天選之人」，有人屢仆屢起卻仍一敗塗地，遇人不淑一生悲慘。所謂「禍福有命」、「一飲一啄，莫非前定」、「生死由命，富貴在天」、「萬般皆是命，半點不由人」，說的便是這樣的天命。

順天命，意味依循天賦與注定的命盤、交付的指令、按既定的行程度過一生，就像火就燥、水就濕，江河往下流那般理所當然而又自然而然。當個體的經歷無法改變先天的性別、疾病、壽命、際遇時，人們於是抱持知天命然後順天意的「天命觀」，尤其是面對姻緣、富貴窮通，通常抱持跟著天賦的軌道的宿命論。白居易父親或許預知兒子命運多舛，故以《中庸》經文：「上不怨天，下不尤人。故君子居易以俟命，小人行險以徼幸」，期勉兒子處世平直，爲人光明磊落，而取名「居易」。至於得失就任憑上天安排，不要非分妄想心存僥倖，不要怨天尤人，平心靜氣地接受種種天命，自能化凶爲吉安神自得。

也有人抱持「人定勝天，事在人爲」的信仰，認爲「算命若有準，世上無窮人。窮勿信命，病勿信鬼」，主張命運是意念的累積、行動的結果。認爲「性格決定命運，氣度影響格局」，命運掌握在自己手裡，只要努力就能夠克服環境阻礙，敦厚德行就能創造新局。所以，人與自然搏鬥，與災難抗爭，以工業革命科學技術改變世界。至於其結果就只能「盡人事，聽天命」，畢竟「成事在人，謀事在天」，許多事功的榮耀毀辱、人際間的契合折磨背後有諸多無法掌握，難以解釋的因素。

且讓我們來了解天命觀的定義是？它如何影響我們的思維？天命觀強調先天的同時，認爲所有後天的作爲是徒勞無功，於事無補，還是因爲有權威的天命，所以心生敬畏而形成道德情操？哲學對天命觀的論辯、宗教觀的天命論、文化習俗的天命觀、政治的天命思想、關乎與自然相處的生命觀……等內涵和生而爲人面對之道。

一、天命是與生俱來的特質：人當知性，以超越天性

「龍生龍，鳳生鳳，老鼠生的兒子會打洞」、「江山易改，本性難移」、「基因遺傳，家族疾病」……，這些諺語俗話和常聽的結論，正是遺傳學所謂從父母獲得的遺傳。DNA獨特的雙股螺旋結構遺傳信息，決定你的長相、性別、身高、膚色、體質、體型、智力、行爲以及細胞如何工作。這些來自經驗、生物科學的研究都指向天生、宿命，這正是「天命」的意涵之一。

除此之外，新冠疫情嚴峻之際，有些人生活在一群確診者中卻健康無恙，快篩不出陽性。牛津大學研究顯示這些「天選之人」擁有某種基因，其血液中出現能夠識別和攻擊新冠病毒的蛋白質的抗體，這說明「天賦異稟」的天命如何強大。

古傳原只有「生」字，「性」字是後期的引申字，由此也可說明「性」，是天生的，天命賦予人的自然稟賦，故《中庸》言：「天命謂之性」。南宋理學家將天通過氣而賦予人各自的特性定義爲「天命」。

至於天命之性是什麼，歷來哲學家的解說紛紜。孔子說：「性相近，習相遠。」告子以生謂性，如「食色，性也」，又將人性比擬爲自然的杞柳、湍水，認爲人性之無分善不善，「決諸東方則東流，決諸西方則

西流」。因此《中庸》：「天命之謂性，率性之謂道，修道之謂教。」強調「君子慎其獨」、「喜怒哀樂中節」的修為，主張「誠」的實踐即是天命性道思想的實踐，重視後天的教化引導。

孟子是從道德心說人之性，肯定內在於人生命中超越的稟賦，作為人行善、向善的根據，提出「惻隱之心，仁之端也；羞惡之心，義之端也；辭讓之心，禮之端也；是非之心，智之端也。」追求自發內在的超越。

荀子以人之性「生而有好利、疾惡、有耳目之欲」，所以產生爭奪淫亂殘賊之暴，而主張「積善以化性惡」。理學家所謂「存天理，去人欲」，即是去人欲之惡，存天理之善。這形成遵循「天命」之善，修身止於至善的哲學，和東方社會普遍的「恥感文化」，戒慎恐懼守護上天賦予人性的道德感密切相關。

至於宗教裡帶天命的特質是天生厭殺生、喜歡到廟裡念經、茹素、個性樸素誠敬悲憫寡欲、對於邪祟的事物反應強烈，這意味此人領有上天的使命，或是從天界來轉世的人。

二、天命是身負的責任與命運：人當接受天命，盡其在我

天命，是上天賦予的命運，也是這生要完成的使命。每個人命運不同，富貴窮苦安逸隨之而異，這命中注定的天道，就如徐志摩所言：「得，則我幸；不得，我命」，也如俗話所說：「命裡有時終須有，命裡無時莫強求。」

《韓詩外傳》記載孔子在陳蔡之間絕糧，弟子面有飢色但仍讀書習禮樂不休。子路為孔子不平：「為善者天報之以福，為不善者天報之以賊。」為何孔子這樣積德累仁，長久為善的人卻老天遭遇如此對待？並質疑要繼續周遊列國為解救蒼生而悽悽惶惶，還是索性隱居，不問這紛紛擾擾的世局？

孔子舉比干挖心而死、伍子胥雙眼挖出，掛在東城門上、伯夷叔齊餓於首陽山……這些博學深謀卻不遇天時的人太多了！接著又舉舜於畎畝遇到堯、傳說由版築工成爲大夫是遇見武丁賞識、伊尹遇湯、呂望遇文王、管夷吾遇齊桓公、百里奚遇秦繆公……，說明成就事功不單靠品德、學識、努力，還需要「時機」，而這君臣遇合便是「天時」，際遇便是「天命」。

君子賢人需天命之時機而與貴人相遇，方能成就一番大事；平民百姓需要天時、地利、人和，得到善緣善解，事才能如所願。英雄是否能成者爲王，完成朝代更迭更待天命。畢竟「天子」，意味上天之子，統治天下之權力源自上天。在中國傳統觀念裡，皇帝是上天決定的，新朝能興起，舊朝亡落都有天道，都由「天命」決定。這就是佛教講究的「因緣和合」，宇宙世間人生是結合無數條件而產生的，彼此相關相繫，缺少任何一個「緣」便諸事難成，而這緣並非人力所能安排，而是因緣巧合的天意。

陳勝、吳廣起兵，項羽夜擊坑秦卒二十餘萬，自立爲西楚霸王分天下，是「得亡秦的天時」。威風凜凜所向無敵，全身散發貴族之氣的項羽面對烏江亭長江東再起的建議，嘆道：「天之亡我，我何渡爲！」是「失天時」。反觀「母夢與神遇，蛟龍於其上」而後生下劉邦、田間老父言：「君相貴不可言」等奇異之說，和得張良、韓信、蕭何之助之下，屢化幾乎無力回天的困局，結束爭霸之戰登基爲漢高祖，只有「天命」可解釋。

這也足以解釋李世民爲何是道士見之心死的眞命天子；出身貧農，剃度出家的朱元璋怎會當了明太祖；而野心勃勃的曹操即使打敗袁紹、收復北方，依然當不了統一天下的眞龍天子，反倒孫權、劉備因爲忽然轉向的東風而盤據一方，這難道不是「天子之氣」所致？

不過，雖沒有天子的天命，每個人都有各自必須完成的天命，這是受命者的「義務」，也是此生的「任務」。是以「天下之無道也久矣，天將以夫子為木鐸」，恢復禮樂和人倫秩序，就是孔子的天命。

既然「命由天作」，上天決定人生選擇，人必須知道上天給自己的使命，並戮力完成。這是孔子所謂「知天命」，是以懷抱「知其不可而為之」的意志。這份安於天命，承擔起來自天的使命之自覺，讓人不憂不懼居易以俟命，故言：「不知天命，無以為君子。」「畏天命」的謹慎，則促使人不敢行險以僥倖，而能修身以達到至善；不至於徬徨歧路以玩歲愒時，蠅營狗苟而虛度歲月。

孔子視天命為理想，戮力履踐使命：「君子之仕也，行其義也」，對於道能否實現，他卻說「道之不行，已知之矣。」（《論語．微子》）「道之將行也與？命也。道之將廢也與？命也。」（《論語．憲問》）當他被匡人誤以為是殘虐的陽虎而圍攻時，他毫不在意地說上天如果不想滅除這種文明禮樂，匡人能把我怎麼樣：「天之未喪斯文也，匡人其如予何！」言下之意是福是禍全有老天做主，但這不意味消極以待天命，而是行於所當行，不受命運和成敗的影響，繼續帶著弟子周遊弘道，因為這是他的天命。

三、天命是天理，具賞善罰惡的意志：人當行善避惡自求多福

「天理昭昭，報應不爽」、「積善之家，必有餘慶，積不善之家，必有餘殃」（《易經》）、「天道福善禍淫」（《書經》）、「天道無親，常與善人」（《道德經》）、「上天孚佑下民，罪人黜伏」……，這些言論都指向天意公正，無所偏袒；沒有親疏之分地審惡佑善，給予相對的報應或福祉。

天意即是民意，天之意志即是民之意志的體現。《尚書．泰誓中》：「天矜於民，民之所欲，天必從之」、「天視自我民視，天聽自我民聽。」意即上天所看到的來自於我們老百姓所看到的，上天所聽到的來自於我們老百姓所聽到的，所以武王伐紂是奉天命，行天道。墨子〈天志〉篇闡釋「天欲義而惡不義」，舉

禹、湯、文、武因爲順天意「上尊天，中事鬼神，下愛人」而得賞；桀、紂、幽、厲反天意而得罰。並進一步提出天道即天理，天最爲尊貴明知的，故義自天出；天意博愛無私兼愛天下，故主張非攻。

佛家總結出生、老、病、死、愛別離、怨憎會、求不得、五蘊熾盛這八大痛苦，是以人必須奉行眾善修道除惡、明集諦理滅貪嗔癡才可以離苦和輪迴。而所謂「業報」、「輪迴」的報應，和「天地有司過之神，隨人所犯輕重，以奪其算。……罪狀大者奪紀，紀者，三百日也。小者奪算，算者，三日也。……若算紀未盡而自死者，皆殃及子孫也」，禍及子孫的果報，都建立於天地之間有專門監察人間善惡的神明，依照人們平日所做罪惡的輕重，削減他的壽命與福報的審判。

四、天命就是自然規律：順應自然，養生養德

四季花開花謝、循著節氣的播種培植、飲食養生，乃至暖化造成颶風海嘯、作物災厄、疾病死亡……，都是自然秩序的天道，宇宙運行規則的天道。

道家認爲「一生二，二生三，三生萬物」，陰陽交感而生萬物，這與今日生物學繁衍的理論不謀而合。老子《道德經》以自然的天爲取法對象，主張「人法地，地法天，天法道，道法自然。」提出人類以效法自然的和諧法則、遵循無爲、寡欲知足的生活方式養生。另如水具有滋養萬物，利益眾生；柔順無形，不與人爭；自處低卑就下而流，所以人當效法水，「守柔處下，虛懷若谷」、「爲而不有，功成不居」，因爲「功成名遂，身退，天之道」。

孔孟的天命觀是「順天命」，荀子以「自然之天」反駁「主宰之天」、「命定之天」、「德義之天」的說法，並提出「制天命而用之」。在〈天論〉篇提出天道是自然運行的法則規律，與道德人事無關：「天行

有常，不爲堯存，不爲桀亡。應之以治則吉，應之以亂則凶。」這意味四季氣候，風雪嚴酷與極端天氣源於太陽輻射、地球運行軌道變化、氣流、氣壓、溫度、濕度、降雨等諸多因素，單純是物理性，可以分析的天道，不會因爲人們的善惡作爲而改變常軌。

是以，人要明白天人分際，順應自然，不妄圖改變自然；另以人爲克服自然所帶來的災難，如蓋水庫以防旱，並務實根本，修身養德：「彊本而節用、養備而動時、脩道而不貳」，天便不能禍害。

自《黃帝四經》的「天人合一」將天道與天時之連繫後，董仲舒提出國家社會的系統與宇宙結構相應，政府制度的行使應該模仿天道的運行。《春秋繁露．四時之副》：「天之道，春暖以生，夏暑以養，秋清以殺，冬寒以藏。」陰陽之氣與四時連繫，將四時中萬物的生、長、收、藏比附德、刑制度，於是春夏是生的體現，也是天地之德的展現，秋冬爲刑殺之時，故〈秋聲賦〉言：「秋，刑官也，於時爲陰：又兵象也，於行爲金，是謂天地之義氣，常以肅殺而爲心。」

五、天命是君權神授：賦予天子至高無上的政治權力

命：「使也。从口令。令者，發號也。」表示用口發布命令。

令：「發號也。从亼、卩。」「亼」，尊、彝之類的商器；「卩」象一人屈伸而跽。古之發號在宮廟，受命者引領侍於其下。

周人認爲天具有選擇君王的權威，最高統治者之帝王因此號稱「天子」。天子的君權是天命，「天」是政治權力的神聖來源，「命」是皇帝具有百姓支持治理國家的能力與資格。故王命之命即是天之命，秦始皇的玉璽上刻有「受命於天，既壽永昌」、明清兩朝皇帝詔書上言「奉天承運皇帝」，都彰顯帝王權力受命於

天，是替代上天管理人間事務者。

無論西方以宗教主導政治，君主藉以鞏固權力的「君權神授」，或是東方認爲天子是上天派遣至凡間管治世人，是神在人間的代表。來自上天賦予、確認的天命，鞏固了帝王政治的合理性、至高無上性，讓人民必須遵從君主意志，不得反抗。周代以祭祀、占卜強化「天命有德↓敬德保民↓祈天永命」信仰體系，形成鞏固君主權力。即使今天民主推翻了專制，君主立憲取代了神權，日本天皇仍具神道教的象徵意義，受百姓景仰。而民選的總統，在激烈選戰中能脫穎而出，雖有種種客觀的條件，卻難逃天命的運氣成分。

一分鐘透視天命

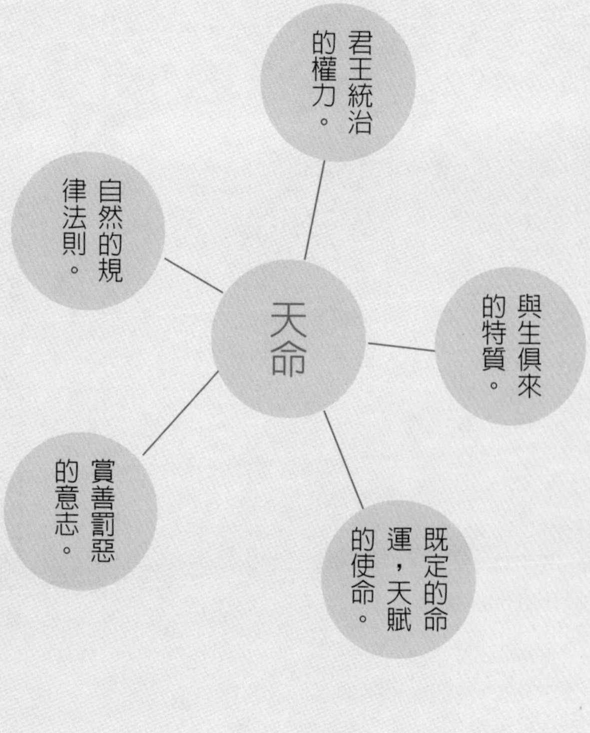

由這章節敘述，可見天命有許多定義和不同層面的含義，所發展出的概念也各異。有關乎道德踐行和賞善罰惡判準的天、有關乎政治正統性、純屬自然界的天。其中最刺激你思考的是哪些觀點？與「適者生存，不適者淘汰」的天演論相較，是否有哪個重要事件深深影響你和你的家人對天命觀的看法？

請以「天命觀的思辨」為題，說明天命觀引發的反思或改變。對於你肯定的現象，以及你不贊成的觀點，都請提出你的親身經歷、所見所聞闡釋理由與反駁詮釋。

明清篇

項脊軒志
晚遊六橋待月記
勞山道士

項脊軒志

（記敘抒情）

你問我爲什麼一輩子都在考科舉

書房與三個女人的故事

他不是媽寶，卻當了一輩子宅男；他不是家庭主夫，卻是道地的暖男，以簡潔而富風韻之筆把家庭瑣事寫得神態生動，情深意綿。

他爲文上承《史記》，以韓愈、歐陽脩、曾鞏等唐、宋名家爲偶像，卻無法成爲朝廷上熠熠生輝的超級巨星，所以他沒寫出一言九鼎，呼風喚雨的政論，也沒因爲貶謫而寫了一連串悟人生無常，感世間炎涼的苦情詩，沒想到在掉書袋的雕章擬古下，他以日常生活的抒情，雕章擬古下，自成一股清新之氣，被盛讚爲「明文第一」。

文化底蘊深厚的崑山，位於上海與蘇州之間，太湖平原魚米豐美，是崑曲的發源地，曾出過文學家陸機陸雲兄弟、樸學大師顧炎武、以治家格言聞名的朱柏廬，今天則是經濟投資重鎮，名列中國百強縣的第一位。歸家是世居昆山之項脊涇（今江蘇太倉）的百年望族，唐朝時這家族五子登科出現六狀元，祖輩官至兵部尙書、工部尙書者，在地方頗具名望，因此鄉里間流傳「縣官印，不如歸家信」。然而祖父、父親終身讀書卻未得功名，以布衣終老，振興家族的希望全部落在這個七歲入小學讀《孝經》，九歲能寫文章，十歲作千言《乞酖論》，十二歲慷慨激昂地志如古人的歸有光身上。

據說，他出生時，歸家的院子裡出現彩虹，所以名爲歸有光，字熙甫。熙本義爲曝曬、曬乾，引申爲光明、明亮、興盛。果然，這學神十四歲應童子試，主考官驚嘆才學出眾；十九歲盡通經史考得第一名，補蘇州府學生員，同年到南京參加鄉試。豈料這充滿神諭的好兆頭就像深藏於礦山裡的寶石，經歷前所未有的等待、挫敗，無盡的黑暗煎熬身心靈而久久不見識玉的卞和。這罕見的和氏璧從二十到三十五歲，五次上南京參加應天鄉試，終於得第二名舉人。接下來又是自江蘇崑山千里跋涉到京城應禮部試，鎩羽而歸，捲土重來，再次落榜的循環，歷經「八上春官不第」，直至六十歲才進士及第。

十八歲的歸有光寫〈項脊軒志〉時，定然沒料到此生會一而再再而三地經歷屢試不第的惡夢，但我們好奇的是他爲何沒在這樣的艱苦試煉中扭曲變形？如果選擇過程變成了塑造過程，寫〈項脊軒志〉補記的時候，他已然自意氣風發揚眉瞬目的年少輕狂，經歷喪妻、落榜的無情打擊，爲何還決意終身投入科舉，爭取致仕？從年輕到六十歲執意參加科舉考試，那強悍的意志力和不得不然的理由是什麼？

白髮登科，當的竟是民風好訟、多盜的偏鄉小縣的小官，管的是名不見經傳的馬，他委屈嗎？後悔嗎？

我們從《明史．文苑傳》裡翻開〈先妣事略〉、〈寒花葬志〉、〈請敕命事略〉、〈思子亭記〉、〈二二壙志〉、〈蘭壙志〉，讀到「仕宦既不遂」的愧疚，「曾不得一日之祿養」的終天之恨，「先妣墓木已拱」無以回報的遺憾。從這些濃重的情緒，我們凝視窮愁潦倒的生活與失落，觸摸到黑暗中交織的羞恥與傷痕，那是身負榮耀家族的自罪自責，是壓在他心頭最沉重的愧疚。

但在這些滄桑的現實磨折下，那個「揚眉瞬目」的少年一直都在；在世人嘲笑的眼光之下，他依然是那個「掩仰嘯歌，冥然兀坐」，覺得萬籟有聲的赤子。於是我們恍然他以學術研究為自己築了一個城堡，自得其樂於其中，我們從他涉及經史子集的作品中，才能認識這位「嘉靖大家」如何運用自身的學養為基底，建立自己的存在版圖和生命價值意義。

原來，陽光照射空中接近球形的小水滴，必須經過一次反射、兩次折射才能因為色散造成彩虹。那道歸家出現的虹注定要在現世裡歷經一再的反射，在光線角度與水氣濕度的相契概率下，方能在天空畫出完美的弧線。這或許正是歸有光不斷追溯家族榮衰與德行風範，生命裡支持他，肯定他，陪伴他的每個人的原因。原來記憶裡傷逝的碎片，沉甸甸的期許便是「光」；那擔負的家族使命，必須擦亮的「光」是他在塵世間負軛獨行的實踐的路。

在這篇文章裡，我們看不到歸有光以他的方式關心民瘼，以經世致用履行知識分子的社會責任。但我們必須知道他憂懷倭寇猖獗，寫下《御倭議》、《備倭事略》分析敵情，提出具體詳實建言的眼光多麼高遠精準。我們也當理解他爲了家鄉的水利建設，以《論三區賦役水利書》留下的眞知灼見；被貶專轄馬政，撰《馬政議》、《馬政志》研究歷代馬政管理與改革，那份透過探究問題所提出的解決對策多麼科學而務實。研究《左傳》的他明白史家之筆足以貫千秋的力量，寫《宋史論贊》、《記壬午功臣》，參修《世宗實錄》，讓一生僅爲官不及四年，卻無時無刻都在實踐先憂後樂仁人君子之風。多年之後，他的曾孫歸莊，與顧炎武有「歸奇顧怪」之稱，同爲拒不仕清順治二年在崑山起兵抗清，事敗亡命，歸家終於因爲他和子孫高潔志行而光耀。

這是他以學術研究成就的「光」，苦行僧式的修爲在時空裡踽踽獨行，在人們奚落鄙夷的書房裡皓首窮經的堅持。當科舉的八股文無法浮現他的華采，當考試制度無法彰顯他的才情時，他，沉靜地在嘉定安亭江縱論文史，談經說道；以「經國之大業，不朽之盛事」的數百萬字的創作著述，從分崩離析的家族走向南京掌內閣制敕房，由從科考的魯蛇登上明代文學史。

透過這篇文章的「空間」與「時間」，我們讀歸有光明裡寫書房，實則圍繞生命中三位女性記述家常溫馨的瞬間，追懷永難回返的過去；寫殘酷瑣碎的家道中落，實則隱隱透露青春的狂想、年少的實踐，與幾度春秋後人事變遷的無奈與孤獨。

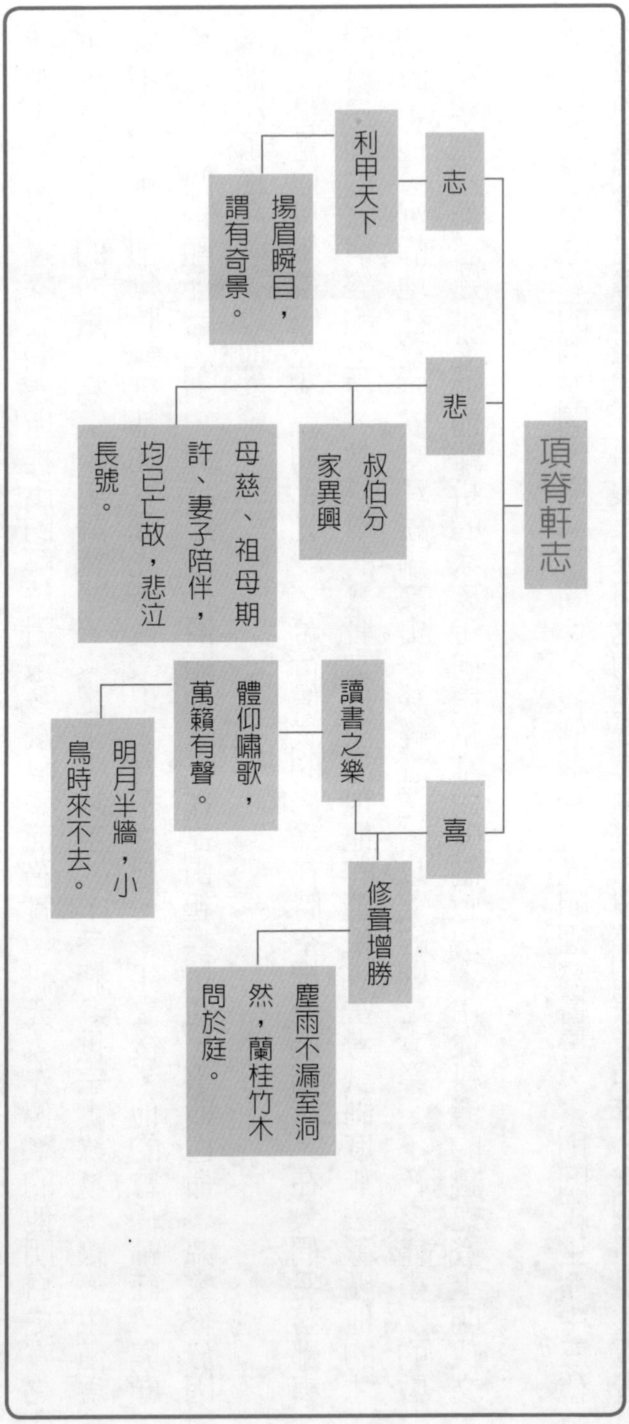
項脊軒志
志
利甲天下
揚眉瞬目，謂有奇景。
悲
叔伯分家異興
母慈、祖母期許、妻子陪伴，均已亡故，悲泣長號。
喜
讀書之樂
體仰嘯歌，萬籟有聲。
明月半牆，小鳥時來不去。
修葺增勝
塵雨不漏室洞然，蘭桂竹木問於庭。

深層思考：核心概念圖

歸有光十八至三十五歲生活於項脊軒的情志

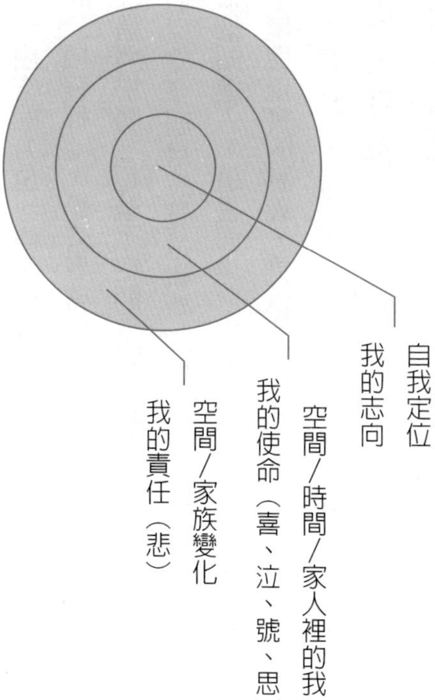

傾聽古文的聲音

空間是靈魂的居所：讀書寄情志，雅韻得自樂

> 項脊軒，舊南閣子也。室僅方丈，可容一人居。百年老屋，塵泥滲漉，雨澤下注；每移案，

> 顧視，無可置者。又北向，不能得日，日過午已昏。余稍爲修葺，使不上漏。前闢四窗，垣牆周庭，以當南日，日影反照，室始洞然。又雜植蘭桂竹木於庭，舊時欄楯，亦遂增勝。借書滿架，偃仰嘯歌，冥然兀坐，萬籟有聲；而庭堦寂寂，小鳥時來啄食，人至不去。三五之夜，明月半牆，桂影斑駁，風移影動，珊珊可愛。

這一段表面是呈現「項脊軒」書房改造的格局、環境，實則重於讀書之樂，與歸有光於空間流動的情感。

「南閣子」由空間方位、建築形式的普遍性名稱，過渡到專屬於歸有光的心靈空間。具有個人心志、人生選擇意義的「項脊軒」，是青春啓航的開始。百年沉寂的屋室因爲少年的入住充滿飛揚愉悅的音符；荒圮的空間因爲改造與增勝，超越了空間狹隘的物質性，成爲具詩意作用、場所精神的意象。

且讓我們從文章題目感覺這嶄新的棲居「空間」。《說文解字》：「項」，頭後也；「脊」，背呂。這意味著必須低頭進入，這畫面具象化地呈現低、矮、窄的空間狀態。基於文化傳統上，亭臺樓閣的命名並非僅是空間環境與現實的意義，更重要的是建造者、居住者個人生命狀態的隱喻與情志的寄託。舊南閣子之所以命名爲「項脊軒」，便不僅是表面上的物質性樣態，而被冠上歸家世居項脊涇的榮光；另由歸有光別號「項脊生」，題書齋名爲「項脊軒」，顯見讀書之志在懷宗追遠，再造聲望。或許，這便是作者不命名爲「記」，而是「志」之故，文章表面上空間，實乃記人抒情，銘誌十八歲志於學的動機目的、抱負理念。

「百年老屋」，展現出時間的縱深和空間的面貌，也埋下多重人事記憶的伏筆。「塵泥滲漉，雨澤下注」、「北向，不能得日」等描述，勾勒出殘破、衰敗、昏暗的廢墟感，可想見這空間皺摺裡還凝結了陳腐的黴味，窗櫺牆壁的縫間附著了曾經於此存在而後死亡的氣味。讓人不免想到巴舍拉《空間詩學》所言：「空間如同一個形式，而回憶是內容。」

不過，作者在第一段僅以環顧的鏡頭呈現老屋的氛圍特性，並以「百年」埋下與家族緊捆的情感線，留到後段方才在起伏間流轉出含著悲苦與溫情、期許、體貼情感，形成動態性「迴盪」的效果。

這段的記事始於針對老屋問題的「修葺」，和書房情致的「增勝」；中於洋溢感性的讀書景致，止於「珊珊可愛」的自在歡喜。

「前闢四窗，垣牆周庭，以當南日，日影反照，室始洞然。」這段表面上是解決了「又北向，不能得日，日過午已昏」，實則陽光帶來的明亮也是心境、生命處境的開啟，在想像力與意象的互動中，凸顯出整體的幸福感。而「雜植蘭桂竹木於庭」的植物意象，所承載君子之德、功名富貴、高風亮節、生生不息的意涵，點染出的不僅是視覺上、空間性的「增勝」，更是志學目標的象徵。

接下來以四字駢儷句的形式，帶來華美而精緻的小劇場，將前述的景觀空間，推向「自我」的「內在空間」。舞臺上呈現歸有光日常的生活情景：在「借書滿架」圍繞的微型空間，或「偃仰嘯歌」，「冥然兀坐」，動靜之間，全然融化在書籍之中的陶醉，忘我。古人在他的意識裡面，而他也在他們的精神裡面。「萬籟有聲」，是作者在千百年前的聲音，也是歸有光與之心靈交談的對流回音，更是孤寂落寞生命裡，知止而後有定，心安而愉悅的靈魂印記。

而「庭堦寂寂，小鳥時來啄食，人至不去」，「三五之夜，明月半牆，桂影斑駁，風移影動」，安靜的光影間，時來不去的小鳥和風吹影動的畫面，呈現歸有光與世界建立關係的緊密感與自足感，那是文人雅士與萬物相親的天真忘機，無入不自得的灑脫，和享受讀書至夜晚的悠然滿足，是以心裡升起「珊珊可愛」玉珮清脆剔透之音，可賞可玩、可憩可觀的愛喜之情。

這段以景寫情，透過色彩、光線烘托氣氛，並藉實景虛影彼此交映，和鏡頭移動，高昂的動詞點出心情。十八歲的歸有光，享受尚友古人的讀書，感受生活裡閑靜而契合的聲色，已透出他高潔志趣和心無罣礙的個性。

空間是關係的介面：兄弟乖違疏離，禮教崩壞

> 然余居於此，多可喜，亦多可悲。先是庭中通南北爲一。迨諸父異爨，內外多置小門牆，往往而是。東犬西吠，客逾庖而宴，雞棲於廳。庭中始爲籬，已爲牆，凡再變矣。

這篇文章記敘抒情的基礎是空間，由空間狀態，生活其中的人物、事件，再推到情感、關係。房外是物理空間，房內是情感跟心理空間，是以在閱讀上必須兼顧「環境空間（現實境遇）」、「情感空間（人際互動）」與「心理空間（主體之志）」的辨析。

一如前段以改造前後作爲對比，此段也以「先是」、「殆」作爲變化時間的分界點。在情感上，喜與悲就這麼被「然余居於此」一句，灌注置身其中、親眼目睹、無可逃逭的身分，清清楚楚地在並置的時空裡，畫出明與暗的觀看解讀與糾結家族的個人之情。

空間合一相通既是往來和樂情感親近的互動，也象徵家族團結興旺，禍福同擔榮辱與共的生命共同體。但當「諸父異爨」，空間頓時支離破碎，其崩裂的狀態更由「庭中通南北爲一」→「始爲籬」→「內外多置小門牆」呈現越來越不堪，冷漠乃至仇恨的關係。這些以事爲經，寫情之變的象徵性細節，描寫出人爲蓄意

造成的分裂，反映出家道中落倫理敗亡，人情鬥爭現實冷酷的糾葛。

歸有光祖父、父親終身布衣，父叔輩互搶祖輩家產鬧翻而不相往來，彼此關係由隔上籬笆到築起厚實的牆。「往往而是」、「凡再變矣」寫的正是漸進疏離的仇恨，老死不相往來的決絕。

歸有光在〈家譜記〉形容叔伯長輩「貪鄙詐戾」，當時一百個歸家人沒有一個人知道學習，十個歸家人讀書學習卻沒人知道禮義。節日祭祀敷衍慳吝，親人婚喪不相互慶賀安慰，處事偏私自家妻兒，出門欺騙父母兄弟，招待朋友卻慷慨大方。這與「東犬西吠，客逾庖而宴，雞棲於廳」，同凸顯出樹倒猢猻散，歸氏詩書傳家的家風蕩然無存。

古時廳堂乃宗室聚會、議事、祭祀之所，如今卻是人畜共處一室的大雜院。且不說生活品質下降，家族衰敗，歸有光雖爲長男卻連書房都沒有，反映出景況蕭條的他久被叔伯白眼相對的委屈。尤其對照於第一段老屋可修補，「東犬西吠」所呈現人心的疏離和衝突、敵視，豈是一人之力可以輕易修補的沉重，讀書識禮的歸有光，其生活處境、憂苦悲憤的心境與情感豈是「多可悲」能道盡？

這縈繞歸有光一生的底色，放在「項脊軒」的讀書告白中，似乎訴說著力挽頹勢，再造家聲凝聚族人的愿想。

空間是經驗的重現：老嫗見證，喚醒記憶

> 有老嫗，嘗居於此。嫗，先大母婢也，乳二世，先妣撫之甚厚。室西連於中閨，先妣嘗一至。嫗每謂余曰：「某所，而母立於茲。」嫗又曰：「汝姊在吾懷，呱呱而泣；娘以指叩門扉曰：『兒寒乎？欲食乎？』吾從板外相爲應答。」語未畢，余泣，嫗亦泣。

歸有光在〈先妣事略〉、〈請敕命事略〉裡，記敘母親周氏世居吳家橋，乃太學生之女，育八個子女，因生多子而苦，遂在老嫗建議下食田螺避孕，豈料從此喑啞。歸有光母親十六歲嫁至歸家，隔年生大姊，再隔年歲生下他，年僅二十五歲與世長辭。歸有光當時年僅八歲，提筆寫〈項脊軒志〉這段文字時是十八歲，正是歸母生下他的年紀。

生命在時間點標誌出可描述性、可認識性、身處其中的感受和意義。作者之所以不以自己作爲敘述者，而選擇透過「老嫗」還原過去，固然出於照顧乳兒的情景非自己所能記憶與理解，更源於這場景發生在「南閣子」，也就是此刻的書房，讓空間既承載相異時空中往返的經驗，也如層疊交錯的觀景窗，象徵多重視角顯現母親對孺子之慈愛，對下人之寬厚。

段首以身分、關係、地位介紹「老嫗」，「乳二世」則指出老嫗作爲敘述者的重要性與確實性。作者並未就「先妣撫之甚厚」的事實陳述，僅以「室西連於中閨，先妣嘗一至」的空間相連，和不局限於主僕關係而親至老嫗房間的動作，呈顯私密的信任，與對這由娘家陪嫁來歸家的情感已跨越階級，情同家人。

作者在筆墨上繁簡的運用，也顯示於接下來「嫗每謂余曰：『某所，而母立於茲』」的感念，和母親對孩兒隔著門板的問答。此處老嫗對主母的懷念以清楚指認空間位置，表示此段記憶的獨特性，無可替代性

的意義。此話聽在歸有光耳裡，則是景物依舊人事全非的浩歎，也讓在項脊軒迴繞著母親曾在的氣息。這是「余泣，嫗亦泣」的情感張力，也是二十四歲寫〈先妣事略〉所提及：「有光七歲，與從兄有嘉入學。每陰風細雨，從兄輒留，有光意戀戀，不得留也。孺人中夜覺寢，促有光暗誦孝經，即熟讀，無一字齟齬，乃喜。」歸有光心裡一直銘記的期待。

母親的歡喜來自讀書教養，母親的掛念繫在生養，因此推動劇情的細節緊鎖於「兒寒乎？欲食乎？」的身體照顧，和「娘以指叩門扉」、「吾（老嫗）從板外相爲應答」的動作間。對老嫗而言，主母仁善勞苦卻天不假年，心中萬般不捨；對人子而言，八歲之後便是無母之人，往後歲歲年年再也聽不見母親噓寒問暖的叮嚀。這說不盡的大悲大痛，只能歸結於「語未畢，余泣，嫗亦泣」，無聲的淚水之中。

空間是記憶的容器：祖母傳承，交託使命

> 余自束髮，讀書軒中，一日，大母過余曰：「吾兒，久不見若影，何竟日默默在此，大類女郎也？」比去，以手闔門，自語曰：「吾家讀書久不效，兒之成，則可待乎！」頃之，持一象笏至，曰：「此吾祖太常公宣德間執此以朝，他日汝當用之！」瞻顧遺蹟，如在昨日，令人長號不自禁。

根據李洛克〈故事與眞實，創作的3前提〉所說：「進入文本的內容必須與故事主線相關的事件，且作者需省略不必要的細節，僅描寫與劇情的推動有關的細節，以及故事主角需要具有與眾不同的人格才適合寫進書中。」

在這段記敘中，一方面藉祖母的自言自語，狀寫歸有光讀書之勤，與首段自敘讀書之樂相應。「比去，以手闔門」的小動作，則顯露出祖母的體貼關愛。另方面是與讀書之志相關的傳承。歸有光祖父曾是縣令，祖母乃書畫家太長卿夏昶孫女，於宣德年間擔任朝廷官。以家族之長的祖母提出來日在朝爲官的圖景，自有其訊息的分量和意義。而古代大臣朝見天子時，用來記錄天子的命令或旨意，也可用來書寫向天子上奏的章疏內容，爲備忘提示之用的「笏」是在朝仕宦的象徵。此不僅具上承「此吾祖太常公宣德間執此以朝」的期勉之意，也作爲過去與現在之間的媒介深化意義。「他日汝當用之！」一語體現在少年歸有光人生志向的確立的影響力，自此，讓讀書對歸有光而言有了光耀門楣的重量。

諸多生命的剝離與聚合中，總有一些人事與空間，讓我們回到彼時，重新思考自己生存於世的意義，重新形構出世界的樣貌。這是「瞻顧遺蹟，如在昨日」的心情，也是功名未就，祖母已逝，家族崩離，「令人長號不自禁」的悲慟。

前段思母，止於幽咽之「泣」，泣血之淚；此段懷祖母，落於悲從中來，放聲大哭之「號」，那無法壓抑的委屈不甘，辜負期望的歉疚盡在這一聲聲吶喊之中。

空間是銘志的碑文：利甲天下，神佑奇景

軒東，故嘗爲廚，人往，從軒前過。余扃牖而居，久之，能以足音辨人。軒凡四遭火，得不焚，殆有神護者。

項脊生曰：「蜀清守丹穴，利甲天下，其後秦皇帝築女懷清臺；劉玄德與曹操爭天下，諸葛孔明起隴中。方二人之昧昧於一隅也，世何足以知之，余區區處敗屋中，方揚眉瞬目，謂有奇景。人知之者，其謂與坎井之蛙何異？」

這段的重點在言志，有趣的是卻插入「軒東，故嘗爲廚，人往，從軒前過。余扃牖而居，久之，能以足音辨人」的敘述。這說明項脊軒在大門右側，東側接人來人往嘈雜油氣的廚房，相對於一般書房多在僻靜之處的位置，顯見歸有光的處境窘迫，家族不看重讀書，但他毫不以爲意，反而以足音辨人爲樂。

「軒凡四遭火，得不焚，殆有神護者」，看似僥倖，卻被歸有光解讀爲冥冥之中的庇佑，作爲下文「余區區處敗屋中，方揚眉瞬目」，自信的支持。

劉勰在《文心雕龍》中說：「故情者，文之經；辭者，理之緯。」〈項脊軒志〉以「空間」爲骨架，以「志向」爲魂魄。空間流淌著時間，時間又承載著人事爲明線，在此空間、人事變化中，歸有光如何自我看待的志向表達爲暗線，卻是全文之主軸。是以作爲前記的結論，特別以「項脊生」的名稱標誌出客觀的，理性的言說位置，表明「借書滿架，偃仰嘯歌」，神色怡然的背後，不是母親、祖母沉重的期待，而是心有定向的「奇景」。

這奇景是如「蜀清守丹穴，利甲天下，其後秦皇帝築女懷清臺」之揚名立萬；是「劉玄德與曹操爭天下，諸葛孔明起隴中」之忠義睿智。他們分別以經濟、政治、軍事造福天下，光耀家族，建立生命價值。司馬遷在《史記》中形容這位巴蜀女子：「清窮鄉寡婦，禮抗萬乘，名顯天下，豈非以富邪？」寡婦清在禮法規範主內的限制下，繼承夫家煉製丹砂的不傳之祕，既安定族人之心取得認同，又學習專業技術和管理，將家業做大爲全國企業，創造出驚人的財富與名聲，得秦始皇築臺宣揚。這是歸有光懷抱的心志，能如蜀清「利甲天下」，得皇帝標舉而不朽。

諸葛亮盱衡天下，規畫遠景的〈隆中對〉；赤壁一戰讓蜀得以與東吳、曹魏鼎立的功績；治國可比管仲蕭何的行政幹練……這些扭轉劣局創造優勢的作爲，亦是歸有光的目標。

對於十八歲的少年，這些大志是對自我的期許，設定蜀清、諸葛亮的目標是清晰而明確的抱負——改變天下、利甲天下。因此，面對「人知之者，其謂與坎井之蛙何異？」的嘲笑，歸有光毫不在意，畢竟「方二人之昧昧於一隅也，世何足以知之？」

「揚眉瞬目」四字，將少年躊躇滿志胸有成竹的形象，表現得淋漓盡致。這時候的他相信小小的自己儘管處敗屋之中沒沒無聞，但就在這書房裡，他將創造出「奇景」。這份自信源於自己的選擇，更來自他懷抱的崇高理想，為未來勾畫的遠景。

小軒窗裡的悲欣交集：凝望琴瑟和鳴鶼鰈情深，樹猶如此人何以堪

> 余既為此志，後五年，吾妻來歸，時至軒中，從余問古事，或憑几學書。吾妻歸寧，述諸小妹語曰：「聞姊家有閣子，且何謂閣子也？」其後六年，吾妻死，室壞不修。其後二年，余久臥病無聊，乃使人復葺南閣子，其制稍異於前。然自後余多在外，不常居。庭有枇杷樹，吾妻死之年所手植也，今已亭亭如蓋矣。

有人說歸有光幼年喪母，內心時感孤獨不安，面對龐大家族，唯有將錯綜複雜的親屬關係梳理清楚，才能保持合宜的應對進退，以及適當的待人處事之道。這篇文章透過一幅幅定格畫面中，回想生命中難忘的三位女性，他們都是充滿利益爭奪的人際網絡中，安定的軸心。如果母親代表生命的源頭，溫柔的呵護；祖母託付家族的使命，信任的肯定；那麼，妻子則是全然的認同，崇拜的嚮往。

歸有光的妻子魏氏是名儒魏校的侄女，少長富貴家，嫁入家道中落的歸家，魏氏卻甘於淡薄，親自操

作，從不在意其窮困潦倒，也從不回娘家訴苦，反而跟歸有光說：「吾日觀君，殆非今世人，丈夫當自立，何憂目前貧困乎？」

是以懷想妻子時，作者並不著墨於夫妻繾綣的閨房之趣，而是記錄妻子主動學習求知的日常：「吾妻來歸，時至軒中，從余問古事，或憑几學書」。那仰視的眼神對於二十三歲的歸有光而言，是相知相惜，是無論他科考多麼不如意，這人都明白賢士之處士譬若錐之處囊中，其末立見。

至於妻子歸寧，「述諸小妹語曰：『聞姊家有閣子，且何謂閣子也？』」則以側寫的方式，透過另一個角色見證夫妻筆硯相親，妻子通過問古事、學書識字想進入丈夫心靈世界的心意和幸福感。

這篇文章以「時間空間化」的操作，使回憶不再只是過往的紀錄，而是一種「瞬間」當下之呈現。首先，空間名稱變化依序爲「南閣子」→「項脊軒」→「南閣子」，這些空間名稱變化，對應作者的生命變化。其次，這段的所有時間看似明白標出「余既爲此志，後五年」→「其後六年」→「其後二年」，實則都與妻子密不可分：「吾妻來歸」→「吾妻歸寧」→「吾妻死」→「庭有枇杷樹，吾妻死之年所手植也」。藉以連繫出「室壞不修」的睹物思人、「使人復葺南閣子，其制稍異於前」的改變用途，和自己「久臥病」、「余多在外，不常居」的生命起伏。

資料顯示正文爲作者十八歲時（當時未考取秀才）寫定，三十一歲復修葺南閣子，推想後記當是三十四、五歲時翻及舊稿，觸動對亡妻的懷念而補寫。

有別於以觀看者描述家族分裂、母親與祖母等親人，此段以「我」作爲記憶的陳述者，隱形的主題是十八歲神采飛揚，輕狂自負的豪情壯志，和三十五歲記憶的重負與破碎斷裂，漂泊困頓的荒蕪無奈。

這段的寫作手法除以時間的快慢烘托出關鍵部分，以空間人事聚焦於某些關係，點出情感，尤其表現在時間與空間如何呈現人事由和諧而離散。主角斷續說出的內容，其實是爲勾引讀者拼湊解謎所循序給出的線索。如空間名稱的變化所壓縮的身分處境，又如表面言室壞不修，其實是無法修無從補。因爲彼時他不再是單純於書房的年輕學子，家庭的負擔、社會的眼光、科考的不確定性，都讓前途未卜的他孤寂不安。午夜夢迴，凝視記憶裡妻子曾經投以的溫柔信任，再次挑動脆弱無依的心靈，那親手種下的枇杷樹，遂成爲憑弔往事的依託。

「今已亭亭如蓋矣」，彷彿寫的是死別的時間，實則是在生活裡俯拾即是的吉光片羽。想記得的，想忘卻的，都被收納在字裡行間，與時光靜靜地一同流淌著。後人評之「瑣瑣屑屑，均家常語，乃至百讀不厭」，所有的記憶終將消融於無跡，留下的文字成了記憶本身。

換你來當作者

〈項脊軒〉承載了歸家的興衰與自我的悲喜，其間有十八歲時讀書的晏然滿足、家族親人的愛恨情仇生死悲慟，更有考場失意的落魄滄桑。歸有光不知道的是命運給了他不斷失去的苦楚，也給了他不朽的文學地位。

凌性傑在〈讀張經宏《如果在冬夜，一隻老鼠》〉裡說：「我們如何參與回憶，決定了我們往後將會成為怎樣的人。」對未來懷抱憧憬的你，如果進入歸有光生命，你想到哪一個時刻，會跟他說什麼？請自訂題目，寫下這段跨越時空相遇的對話。

農民皇帝治國的結果

富裕的明代，受辱的書生

明朝（一三六八至一六四四年），自太祖朱元璋從蒙古人手上奪回漢人統治，到是思宗自縊於煤山，國祚二百七十六年。

出身三級貧戶的朱元璋能趕走蒙古人，當上皇帝，這般比天方夜譚還離奇的神蹟，連史書都不由得八卦地安排了一段出生插曲：「方娠，夢神授藥一丸，置掌中有光，吞之寤，口餘香氣。及產，紅光滿室。自是，夜數有光起。鄰里望見，驚以為火，輒奔救，至則無有。」簡言之，就是他媽媽吞下一顆發光的藥丸，生產的那晚光芒四射，鄰居誤以為發生火災。

不過上天是公平的，史書上雖以遠鏡頭，故作玄機：「姿貌雄傑，奇骨貫頂。志意廓然，人莫能測。」但在不可測之間可確知的是他臉上有根奇骨直貫腦門。這模樣之怪令人難以捕捉，偏偏朱元璋酷愛自拍，紫禁城收藏歷代皇帝肖像六十三幅中，他獨占十三幅。臺北故宮博物院十二幅朱元璋畫像，可分為美肌的宮廷版和民間繪製的寫眞版。前者相貌堂堂，五官端正；後者面部狹長凹陷，下巴向前突出、滿臉黑點。於是觀相者只好故弄玄虛地註解道：「印堂有骨，上至天庭，名天柱骨，從天庭貫頂，名伏犀骨，皆至三公。」並加上紅筆標誌此乃「鳳眸龍頤」之「龍形」也。於是，他那拉長的下巴，變成「龍頷」、兩腮鬍鬚成了「龍虯」、連麻子樣的黑點都被說成了退化的「龍鱗」。

雖說這些神化的穿鑿附會說得詭異，卻成功地造神，而他當過乞丐、曾剃度出家的事更成爲無產階級翻身的指望，魯蛇發跡轉運，麻雀變鳳凰的籤王偶像。

朱元璋憑藉「廣積糧、高築牆、緩稱王」經營策略，也就是厚植財富儲糧草資源、廣結人才穩固民心、不爭功不急著稱王稱霸，所以能在因緣際會下跌破所有人的眼鏡，從農民起義爬上九五之尊。

骨子裡的窮人思維和底層的生活經歷使朱元璋的宮裡沒有御花園，只有御菜園。他格外體恤農民，不僅輕徭薄賦休養生息，推行各項福利制度；並抑制商業，閉關鎖國，限制對外貿易，尤其痛恨貪官汙吏，以鐵血手段雷厲風行地反貪腐，豎立爲官的準則。

朱元璋上位一個月便廢宰相制，統攝至高無上的權力，並頒布「衣冠如唐制」的詔書，鉅細靡遺地規定帝后將相到販夫走卒的服飾，目的在變異元朝廢棄禮教，以「辨貴賤，明等威」。二〇二二年十月國立故宮博物館推出的故宮閑情雅趣之夜，網友在搭捷運時驚遇「明朝皇帝」，原來是網紅身穿「明制圓領袍，十二章紋袞服，爲明代帝王服飾，身穿袍式袞服，頭戴烏紗翼善冠和腰配玉革帶」的漢服秀。這在明朝必定處以造反的死罪，但在今天照片上傳後反成了新鮮的話題，如「穿越時空啦？」、「好強的氣場，而且真的好帥」、「皇帝還戴口罩跟AirPods超級潮的啦XD」。

你可知道今天流行的社會轉型、M型社會、社群，在明代早已是日常化的現實。明代文人喜歡搞社群，除卻政治立場選邊站的東林黨、閹黨，還有不少讀書會，上自「科舉保證班」磨練八股文，下有茶藝武藝花藝班，最多的是呼朋引伴在蘇州、杭州私家園林或名山勝水飲宴組成詩社，吟詩唱和，講學論道。

說起明代傳奇人物首推輔佐朱元璋完成霸業的劉伯溫，神機妙算、博古通今，運籌帷幄可比張良、諸葛亮。另有寧可被誅殺十族，也不願幫燕王朱棣寫詔書的方孝孺、主張知行合一的王陽明、以《天工開物》圖像化表達細緻的工法的宋應星、遁入空門與利瑪竇論教義，寫《童心說》的李贄、江南第一風流才子唐伯虎。還有紅到外國的羅貫中《三國演義》、吳承恩《西遊記》、寫《牡丹亭》穿越時空人鬼相戀還魂成親的湯顯祖，以及屢試不第，乾脆寫起《三言》、《二拍》短篇小說的馮夢龍。

大量布衣之士創造戲曲、小說、繪畫，造成文學通俗化，但其背後有多少不為人知的辛酸？

一、祕密警察風聲鶴唳的時代：鷹犬逡巡，文武百官沒有人權，沒有尊嚴

明朝的特務組織分別是錦衣衛、東廠、西廠和內廠。錦衣衛偵伺全國官民，東廠負責偵察官民和錦衣衛，西廠監視東廠，內行廠則監視官民和廠衛，而皇帝直接領導與監督所有偵察機關，構成嚴密的偵察特務體系。這些明代專有的軍政特務機構手段狠毒，在王朝授權下腥風血雨二百九十年，官員飽受酷虐侮辱。

這套恐怖監視組織源於朱元璋為「強化君權、弱化大臣」，除設祕密警察「錦衣衛」，尚有箝制言論的「文字獄」、讓官員斯文掃地的「廷杖」。是以柏楊認為朱元璋使中國文化停滯的三點原因：「人權的蹂躪、絕對專制制度的建立、文化醬缸的加深。」

「老大哥在看著你」，這是喬治．奧威爾《一九八四》裡監視的眼睛，管控的勢力。在明朝，這老大哥是皇帝，是無所不在的錦衣衛。如果說朱元璋是天上的太陽，那麼直屬皇帝的情報機構錦衣衛就是地上的影子。錦衣衛最初任務是皇上的私人保鏢，逐漸擴及為皇帝的鷹犬，兼掌緝捕刑獄、收集策反敵將情報、審

判、處罰罪犯等一切大權，但也因此「非法凌虐，誅殺為多」。如生性多疑的朱元璋藉胡惟庸案殺建國功臣數萬，包括助其成王業的劉基、宋濂。

雖曾下令大削錦衣衛的權力，但朱棣靖難之役成功上位為明成祖，為鎮壓臣民的不滿，非但恢復錦衣衛的所有權力，更設立東廠。其後成化帝設西廠、太監劉瑾設內行廠，直接聽命於皇帝，可以逮捕任何人進行不公開的審訊，甚至皇親國戚。其作威作福殘害忠良、濫刑濫殺之行堪比希特勒時的祕密警察，令百官聞風喪膽。

費振鐘《墮落時代——明代文人的集體墮落》言：明代的政治環境，「可怕的不僅僅在於酷虐政治有形的迫害，而在於它對於文人心理意志、精神信仰長期的無形摧毀。就這樣，失去了價值維繫的明代文人，一步一步地陷落在巨大的生命的卑微感當中，雖然中國歷史上的文人總是懷疑自己的生存意義，可是明代文人對生命卻更為缺乏自信。」這是晚明文人如袁宏道等之所以掛冠求去，縱情於江南山水之間的心理，因為「看明代中葉以後的歷史，你就能察覺到這是一個讓文人們狂躁不安的時代。明代文人的普遍縱誕，便是他們狂躁心理的反映。」

二、皇帝不上朝，大權交宦官的時代：荒怠政治，忠臣陷罪

明初有宋濂、方孝孺懷抱理想立典章制度，明末有左公斗、史可法師生捍衛正義，安定民心。另有于謙忠義剛直平定漢王朱高煦謀反，率領軍隊禦防，離間蒙古內部勢力。戚繼光奉命戍守浙江和福建十多年，招募士兵組成戚家軍，練兵嚴格軍法嚴厲，注重武藝戰術新穎，多次擊敗倭寇，鎮守北方邊境防範蒙古。

然而明中期後的皇帝寵信宦官，怠忽朝政，如明武宗沉迷色欲、宗教，明世宗求長生。電視劇《大明

王朝一五六六》描述沉迷修道煉丹的嘉靖皇帝，二十幾年不上朝，嚴嵩把持朝政民不聊生，貪官橫行清廉絕滅，百官進貢香料諂媚。海瑞以區區的七品小官對抗整個龐大的貪腐集團，甚至將矛頭指向皇帝，責其頹廢日久，使得朝綱不振。

明神宗萬曆皇帝十歲登基，在位四十八年，有二十八年不上朝。初即位時，張居正輔政，澄清吏政嚴刑考核，主導清丈全國土地合併傜役、田賦與雜稅的一條鞭法改革。豈料張居正死後不及兩年，就被二十一歲的萬曆帝抄家、滅封號、兒子被流放、老弱婦孺活活餓死。在眾人奔走下，死後約四十年，恥辱才得以昭雪。

明熹宗由奶媽客氏和魏忠賢帶大，沉迷於木工手作的他斧斤不離手，雕鏤精絕，將政權交給魏忠賢全權處理，造成嚴重的閹黨、東林黨爭，方苞〈左忠毅公軼事〉寫的正是被魏忠賢陷害致死的左公斗。

三、八股取士箝制思想的時代：高限定，低投資報酬率

「科舉一日不廢，即學校一日不能大興，士子永遠無實在之學問，國家永無救時之人才，中國永遠不能進于富強，即永遠不能爭衡各國。」這是一九〇三年同治年間進士袁世凱、張之洞呈上的一份奏摺。

基於考試的客觀公正和強化思想控制，自隋唐以來，科舉一直是最基本的選官制度。一千三百年來，經科舉選拔出十萬以上的進士，百萬以上舉人，縱橫交織成綿密的人才網，公務人員聘任系統。明代科舉與學校完全合流，制度完備，基於「制科取士，一以經義為先，網羅碩學」，命題取自《四書》、《五經》，作答形式限定八股文，內容以程朱派注解為準，絕對不許有自己的見解。

如此僵化的取士方式，造成學校教育的空疏和學術的衰微，人才的個性和創意思想喪失殆盡。錢穆因此

言：「學問空疏，遂爲明代士人與官僚之通病。」顧炎武《日知錄》更提出：「八股之害，等於焚書」的批判。

宋眞宗〈勸學文〉道：「富家不用買良田，書中自有千鍾粟。安居不用架高堂，書中自有黃金屋。娶妻莫愁無良媒，書中自有顏如玉。出門莫愁無人隨，書中車馬多如簇。男兒欲遂平生志，六經勤向窗前讀。」如此功利而充滿誘惑的讀書廣告背後，卻是科舉殘酷無情的分流。「朝爲田舍郎，暮登天子堂」，一夜之間生死立判，上者爲官爺，下者淪爲魯蛇，飽受親友鄰舍冷嘲熱諷。

更何況明代鄉試、各省的科考錄取率在百分之十上下，而後逐年下降，嘉靖末年僅百分之三點三，實際錄取率又低於此。會試錄取率自洪武至萬曆中平均爲百分之八點六；其中洪武至永樂二年平均爲百分之二十點七，永樂四年至萬曆中期平均爲百分之八點四。在科舉定額而低錄取率之下，嘉靖十九年鄉試第二名的歸有光，二十年中參加八次禮部會試均落第。明四大家之一文徵明也考了數十年，失敗十一次，嘉靖初年被薦舉進翰林院，卻因非科舉入仕而被鄙視，只好退隱於蘇州。

這讓人想起挪威畫家愛德華・孟克的名畫〈吶喊〉，那扭曲的線條，茫然的眼神，張大的嘴巴的無聲吶喊，和狂喜而瘋的范進。

四、官府帶頭啓發全民閱讀運動：皇帝編大套書，民間刻書藏書市場興盛

明太祖一改「元人刻書，必經中書省看過下所司，乃許刻印」，推崇藏書與刻書活動，給予書籍免稅的規定。明成祖遷都北京，運回南京文淵閣的部分藏書，並飭令明朝三大才子之一解縉主持編纂《永樂大典》。有人說這是「炫耀文治，藉以籠絡人心」，也有人認爲是「盛世修書」的傳統。這套中國古代最大的

類書，計一萬一千零九十五冊，「上自古初，迄於當世，旁搜博採，匯聚群書」，所載之書以宋元時期的著作為多。

太祖推崇科舉取士的功名誘惑，整個社會形成濃厚的苦讀重教風氣。政策鼓勵官府帶頭，來自四面八方的作家、藏書家、書商和技術一流的刻工造成出版業興盛書坊林立，刻書種類之多，數量之龐大，以及傳播地域之遠，使知識不再被少數人壟斷，書籍也不再只是少數人專享的收藏。文士們喜歡彼此間互相借閱傳抄書以自學積累知識，並整理文獻促進創作蔚成時尚；對於廣大的明代江南居民而言，書籍不只是消費品，更是身分與文明的象徵。

尤其是集全國政治、經濟、文化與交通四大中心的南京，和周邊人文薈萃的杭州、蘇州，形成江南刻書與印書中心龐大的書籍市場，所出版童蒙用書、戲曲、小說、科舉用書與日用類書等都是暢銷書。失意文人流落江南以繪製精美插圖的操作手法博取聲名，甚至藉以明志；或棄儒從商，投入圖書生產與行銷的行列，讓南京的書籍市場更顯活絡，圖書品質深受為各地文士、行家們收藏。

五、落魄才子放跡江南：習武作畫，著書立論，築園林寄情志

在北方蒙古入侵南方倭寇的時代背景下，明武宗的好武和王陽明的武學，將任俠心態出發的個人武術訓練，推向軍事上的兵法演練。士大夫以武建功、究學武事的風氣日盛；歷經科考挫折，或不甘心人生受困於科舉的士人，企圖以武功顯名，致使兵學成為顯學，武學成了不凡人生追求的憑藉。

明代經濟重心南移，海禁漸開，抑商政策逐步放寬，江浙地區經濟繁榮民生富裕，精緻的園林成為文人雅士在把酒賦詩開展新的人際網絡，創造新的社會認同與價值的重要場域。特別是面對壅塞的科考，部分士

子轉而以講究詩歌創作、生活藝術、學術研究，作爲抒情寄託和自我實踐、社會認同的方式。

天賦異稟的王士禎因父親遭政治迫害，而退居家鄉，以園林成爲社交生活的重要舞臺結社組文會，收藏書畫、建立鑑具有史觀縱深的賞評論，成爲明代「後七子」之一，引領蘇州，與徽州、松江的藝文界領袖。許多科舉不第的文人在江南，或寄居富家爲師館，或是仲介書畫古董買賣，或如唐寅（字伯虎）、文徵明靠書畫創作維生。

被英國漢學家與歷史學家李約瑟盛稱的宋應星，二十九歲中舉，原以爲仕途大好，豈料五次赴京都與科舉無緣。來回京城一千四百三十六公里路途的見聞，讓他深深覺知「士子埋首四書五經，飽食終日，卻不知糧米如何而來；身著絲衣，卻不解蠶絲如何飼育織造」，而致力於編寫農業和手工業技術成就的百科全書《天工開物》。

王陽明強調「心即是理」的心學，讓明代士人找到掙脫禮教束縛的出口，渴望個性及情欲的解放。張岱說：「人無癖不可與交，以其無深情也；人無疵不可與交，以其無眞氣也。」因此，奇人異士或標新立異的「山人」、個性「狂怪」的藝術家以及奢華享樂的追求等等，在「尚奇」的文化下，都成爲人性眞實面的展現。

晚明士風受到佛、道熏陶，加之宦官爲禍廷杖橫行，朝政腐敗時局動盪，士人或如屠隆〈逍遙令〉所道不如歸去終老田園樂活餘生：「掛冠歸去謝君王，脫朝衣，把布袍穿上，荷犁鋤，……滿西湖，荷花正香，望東海，月輪初上。西岸橫塘，畫橋蘭槳，只此盡處可容得疏狂。」或如風流才子唐伯虎以「六如居士」自號，寄託人生如幻、如夢、如泡、如影、如露、如電的失意與覺悟。朱耷在明亡時取號「八大山人」，「八大」二字連寫似哭非哭，似笑非笑，有意藉哭笑不得之意寄託懷念故國的悲憤之情。

學者傅山於明亡後，衣朱衣，居土穴中，堅決不與滿清合作。以明朝皇帝姓朱，自號「朱衣道人」，寄寓對明朝的深厚感情。「明末三大思想家」黃宗羲、顧炎武、王夫之著書立言，堅拒清廷赴京應博學宏辭科試。張岱寫《陶庵夢憶》自序中道盡浮華幻夢的蒼涼：「雞鳴枕上，夜氣方回，因想余生平，繁華靡麗，過眼皆空，五十年來，總成一夢。今當黍熟黃粱，車旅蟻穴，當作如何消受？遙思往事，憶即書之，持向佛前，一一懺悔。」這是明代文人經歷過有品味的富裕生活，開創過有才情的藝術情趣。掩卷目送曾經活過、笑過、悲喜交集的時代，獨立蒼茫風滿袖，留得一身孤傲對天地。

一分鐘透視明代政治下的士人生存

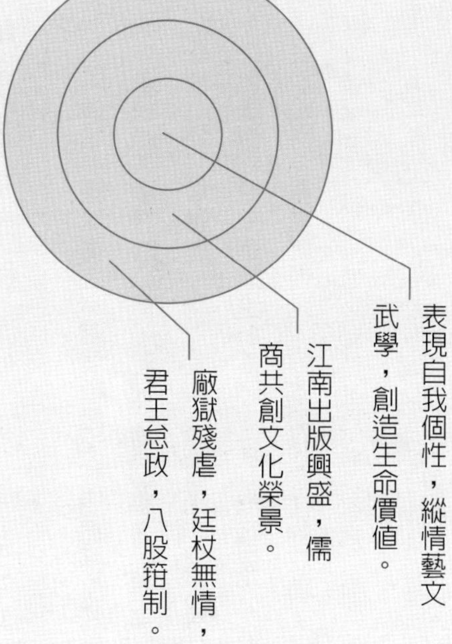
表現自我個性，縱情藝文武學，創造生命價值。
江南出版興盛，儒商共創文化榮景。
廠獄殘虐，廷杖無情，君王怠政，八股箝制。

亞里士多德創造了「圓滿實現」這個概念，說明每種生物都基於自身內在的目的與企圖來發展自己，尋求理想的圓滿實現。這股追求理想的欲望，帶動社會群體邁向更美好的境界。

如果你活在被八股科舉壓抑、為官受制於錦衣衛和廷杖等屈辱，同時經濟自由、交通便利、出版發達、追求心性的明代，你最想做什麼來創造生命價值，提升自我境界？請說說你走入的明代社會見聞，以及接觸的人事活動和作為，並說明如何「圓滿實現」人的本質和存在的意義。

晚遊六橋待月記

（記敘）

不觀光購物，不打卡自拍，爺自有套脫俗的觀賞美學

晝伏夜出的另類遊趣

袁宏道生於官宦之家，卻獨鍾於詩文，還喜歡拉同好組社群，搞出響叮噹的「公安派」。從小就很會寫八股文的他，考科舉如魚得水，二十歲中舉人，二十四歲中進士，二十七歲掌管吳縣整頓吏治政績卓越。宰相讚歎他是二百年來空前絕後的神級縣令，他卻自覺「奴才」、「妓女」、「媒婆」集於一身，醜態備極不可名狀。

他隨性率真，推崇李贄「童心說」，跟哥哥專程求教，李贄讚譽他「識力膽力，皆響絕於世」。不願被程朱理學名教禮法框成冬烘迂腐的學究的他，不願穿上官服裝模作樣，所以三天兩頭鬧辭職。

他以風雅名士自命，愛談佛禪，追求「趣味」，耽溺茶癖、花癖、遊山玩水癖。不過，他玩物養志，樣樣都玩得轟轟烈烈，聲名遠播，連折花插瓶，都能寫出被日本插花藝術家喻

爲：「猶如禮樂有《春秋》」經典級的《瓶史》。

袁宏道與兄宗道、弟中道，可謂一門三傑，直逼三曹、三蘇的聲望與文采，更屌的是一身反骨。他左手反前後七子摹擬秦漢古文，右手反歸有光摹擬唐宋古文；主張文章與時俱進，鼓勵大家看小說聽戲曲，感受通俗文學鮮活的生命力。袁宏道以生活嫻雅性情的小品文，對抗陳言故套的道學主流。他說甭管評分標準、網路酸民，拿起筆我手寫我心，表現自我獨特的才識、情感與個性，完全不需拘泥作文範本的格套。三百年後被林語堂、周作人奉爲小品文典範。

中國人的心裡「上有天堂，下有蘇杭」，千古以來數不清的騷人墨客在西湖找到安身立命的心靈棲所，多少浪漫的傳奇神話選在這裡開始。義大利旅行家馬可．波羅稱之爲「世界上最美麗華貴」的「天城」，白居易爲西湖寫了十八首詩，蘇東坡以西施比擬她淡妝濃抹總相宜，把疏挖湖泥築成綠煙紅霧的一條長隄，視之爲人的「眉目」。張岱圍繞西湖寫了七十六篇文章，袁宏道玩得最大——爲了她辭了官，找了石簣兄弟、佛人王靜虛等一群湖山好友肆情快意玩了四個月，交出擲地有聲的十六篇遊記。

現在就讓我們一起探究這篇文章有什麼本事把當代一幫業配文、FB旅遊小品炫耀文、IG照片全打趴？袁宏道建立什麼樣的審美高度，成爲晚明小品代表作？

課文X光

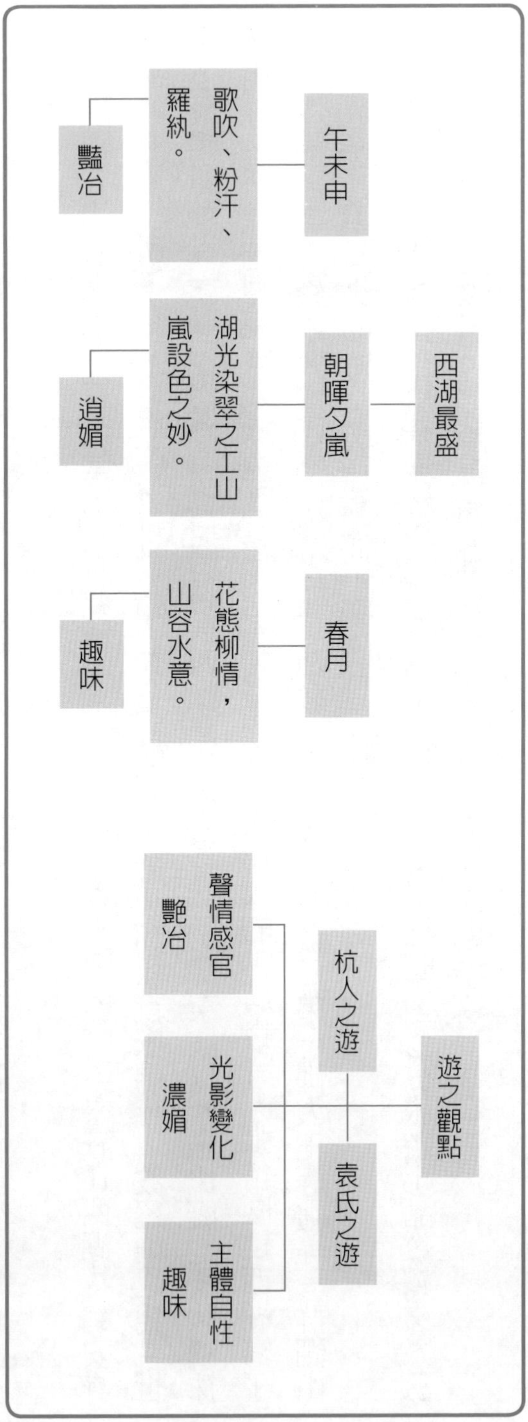

傾聽古文的聲音

專家私房推薦：行家才懂得的清賞西湖時段

> 西湖最盛，為春為月。一日之盛，為朝煙，為夕嵐。

這段的內容易懂，要探究的是這句話作爲總綱的力道、敘述句型、用字的安排有何特殊之處？以判斷句作爲首段，果決中帶著自信傲然的口氣，有開宗明義表明主張、凸顯價值判斷的意味。但作爲文學表述，在表意之上更重要的是傳遞美感經驗，因此作者斬釘截鐵，一語道破的直接敘述，而以單位時間標註最美的景致。由「西湖最盛，爲春爲月」的季節，到「一日之盛，爲朝煙，爲夕嵐」的每日佳景，產生延宕之間的波折，襯出餘韻無窮的情感。

「盛」字，顯現出這些景致繁複、茂盛豐富、熱鬧華麗的狀態，比起「美」字更具體而寫實，浪漫而多姿。其次，不用「乃」、「是」，而以上揚弧度的語音「爲」字，和類疊句型既產生圓潤舞蹈的聲韻之美，符合春日最盛的主題，也軟化這獨一無二見解所高舉的自負，表達出作者獨特的觀點。

愛上了沒辦法：捨君子之梅，追心中之桃

> 今歲春雪甚盛，梅花爲寒所勒，與杏桃相次開發，尤爲奇觀。石簣數爲余言：「傅金吾園中梅，張功甫玉照堂故物也，急往觀之。」余時爲桃花所戀，竟不忍去湖上。

這段有兩個重點：一寫今歲氣候寒冷導致桃杏梅接連綻放，勝景難再；二以張功甫玉照堂留下的老梅，與西湖桃花比較，襯顯出作者的選擇與情感。

「勒」字，從革力聲。依《說文》：「馬頭絡銜也。」本義是套在牲畜上的皮革，後作爲收住繮繩不使前進、強制之意。相較於「限」、「束」、「縛」等類似意思的字，既能表達束縛、限制、抑制之意，又能產生梅花被大雪套牢壓抑的畫面感，也在轉化的表述間，形成梅花被掐住脖子近窒息，生機被抑制，以致無

法適機綻放的效果。

另方面江南雪期短促，大雪天更是罕見，此處以原本耐寒的梅花無法開花，反襯出今春大雪之盛。明汪珂玉《西子湖拾翠餘談》言：「西湖之勝，晴湖不如雨湖，雨湖不如月湖，月湖不如雪湖……能眞正領山水之絕者，塵世有幾人哉！」可想見其景難得。「斷橋殘雪」是西湖十景之一，這輕輕一筆，看似爲春花漫開香氣之飄飛作底，隱然帶出冬雪盛美，此乃得「天時、地利」之佳興也。

「開發」二字也用得妙。歐陽脩〈醉翁亭記〉以「野芳發而幽香」寫春華熱鬧，此處以「開」表花瓣綻開的樣子，以「發」表春天萬物萌發蓬勃生長，梅與杏桃競相迸放、顯現出花團錦簇生機盎然的「奇觀」盛況。

繼前一小節之景，敘述轉向人物對話，對話之中又聚焦於種梅的人物、流動於空間的文人情意。「傅金吾園中梅，張功甫玉照堂故物也」的表層意思是明代傅金吾家園裡的梅樹，是南宋張功甫玉照堂所栽植，以時間推算每棵老梅約四百歲。依古人所言「貴老、貴瘦、貴稀、貴苞」之四貴，賞梅需賞老梅，以其具「古、峭、奇、拙」之味，故石簣屢屢催促「急往觀之」。

回溯這片梅園，大有來頭。張鎡，字功甫，南宋品梅專家，能詩善畫，著《梅品》一書。序文中詳述購地植梅造園過程，主體建築「玉照堂」上懸掛賞梅標準，體現出兩宋繁盛的梅文化所薰陶出來的高雅脫俗的趣味。由此可知，玉照堂的梅樹入了如此行家之眼，必然株株都是精品，園林規畫定是處處清新雅麗有巧思。

傅金吾能坐擁如此代表南宋美學的梅園，不僅非富即貴，也必須具相當風雅之趣。據《漢書．百官公卿表》顏師古註：「金吾，鳥名也，主辟不祥。天子出行，職主先尋，以御非常，故執此鳥之像，因以名官。」此處袁宏道以官銜稱之，而未指名稱字，乃古人習慣，如人稱杜甫爲「杜拾遺」、「杜工部」；杜甫〈春日憶李白〉：「清新庾開府，俊逸鮑參軍」，以官名稱庾信、鮑照。

陶望齡，號石簣，浙江會稽（今紹興）人，詩文理論與公安派主力袁宏道相呼應，也是同遊西湖之人。照理說兩人志同道合，審美的格調也相契合，但觀花的心態高下立判。

「急往觀之」，是因爲傅金吾的梅林本身蒼勁傲節，具有雅士流風之歷史；也因風吹花落，賞花須及時，因此心「急」、時間「急」、腳步「急」，充分表現出君子愛花之心。

相對於石簣的著急，袁宏道以「余時爲桃花所戀，竟不忍去湖上」，表現出爆表的感情指數。「戀」，从女䜌聲，思慕之意。在語句上，作者不說「我愛上桃花」，卻說「我被桃花迷住，對它眷戀不已」。其差別在前句以「我」爲情感主體，後句的我是被動的，被桃花絢麗多姿嬌豔動人的氣質深深吸引。

作者凸顯自己愛桃花心情的方式是甘心退居，而將主體位置讓給桃花。也就是這樣眼裡全是桃花的視角，以桃花爲主的心理，和放下高高在上的人類中心主義的觀賞哲學。這讓桃花本身散發出的特質被肯定被尊重，而不再是藉以投射人類情感的媒介；如小王子之被玫瑰「豢養」，帶著心甘情願臣服，被牽繫的意味，而不再是一時興起或附會風雅。

情深如是，已叫人動容，豈料作者追加一句「不忍去」，按捺不住心底汩汩湧動的繾綣，不捨，和出乎自己意料的「竟」，讓人聯想到張愛玲對胡蘭成說：「遇見你我變得很低很低，一直低到塵埃裡去，但我的心是歡喜的，並且在那裡開出一朵花來。」

在戀之前，我們都溫柔得卑微，歡喜得燦爛，這是袁宏道之「性靈」與「不拘格套」的示愛美學，和文學手法。

杭人潮牌旅行團：聲光色並奏的嘉年華會，自拍自嗨自唱的秀場

> 由斷橋至蘇隄一帶，綠煙紅霧，瀰漫二十餘里。歌吹爲風，粉汗爲雨，羅紈之盛，多於隄畔之草，豔冶極矣。

這段描繪杭人遊湖情景，洋溢高分貝、高彩度的聲光、高氣味的胭脂花粉與高飽和度的戶外趴。閱讀時除理解所指、欣賞取材用字的表現手法，尤在分析遊覽心理、作者評論背後的審美觀點。

因孤山延伸來的白隄平湖秋月之景，到此逢橋而斷，故稱斷橋。該橋面臨裡西湖，與寶石山、保叔塔隔湖相對，視野開闊。山、塔、湖、亭、橋與湖邊桃、柳連成迷人的如畫景色，是賞冬雪春景最佳處所。白蛇與許仙雨中相遇、同舟歸城、借傘定情更平添斷橋浪漫。

袁宏道到西湖之時正是春風如酒，桃紅嫣然含笑，綠柳翩翩起舞之際。但西湖十景之「蘇隄春曉」、「柳浪聞鶯」，漫延二十餘里嫵媚鮮麗如紅霞的美景，在杭人眼裡，只是襯托他們遊覽的背景，烘托歡樂的道具，因此以「綠煙紅霧」模糊化了桃柳，這對「爲桃花所戀」的作者而言是多麼憤慨的心態！

「歌吹爲風，粉汗爲雨」二句的譬喻是實筆，大筆渲染捕捉整個空間狀態。往來湖上舟船揚起的旖旎歌聲、官紳歌妓王孫公子觥籌交錯，空氣中洋溢起坐喧譁交際酬對之聲，呈現出春色晃動，浮華沸騰的人間氣味。穿著綾羅綢緞把西湖當秀場，充滿豔麗色彩感的男男女女，在袁宏道眼裡不過是一堆雜草：「羅紈之盛，多於隄畔之草」，而打扮精緻的鶯鶯燕燕，在「粉汗如雨」的形容下，更落得一臉狼狽。

推究杭人遊湖的心理在於自炫耀人，熙來攘往湊熱鬧是趕流行，其實，何止是杭人，由張岱〈西湖七月半〉可知此乃晚明遊覽文化現象。該文不寫景，單寫峨冠高帶、佳媛閨秀、名妓閑僧、轎夫童孌……聲光相

亂，「篙擊篙，舟觸舟，肩摩肩，面看面」的樣態。這些假冒風雅的官僚、附會風雅的富豪、故作風雅的遊客、不解風雅的市井之徒，名為看月而實不見月，身在月下而實不看月者，而是賣弄風情、炫耀富貴、尋奇獵豔、避月如仇的好名之徒。

作者之所以用「隄畔之草」比之，以「艷冶」評論之，正如錢穆〈品與味〉所言：「凡屬觀光，乃求動，不求靜；乃求熱鬧，不求清淨。……古以窈窕乃成淑女，今則儘時髦，儘摩登，投入人群中活躍，以供人玩賞為己樂，人品亦化成商品，良可嗟矣！」

我的眼裡只有你：在時間之中，在時間之外的素顏魅力

> 然杭人遊湖，止午、未、申三時。其實湖光染翠之工，山嵐設色之妙，皆在朝日始出，夕舂未下，始極其濃媚。

相較杭人所代表的觀光客，成群結隊旅遊，活動內容多樣，以及滿足觀看、被觀看、放縱享樂、應酬炫耀的心態。作者所崇尚的遊覽是靜態的，單純專一的，美的感動。

是以寫作策略上，一方面藉杭人游湖說明西湖最美是春天的朝煙夕嵐與月景，另則透過杭人之遊敘說遊賞的觀點。作者先以大時間，與杭人遊湖做出區隔：午、未、申／朝日始出，夕舂未下。「其實」二字，進一步表明立場觀點，再以觀看的焦點在湖光、山嵐靈動變化、月景的容態情意，與杭人娛樂活動對比，凸顯靜觀山水的審美態度，繼而不捨的心情。

「湖光染翠之工，山嵐設色之妙」這兩句寫朝煙夕嵐之濃媚，筆法濃中有淡，淡中見濃。由實而虛的對

偶句型既如畫卷，又浮現線條的聲韻。

「湖光染翠之工」，描述光線從山林倒映於湖中的樹影，在時間緩慢移動中呈現墨綠、蒼綠、靛藍、藍綠、橄欖綠、翡翠綠、青綠、碧綠、釉綠、黃綠、嫩綠……不同層次、不同區塊形狀的綠。「工」字，用來形容光線照射、折射的綠精緻、巧妙。單一的綠，淡雅的本質，在全心全意的沉靜觀看間，化作千百種色調。在袁宏道眼裡，這自然的素顏姿態，充滿吸引力的魅影。

「山嵐設色之妙」，寫流金璀璨的夕嵐，山中繚繞的霧氣迷濛空靈，因光線而潑濺漫射玫瑰紅、葡萄柚橙、琉璃黃、薄荷綠、寶石藍、青染靛、荊薊紫等或濃郁寫意或纖細柔和的光暈。「妙」字，既形容出夕陽雲彩神祕奇艷的畫面精緻美好，也凸顯天工之巧，時間之中不斷變幻的雲霧光色神奇巧妙。此時，凝眸不語間有千番萬般的情愫。

「濃」，形容色彩濃郁、飽滿、強烈；「媚」，表示吸引力、魅力、嬌美。其實破曉晨曦與黃昏的光線並不強烈，足見水色雲氣之濃，並非源自色度亮度明度，而是在時間之中光線角度、強度在水氣形成瞬息萬變的嫵媚。

「染翠」、「設色」，是光線浮動蕩漾出的色彩，也是湖光、夕嵐本身自然流轉的行為。在這寧靜氣氛中，湖光山色成為欣賞主體，坐在湖邊看湖的人含情脈脈地凝視湖面上的山影、湖水的風影、湖光的粼粼紋彩。那情不自禁的癡人，就這麼坐了良久良久，心裡眼裡只有夕陽餘暉染就的漸層，萬紅千紫的雲彩。

俗士不會懂：從有我之境到無我之境的審美哲思

月景尤不可言，花態柳情，山容水意，別是一種趣味。此樂留與山僧遊客受用，安可爲俗士道哉！

等待，是因爲朦朧的距離美。

審美，是因爲自我的眞實性。

晚遊，是因爲神韻的個性觀。

此段以虛筆寫月景，重在情意姿態。「月景尤不可言」之讚嘆，非但將月景推向極致，也神祕化其境。夜色，削減了自然景觀視覺上的魅力，留下神韻；月光，柔和了線條，凸顯共感匯通的情思。

「花態柳情，山容水意」，鋪展出花、柳、山、水擺脫人工的本性，流露眞我情味，畫面中迴繞著情意所流動的姿態，姿態所散發的情意。這份朦朧中的感覺與想像裡，有主、客體彼此的味道、氣質，也有主、客體相看時流轉的綿綿情意。

這不僅是袁宏道「爲桃花所戀」的情感，更是他所想藉以表達「戀戀之情不在形貌，而是靈魂的共感、神韻的相通」之概念。在這境界裡，花柳山水是存在的實體，卻又同時是獨立於人的天地之間；它們擺脫被觀想的存在，展現主體自覺趣味、生命情意的想像。

作者以「烘雲托月」、「水漲船高」之法提出評論，分析「豔冶」與「濃媚」、「別是一種趣味」的差異在外／內。袁宏道〈敘陳正甫會心集〉言：「趣如山上之色，水中之味，花中之光，女中之態，雖善說者不能下一語，唯會心者知之。」

「趣」，以自然爲其本質，是心靈自由的體現，也是率性任情的寫照。審美者，若想識得充滿神祕性奇遇的味外之味，則必須放下主客分開的觀看，避免投射景中寫我之情的有我之境，更要拋棄高高在上主觀評賞的驕傲，還花柳山水本色。以尊重的物濃情蜜意，物的知音角度，方能貼近其姿態，情感，靈魂。

「此樂留與山僧遊客受用，安可爲俗士道哉」，蓋山僧遠離群眾，心如止水，見萬物之可觀可賞而又尋常自在；俗士附庸風雅眾聲喧囂，湊熱鬧瞎起鬨，不知美爲何物。眞正的「遊客」當是回到觀賞的本質，全神感覺自我性靈與景物環境交流、融合，或坐忘心齋達到虛無空明的境界，或感知氣韻生動的物外之趣。

作者刻意運用反詰語氣的「安」字，既使語調文氣產生波瀾起伏，闡發自己的理念與思想，更露出不屑的表情，狠狠地批判晚明氾濫的觀光風潮，俗氣的炫富，同時驕傲地彰顯晚明名士派癖、狂、懶、癡、拙、傲的習性和自負。

晚明小品：以審美意識表達生活「瞬間中的永恆」，自我的性靈

「性靈」，指個人自我的性格、靈魂，那是獨特的本我、想像的情感、充滿創造性、原始的萌發，因此它必然小眾、不合流俗。但這曲高和寡，卻能獨領風騷、獨醒獨清，如作者「急與桃花作別」、與山僧待月觀「花態柳情，山容水意」。

「格套」，指限制、規範、傳統、紀律，代表主流的禮教道德，普世的價值，因此它是大眾化、社會性、長期間固定的準則、文人約定俗成的形式、聖賢追求的高度，追求文以載道，成爲經典。這是安全的、框架的，如石簣急觀老梅、杭人遊湖看熱鬧，缺乏創意和自我的獨特性。

李贄「夫童心者，絕假純眞，最初一念之本心也」，這股守護人知本初眞心的主張，如石子扔進傳統載

道的大池裡，擾動起一圈圈抒情言志的漣漪。這波張力形成明清散文內在的變異，而後在周作人的點撥下，公安派的文學觀被視爲新文學運動的同調。

在這篇文章裡，「獨抒性靈」之處在觀察點，及所見的獨特觀點、所待之情。如記自己對西湖之愛（四季、一日）→對西湖桃花之愛捨（傳金吾梅花、戀桃花，不忍去湖上）。「不拘格套」之處在不以時間先後爲序，而以景色的濃淡爲主；不著墨於等待的心情與狀態，而以時間層層烘托側面點染來談「等待」。透過由朝煙→杭人午、未、申三時之喧騰→夕嵐→待月→見花態柳情，山容水意，可見作者終日都在西湖，通篇不言「待」，卻一直在等待。至此方知原來由朝煙、午未申杭人之遊寫夕嵐，全是爲了烘托「晚遊」、「待月」之情。

不同於唐代的「詩人遊記」、宋代的「哲理遊記」，晚明小品以短小篇幅寫生活雅趣，常見雅正與庸俗的對照，這是因爲它是在黑暗的政治和庸俗化的市井夾縫中生長出來的。基於晚明商人群體崛起、社會地位提高，引起士大夫內心的焦慮。士大夫因此展現獨特的旅遊品味，以文化資本新穎的觀點與商人做出區隔，這便是文末「山僧遊客vs俗人」的心理背景，也是作者選擇「西湖」作爲追尋介乎文人與名士之間的自我。因此小品中出現兩重性的閒適情調，一方面是對時代的反撲，對於晚明知識分子浮華、聲色、表演、炫耀心態的反思；另方面是標榜生活美學的自白，個人心靈的美感呈現。

換你來當作者

你需要在這片土地經冬歷夏，等待時機。松樹的果實需要兩三個季節才能成熟，有些植物的根會在沙地裡休眠達七年之久，直到遇上一次降雨才又重新開始生長，而杉樹五十年才開一次花。——瑪麗．奧斯汀（Mary Austin），《無雨之地》

袁宏道待月，種子等待時機，你等待什麼？

等待，不僅是狀態，是心情，更是目標。請以「等待○○」為題，敘說你的等待的人事物景，情感與寄託於斯的觀點。

有錢有閒就是要四處趴趴走

明代經濟與旅遊文化

如果小時候你聽過癩痢頭和尚當了皇帝的故事，必然知道這前無古人，後無來者逆天改運的朱元璋，長得一臉異相：「額頭隆起、顴骨突出、馬臉粗眉毛、金魚眼、滿臉麻子、鷹勾大鼻子……。」但畫裡的他搖身變成「眉秀目炬，鼻直脣長，面如滿月，鬚不盈尺」的美男子，可見不是相機不可信，放在故宮的畫也別當是寫眞。

他比打不死的蟑螂多了幾分幸運和機靈膽大，一路從牧童、小和尚、乞丐、盜匪，到參加義軍當了大元帥。亂世就是重新洗牌的絕佳時機，大字不識的他聽了謀士說漢高祖劉邦也是貧民出身，越發起勁打著「驅逐胡虜，恢復中華」的口號，匯集民心收回燕雲十六州，結束蒙古人九十七年的蹂躪，統一天下。

若是你認識宋濂，就會知道他的得意門生方孝儒爲惠帝寫檄文討伐燕王朱棣（即後來的明成祖），寧可被誅殺十族，被凌遲殺害，也絕不寫承認燕王君權的詔書。你也必然會在這場冤憤之後，看見明成祖遷都至北京，開始建紫禁城、修《永樂大典》，派鄭和下西洋尋找建文帝的下落、掃蕩元朝末年起義群雄張士誠的殘餘勢力，和耀兵異域，發展海外貿易並殖民海外，締造盛世的作爲。

讀過方苞〈左忠毅公軼事〉，你可能順著明代所建立的情報系統「錦衣衛」，讀到朝綱不振，大肆打壓東林黨忠臣勢力，看見西北飢荒民不聊生，致使農民起事；鼠疫大流行，死亡遍野，李自成攻陷京城，崇禎帝煤山自縊。

在這些不堪的殘敗之間，人們投入編故事看世道玩神魔、聽說書罵負心漢解悶。《西遊記》、《水滸傳》、《三國演義》、《金瓶梅》、馮夢龍「三言」（《喻世明言》《警世通言》《醒世恆言》）都出於明朝，在這些愛情故事和平民生活中，可見商人崛起，市井百態。部落客推薦美食、熱門景點拍照打卡分享到社群網路、網民按讚留言，這樣的模式早是明代文人慣常的社交型態。你瞧袁宏道〈晚遊六橋待月記〉提及：「歌吹爲風，粉汗爲雨，羅紈之盛」，不正與時下流行的花季朝聖、花東遊人如織的盛況相同。

這段杭人豔冶極矣的華服笙歌，是基於十六、十七世紀間，明朝是中國科技發展迅速的年代，也是世界上手工業與經濟最繁榮的國家之一。當時鐵、火炮、農業、天文造船、絲綢、紡織、瓷器、印刷技術都達到了歷史的頂峰，產值遙遙領先世界，產量占全世界的三分之二以上。手工業及文化藝術帶動的商品經濟，不僅出現了一批能工巧匠，刺激手工藝技術與特色商品的產生，更催化出經營特產品的著名店號，形成許多商業型集鎮。

趕上大航海時代的明朝，隨著葡萄牙、西班牙、荷蘭、英國人競相東來，東南沿海港口成了大量物質出口賺取外匯的金雞母。農業商業化、手工業專業化生產，創造總量高達九百六十億美元的GDP，占世界經濟總量的百分之二十九點二，更在歐洲掀起中國熱。

商業繁榮也改變人們的價值取向與行爲方式，這是開始重視商人，走向消費文明、技術生產的資本經濟時代，建立於交通、經濟、社會富足之上，發展出炫耀性消費的奢侈風氣、旅遊文化與審美品味，讓文人得以追求性靈，表達自我。翻開明代歷史，我們看見的是繁盛而進步，非常貼近現代的社會的景象：

一、交通網絡，造就城市興起的享樂文化

隋代開鑿京杭大運河打通南北交通，物資運輸帶動沿岸商貿，發展出許多新興的中小城市，促使南方繁榮。明太祖朱元璋定都南京，與明成祖朱棣遷都北京，在追求「國富」的前提下，各自發展出多條交通線路和縱橫交錯的河道，形成城市化、商業化的龐大網絡。由宋應星《天工開物》序所敘：「滇南車馬，縱貫遼陽嶺徼，宦商衡遊薊北」，可見萬曆時，商路幅員從雲南到遼東三千多公里，從廣東到河北一千公里以上。城市生活以豐富的物質生活與社交活動呈現多姿多采的風貌，在商品經濟刺激之下，發展出商人以輕財好義、文雅好客博得社會聲名；士人縱樂青樓尋找慰藉，風氣漸趨奢華的享樂文化。

二、從手工業，轉向企業財團的資本社會

明嘉靖以來，千姿百態的專業農業人才，改良耕作灌溉技術，創造出突破性農具、桑漁結合的綠色農業，產值密度甚於以往。晚明糧食市場穩定，促使其它物品的生產、商品交易市場活絡，工藝科技有足夠資金精進。如蘇州、杭州的絲織業、棉紡業，蕪湖染布業、景德鎮的瓷業、江西福建的造紙業、山西礦冶業……都因技術和人力、財力的投入，創造出品質精良、數量豐沛的經濟產值。在社會環境安定、水陸路交通發達下，往來各地的行商小販帶動商品交易，從臨清、泊頭批來鐵農具，將徽州、饒州漆器、瓷器，南

京、蘇州絲綢運往北京；再把滄州、天津販來食鹽，山西陳年醋、河南穀物賣到南方。

此外，鄭和以亞洲最強大的海上軍事力量打開國際貿易，七次下西洋的船隊跨越東亞地區、印度、阿拉伯半島，駛抵非洲，開闢了中國「海上絲綢之路」。開放東南海禁也使對外通商頻繁，外匯存底空前之高，世界上三分之一白銀都湧進明代。粵商、徽商、晉商、浙商、蘇商各據山頭，成爲勢力，使晚明進入資本社會的近代。

三、全民瘋消費，精緻享受的發燒經濟

相對於歐洲只有貴族得以壯遊，在物價平易，社會安定，豐衣足食的明代，百姓有閒錢出外活動，有閒情享受娛樂，遂發展出商品化與精緻化的消費文化，塑造消費品味與流行時尚。

原先象徵身分地位的土地，在商業型炒作下轉爲興建私家園林，連帶使精緻家具勃興、奢侈品如珠寶首飾、古玩文物等炫耀型消費。其結果是奢侈品消費成爲身分地位的競爭，士紳同時扮演時尚變化的代言人和反對者的雙重角色，而有《長物志》以「雅／俗、狹／精、用／玩、奇／巧」這類品味鑑賞手冊出現。

另如旅遊業，江南因交通發達而起的新興市鎮人口眾多，絲織業、棉紡業經商致富者及物產帶動商業繁榮，促使全民化的旅遊風尚。強大的需求造就多樣化的配套，形式豐富的供應鏈和就業機會。除設計行程、招攬遊客、負責旅行中吃喝玩樂住宿的「牙家」（即旅行社），尚有仲介交通運輸的轎夫、舁夫、肩輿、腳夫、船家和「一載優伶簫鼓、一載酒筵」的遊船、酒舫、畫舫；與食宿娛樂的餐館、旅店、飾品店、攜帶的器皿、點心、茶酒等包山包海供應商，形成精密配合的龐大旅遊商業系統。

四、商品化行銷，市場化的旅遊服務結構

以今日一條龍式的大型旅遊公司而言，首先發展出專屬的地區型旅遊路線，如歐洲、東南亞、東北亞、大陸、紐澳線。經營套裝路線的先備工作是將相關的旅遊設施、活動及服務串聯，也就是兩地旅行社、飯店、餐飲、交通運輸、旅遊景點系列化的選擇安置與緊密配合，以鞏固以食、住、行、遊、購、娛樂爲核心要素的供需系統和經濟效益。

當旅遊成爲全民活動時，爲因應龐大的市場需求，明代旅遊業一方面加強原有的經營模式以穩固消費者的忠誠度，另須及時推出多樣化新產品刺激消費或提供客製化、差異化服務，創造深層的附加價值，以增加客源，締造商機與永續經營。基於客群取向、動機期待，明代旅遊產品類型分爲「功能性價值」與「意義性價值」：

1. **大眾化旅遊套裝行程模式**：最常見的是進香團和配合各行各業公休的節慶廟會，主題明確、目的單一、消費對象大眾化（庶民，士大夫與仕女閨秀）、需求普遍的團體套裝行程。運作模式規格化、標準化，提供舒適性、娛樂性，和到此一遊走馬看花的「功能性價值」。在網紅、美食打卡、熱門景點同質性高、形式複製容易之下，成爲各地蓬勃而熱鬧的遊覽方式，這正是〈晚遊六橋待月記〉中，袁宏道批評的杭人觀光客。

2. **小眾化精緻型旅遊產品模式**：訴求小眾市場（士大夫、官員），以整合跨界間的共創，量身訂做的產品，深度知性的內涵，提供顧客意義性和全新性的附加價值。以晚明士大夫而言，選擇的地點多以中、短距離可到的名山、大湖，觀古蹟、古剎、奇泉、名石、大觀寺廟與園林爲主。江南因爲經濟、物產與文人薈萃，故鄉近城鎮形成知名旅遊勝地，士大夫所書寫的相關遊記，塑造出許多景點，如《士商類

要》、黃汴所編撰的《天下水陸路程》，都是兼具旅遊指南的路程書（類似今日的觀光地圖）；以文人題詠歌頌所建構的美感的探訪路線，助長人們到江南朝聖的熱門度。

五、晚明士大夫炫耀式的旅遊文化：交際往來，標舉身分

明代蓬勃的商業活動和利潤，改變了士大夫賤農抑商的觀點，鬆動長久以來士、商關係區隔的社會結構。尤其是江南地區的士大夫或棄儒經商以紡織求利，或亦儒亦商，官商合作，到了萬曆年間，整個朝廷可以說「無官不商」。這些士大夫以商賈身分遊於四方，間接促進旅遊風氣，改變並豐富士大夫的旅遊觀。

晚明士人的旅遊時間短則一天，長則一個月以上，食宿於酒樓、酒館、旅館與寺廟，路途中除攜帶地圖、詩詞集冊，尚有奴僕、隨從背負茶酒，張羅交際。

在強調舒適與享樂原則之下，簡單者如張岱〈遊山小啓〉發函邀請親朋好友，清楚提示需攜帶的物品：「願邀同志，用續前遊。凡遊以一人司會，備小船、坐氈、茶點、盞箸、香爐、薪米之屬，每人攜一簋一壺二小菜。遊無定所，出無常期，客無限數。過六人則分坐二舟，有大量則自攜多釀。」豪華版者不僅自購遊船或畫舫，其內置賓主娛樂的廳室、主人書房、衣櫃與儲藏室，頂級享樂者尙備有隨行廚師、「高髻綽約，光艷異常」的歌妓與姬人表演，以名妓戲班淫辭浪曲增風流韻事。

巫仁恕〈晚明的旅遊風氣與士大夫心態——以江南爲討論中心〉一文指出士大夫呼朋引伴的旅遊在明代已成高官名人的聚會，朋友間往來的詩社文會與日常娛樂。由於所費不貲，因此常見士大夫跟隨官員旅遊、接受商人邀請與贊助旅遊。晚明士大夫熱衷這種看似毫無看實際用處的消費文化，其實是一種「炫耀式的消費」，讓旅遊不只是休閒，而是塑造消費品味與流行時尙，重新建構士大夫身分地位的表徵。

六、辨證雅俗品味的旅遊論述

張居正去世後，晚明政治進入黑暗和衰亡。士大夫爲逃避、抗議令人不滿的政治環境，選擇隱居山林「千山獨行，靜觀天地」，以求自保，或寄情聲色，不問世事。暫居官場者，如袁宏道所嘆「七尺之軀疲於奔命，十圍之腰綿於弱柳」，這時借境調心，縱情自得的遊樂與書寫便成了追求主體的寄託。

明代官員與文人雖會在歲時節慶與庶民同樂，但士大夫透過詩文和「雅俗」、「遊道」、「遊具」的旅遊論述，極力塑造與眾不同消費品味，爲的就是對抗商業氣息日漸強烈的市井文化，達到人生自由與生活藝術的理想。

首先是地點的選擇儘量避開庶民喧鬧的熱門景點，如費元祿《晁采館清課》：「洞天福地，神區奧境，非高人韻士有清緣者不得遇，蓋造物所祕，不輕以辱凡夫。」若是蘇杭等地，則特意錯開庶民旅遊的時間，以免七月半時「人聲鼓吹，如沸如撼」，「寓無留客，肆無留釀」。故李流芳〈遊虎丘小記〉認爲「虎丘中秋遊者尤勝。仕女傾城而往，笙歌笑語，填山沸林，終夜不絕。遂使丘壑化爲酒場，穢雜可恨。」因此最佳的旅遊時間是在半夜：「夜半月出無人，相與趺作石臺，不復飲酒，亦不復談，以靜意對之，覺悠然欲與清景俱往也」，這與袁宏道的「晚遊、待月」、張岱〈西湖七月半〉在岸上人散盡，方「艤舟近岸，斷橋石磴始涼，席其上，呼客縱飲」，不謀而合。

其次是對抗晚明士大夫放縱聲色的奢靡，和「窮歡極樂」的世俗遊道，如陳繼儒在〈閩遊草序〉提出的「三德」：「不找人贊助、不帶過多遊具、不找地陪。」另如有些文人派「僮僕」去景點，藉其口述杜撰遊記彰顯身分地位，於是有萬曆三十七年（一六〇九）輯刻的《新鐫海內奇觀》圖文並茂的旅遊書旅遊導覽手冊；萬曆、天啓間世人所稱「博物君子」李日華的《味水軒日記》的實地遊覽蘇杭，表明旅遊即生活的觀點。至於冒險犯難的旅遊達人徐霞客，三十年遍及大江南北的獨自探險，記錄人文地理風俗民情的勇氣毅力，豁達無畏的人生觀，非但超越關注自我、環境的短期定點遊記面向，更滲透因其精神心志、人文考察，而走向知識性、生命哲學的境界。

一分鐘透視明代經濟與旅遊文化

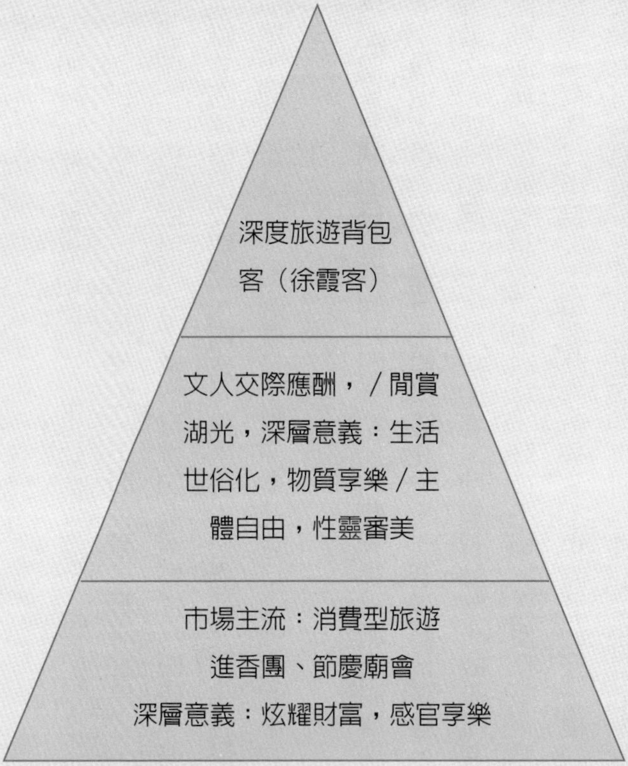

穿越時空，走進歷史

旅行不僅僅是為了與好山好水相遇，更為了與人交會所撞擊出的火花。請選擇一位文人當導遊，帶你深入明代社會。這是一個持續而深沉浸淫於當地人文地理的機會，請以「我與**同遊明代」為題，發掘你所不知道的風土人情，思考你與貼身相隨的文人觀點間的異同、相互間的影響、改變。

勞山道士

（文言小說）

指桑罵槐的幻術這樣演

哇酷哇酷，這道士太牛逼了

蒲松齡不羨慕口裡銜金湯匙的富二代，而以生在廳堂上一幀幀泛黃照片，列祖列宗穿著進士袍排排坐，滿牆是書香的門第為傲。果真本著先天基因，外加胎教和這番家學淵源的庇蔭薰陶，造就出這位天賦異稟的絕世文學家。

頂著超高智商的他，十九歲參加縣、府、道秀才考試，過關斬將連奪三個全壘打，紅榜第一名。豈料這輩子好運就這麼全用完了，接下來反反覆覆考了四十四年，不是超過字數，就是考場突然病倒，連毛筆都握不住，結果連個舉人也沒考上。朝廷看他志恆氣堅，補了一個「歲貢生」。這年他七十一歲，走起路巍巍顫顫，四年後就魂歸黃泉。

一歲抓周把筆墨當棒棒糖的他，將經史子集全當飯吞下肚，卻落得萬年考生，鬱卒得只好在名為「聊齋」的書房，寄託功名無望，著書明志之想，經營起批踢踢PTT八卦版。每天閒閒沒事便在附近泉邊的柳樹下，擺上點心糖果。過往路人無論男女老少、臉麻眼斜、讀過書的不識字的，只要奉上聽過的鄉野奇聞、鬼魅妖女，見過的深夜怪談，都能換得珍珠奶茶和長壽菸（聽說還有小米綠豆粥——難道是「綠逗薏人」創始店？）。

子不語怪力亂神，他沒機會到官府見人說人話，只能玩起「魔幻現實」見鬼說鬼話。他把一肚子怨氣釀成鬼話連篇，同鄉好友王士禎為《聊齋志異》題詩道：「姑妄言之姑聽之，豆棚瓜架雨如絲。料應厭作人間語，愛聽秋墳鬼唱詩。」

豈料「深層聚焦」拍攝手法下的狐仙千姿百態，令觀眾有如身歷其境，個個被荒誕奇幻物怪精怪、女鬼與書生的戀愛迷得念念不忘，於是一傳十，十傳百，這書成了長年暢銷書，電視劇、電影票房保證的爆棚題材，粉絲排的長龍比追哈利波特更瘋狂。

蒲松齡故居里，有一副對聯寫著：「一生無緣附驥層，三生有幸落孫山。」、「一部聊齋傳千古，十萬進士化塵埃。」說的是這位知名的考場失敗者，比許多狀元的影響力更大，不僅藍眼睛的外國人捧著這中國式的狐妖鬼魅愛不釋手，連日本江戶時代全民開講的鬼怪，也閃著《聊齋志異》談狸說鬼超自然的影子。二百多年後的莫言自稱是蒲松齡傳人，在諾貝爾文學獎的頒獎典禮上，公開成名小說《紅高粱》就是學偶像之作，還寫了一篇〈學習蒲松齡〉自言夢裡得祖師爺蒲松齡送的五彩筆，才能下筆如流。

如果你想把故事說得活靈活現，想得到麻辣鮮師蒲松齡的五彩筆，或者自覺與他一樣滿腹理想，憤見社會不公不義，而想寫出擲地有聲的評論，不妨一起走入〈勞山道士〉這沉浸式的魔法課堂……。

課文X光

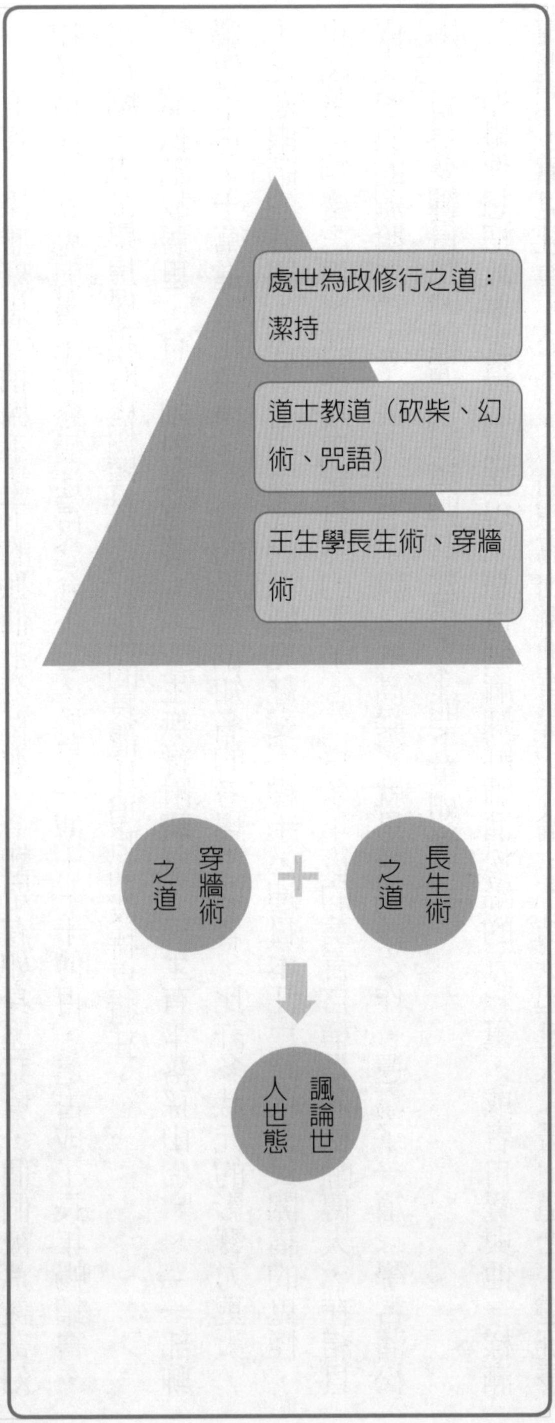

傾聽古文的聲音

從實作自學中學習的不言之教：王生求長生術

〈勞山道士〉故事依王生求師學法、觀師施幻術、循師教法、試法失靈等情節發展敘述，由人物、事件帶動出結構基本序列。主軸王生求道的敘述時間鎖定在王生負笈求師到歸家的兩個月，敘述脈絡爲「上山砍柴→重繭，不堪其苦，陰有歸志→見幻術歸念遂息→轉而學穿牆術。」觀察的重點在其情緒變化「慕道→不堪苦→歆慕幻術→求法術→自詡遇仙→忿罵道士無良」背後的心態、對學道的謬想。

小說通常在篇首會出現或長或短的背景敘述，就像攝影棚或舞臺的布幕，是故事發展的人物身家、時空場景底圖，也是理解分析小說的基礎。如〈孔乙己〉放在酒店的公共領域、人物穿著、飲食習慣分出階級，顯見孔乙己是芸芸眾生的象徵，而非個人遭遇；作者所要諷刺的不是魯蛇孔乙己，而是社會涼薄的寡情。又如〈一桿稱仔〉鋪陳秦得參喪父至結婚的長篇敘述，既暗示秦得參務實本分，也指涉臺灣人勤奮勞苦，作爲後續殺警張力。

這篇故事背景始於王生求道的動機：「邑有王生，行七，故家子。少慕道，聞勞山多仙人，負笈往遊。」不過，道士面試後下的評語是：「嬌惰不能作苦」，也就是不錄取。道士以「不能作苦」做爲學習素質的檢測，是基於修道必須捨棄俗世的感官享受，榮華名利，非能吃苦者難以清貧自律。王生出於錦衣玉食世代富家，上山求道不過是一時興起的虛榮或好奇，並未認清修道歷程單調漫長，如此心不定志不堅者必然無法修道成功。

嶗山，古稱勞山、牢山，位於山東省青島，黃海之濱，被譽爲「海上第一仙山」。蒲松齡是山東人，多次遊覽嶗山，對這自春秋以來道觀林立的道教聖地自是熟稔，因此「一道士坐蒲團上，素髮垂領，而神光爽邁。叩而與語，理甚玄妙……其門人甚眾」，三言兩語便勾勒出道士形貌、氣息，並透過語言、隨眾顯現出道行之高，修爲之深與號召力之大。

所謂名師出高徒，讓我們好奇的是王生賴皮式地留在道觀，是否能經道士改造而轉變？

「凌晨，道士呼王去，授一斧，使隨眾採樵。王謹受教。」由這段敘述可知凌晨上山採樵是修道者的日常，故道士並未教王生讀經書，也未明示砍材的用意。隨著時間快轉，看出王生的身體、心理變化是「過月餘，手足重繭，不堪其苦，陰有歸志。」在「嬌惰不能作苦」的前提下，因為「手足重繭」，所以「陰有歸志」的退縮似乎早在意料之中。

但這段要思考的問題是砍柴與長生術有何關係？如果無關，則道士有負期待；若是有關，則顯示王生無法參透道士要求砍柴的用意，求道之心不堅。

推想早睡早起生活單純規律，心思安定；上山吸收新鮮空氣芬多精，細胞氧化，促進新陳代謝；砍柴既是生活所需，培養心思專一；施力則勞動筋骨，流汗排毒，增強抵抗力，這都是使身體健康的方法。這情節的意義是養生之道在心靈淨化、正常作息、活動筋骨。由此推知道家養生之道在眞實踏實、樸素勞動的生活、行住坐臥尋常操作，既無奇門怪招、仙丹良法，更無不勞而獲。

如此看來，王生不僅不動腦修正砍柴施力點，以減緩長繭，也不能深入思索砍柴的意義。其學習態度是遇困難便放棄、逃避，顯示缺乏毅力、沒有耐心和解決問題的能力。其個性好高騖遠、不切實際、不能腳踏實地，是以即使有道士施術，暫歇歸念的轉折，終究還是放棄。

麻辣鮮師變魔術的創新教學：這是一場秀，也是照妖鏡

一夕歸，見二人與師共酌，日已暮，尚無燈燭。師乃剪紙如鏡粘壁間，俄頃月明輝室，光鑑毫芒。諸門人環聽奔走。一客曰：「良宵勝樂，不可不同。」乃於案上繞壺分賚諸徒，且囑盡醉。王自思：七八人，壺酒何能遍給？遂各覓盎盂，競飲先釂，惟恐樽盡，而往復挹注，

> 竟不少減。心奇之。
> 俄一客曰：「蒙賜月明之照，乃爾寂飲，何不呼嫦娥來？」乃以箸擲月中。見一美人自光中出，初不盈尺，至地遂與人等。纖腰秀項，翩翩作「霓裳舞」。已而歌曰：「仙仙乎！還乎？幽我於廣寒乎！」其聲清越，烈如簫管。歌畢，盤旋而起，躍登几上，驚顧之間，已復爲箸。三人大笑。又一客曰：「今宵最樂，然不勝酒力矣。其餞我於月宮可乎？」三人移席，漸入月中。眾視三人，坐月中飲，鬚眉畢見，如影之在鏡中。移時月漸暗，門人燃燭來，則道士獨坐，而客杳矣。几上餚核尚存；壁上月，紙圓如鏡而已。道士問眾：「飲足乎？」曰：「足矣。」「足，宜早寢，勿誤樵蘇。」眾諾而退。王竊歆慕，歸念遂息。

這段魔法篇幅很長，是全文的高潮。道士使出「剪紙爲月、壺中酒不盡、嫦娥歌舞、移席月中」四個幻術，堪比獲獎無數的劉謙、「魔術界奧運」之稱的簡綸廷，可謂以遊戲創新教學的先驅。

有別於前段第三人稱敘述，整個幻術情節轉爲以王生之眼報導，視角轉變的目的是？道士施幻術的情節意義是炫技，還是看清王生學習的目的，藉以破解謬見的開示？道士想藉以勉留王生堅持學道嗎？

乍看四個幻術的開始都以「見二人與師共酌」、「一客曰」、「俄一客曰」、「又一客曰」開頭，說明道士施術是應客之要求，而非主動或事先安排，因此去除施術是爲炫耀。事實上，若道士的心態是炫技，不但有違後段「潔持」原則，也不符合修行之道。

細看每個幻術都是無中生有，分享壺中酒中，特意轉入王生內心獨白：「王自思：七八人，壺酒何能遍給？」這份懷疑，帶動怕喝不到而出現爭搶的行動：「遂各覓盎盂，競飲先釂，惟恐樽盡」，以及「而往復挹注，竟不少減。心奇之。」和「王竊欣慕，歸念遂息」的心理轉折。

令人好奇的是道士為何要請出天菜嫦娥唱歌跳舞？為何這場變化不像前面的月亮、酒是在俄頃之間發生，而是慢慢呈現的？

首先，這段特別標明「箸→人→箸」，顯示此為「幻術」。其次以王生的視角和偏於視覺的摹寫，是為呈現他緊盯美人之色心。鏡頭中，嫦娥的出現是由小變大「自光中出，初不盈尺，至地遂與人等」，除卻顯示眞實的臨場感，也表現倒影在王生眼裡、心底的影響也是慢慢變大。因此接下來的特寫聚焦於身材和曼妙舞姿「纖腰秀項，翩翩作霓裳舞」、歌聲「清越，烈如簫管」，最後離去「盤旋而起，躍登几上，驚顧之間，已復為箸」，回到現實，落實一切皆如夢幻泡影。

「移席月中」，與哈利波特魔法世界中施飛來咒的「幻影移行」、電影中蟲洞大開，空間扭曲成漏斗狀相同，都是任何時間、任何地點，隨意在宇宙中完全不同瞬間移動的神技。這幕中所有營造出的幻象俱消失，就連客人可能都是假的，是道士變出來的。暗示諸生所見一切皆為虛幻，感官欲望一切都是虛幻的，人易受幻象所惑。

這段不但完全無歹戲拖棚的冷場，且寄託深刻意旨，堪稱編劇教科書，充滿觀看、測試、讀心術的諜對諜之戲。綜觀幻術關乎於酒、色（嫦娥），這段表面上是王生見道士之幻術，羨慕崇拜不已，打消了退堂鼓。深層推想，人物的個性、情思決定對事件的反應、行為，左右情節的發展，王生由「陰有歸志」到「歸念遂息」，顯見改變的關鍵在「歆慕」的酒樂，貪的也是招之即來，呼之即去的女色，無度無止的感官享受。

至此已確知整個幻術情節轉為以王生之眼報導，是為彰顯其貪戀聲色享受的心態；而道士施幻術，絕非因王生「陰有歸志」而蓄意挽留之，畢竟第一眼便識破此人心不堅不能吃苦。推思道士施法乃為測試王生心術，看清他是眞心要求道，還是只爲滿足耳目聲色之欲？也爲彰顯道家幻術的寓含的道理。幻術是假，是空，酒色卻對身、心有莫大影響力，因此施術只當徒眾共享的一時調劑，最終還是要回到原來世界早起砍柴：「足，宜早寢，勿誤樵蘇。」

原來，幻術是一時的，只有腳踏實地尋常勞作才是眞實的；

道家之道不在「術」，而在一日復一日最世俗的砍柴勞作，讀經叩理；

修行是修心，不是爲成仙或長生，修行無所不在，在日常瑣事；

長生不是長命百歲，而是眞實清明地活在當下，盡善本務；

沒有眞正的「長生」，活在當下才是眞實的，勤苦力作，才是求「長生」的唯一途徑。

基於如此關鍵性的深意，故作者特別以慢鏡頭的方式「停頓時間」，來讓讀者看清楚道士施幻術的情節在王生心裡激起的水花，那水花反射出好酒色的欲望。

王生爭取權益學穿牆術：SOP操作說明書，外加心理建設的教學

又一月，苦不可忍，而道士并不傳教一本。心不能待，辭曰：「弟子數百里受業仙師，縱不能得長生術，或小有傳習，亦可慰求教之心。今閱兩三月，不過早樵而暮歸。弟子在家，未諳此苦。」道士笑曰：「吾固謂不能作苦，今果然。明早當遣汝行。」王曰：「弟子操作多日，師略授小技，此來爲不負也。」道士問：「何術之求？」王曰：「每見師行處，牆壁所不能隔，但得此法足矣。」道士笑而允之。乃傳一訣，令自咒畢，呼曰：「入之！」王面牆

不敢入。又曰：「試入之。」王果從容入，及牆而阻。道士曰：「俯首輒入，勿逡巡！」王果去牆數步奔而入，及牆，虛若無物，回視，果在牆外矣。大喜，入謝。道士曰：「歸宜潔持，否則不驗。」遂助資斧遣歸。

這是小說第三個情節，王生學長生術不忍其苦，退而求其次，其脈絡是「王生學穿牆術→道士教穿牆術→王生撞牆→王生怒罵」。

情節展開之初是一段王生盤點投資報酬率，討價算計的對話。在他想來「弟子數百里受業仙師……不過早樵而暮歸。」在勞山道觀做了兩三個月白工，老師啥也沒教（其實是老師見他四體不勤，不愛看書，所以沒讓他跟師兄們讀書，只上了體育課），況且「弟子在家，未諳此苦。」

面對王生極力爭取權益和軟中帶硬的申訴：「弟子數百里受業仙師，縱不能得長生術，或小有傳習，亦可慰求教之心」、「弟子操作多日，師略授小技，此來爲不負也。」道士的回應是「笑」，和「吾固謂不能作苦，今果然。明早當遣汝行。」道士因應證了王生嬌惰不能吃苦，早知會放棄而了然而笑，或許還包括對王生不吃虧、斤斤計較的個性而笑。但這都不如王生要求學「牆壁所不能隔」之法可笑，畢竟好逸惡勞不能吃苦是人性，但穿牆的動機目的反映出其人居心叵測。道士之笑，是嘲笑王生妄想穿牆學術，貪婪苟且之心甚於好酒色。

不過，道士還是勉爲其難地滿足王生學術之心。所謂「教無術」、「因材施教」，如果砍柴長生、幻術消遣是道士老子的無言之暗教，那麼穿牆術則是手把手的明教。透過交代清楚的步驟：「乃傳一訣，令自咒畢」、「呼曰：『入之！』」的SOP流程，和王生怯懦時的一再鼓勵打氣：「試入之」、「俯首輒入，勿逡巡！」王生果眞成功穿牆，大喜而歸。

臨走前道士不但給了盤纏「助資斧遣歸」，還再三叮囑：「歸宜潔持，否則不驗。」「潔持」二字是關鍵。「潔」：表示身、心、靈乾淨無塵無邪念、態度肅穆莊敬整齊規矩、遠離酒色，不染名利私欲等塵埃。「持」：把持、維持、保持、堅持，亦即控制身心不斷對抗感情、利益、軟弱之攪擾，長期心志堅定始終如一，在日升月恆的歲月裡內化爲修養、自然表露的「從心所欲不逾矩」。

「潔持」，是全文核心概念，既指修行當心正不邪，不要有私欲雜念、不要有自私自利、炫耀虛榮的心態；也是爲人處世之道：心靈高潔潔身自好、遠離欲望保持專一。

推究此處道士特別強調「潔持」，除卻看清王生學穿牆術的動機不單純，有偷窺、偷財之貪念、想走捷徑之心態；再者，道士透過情色幻術的試驗，王生臉上眼神中透露的心思，已知其人投機取巧，心術不正，這是道士第二次「笑而允之」的心理。

至於王生第一次穿牆時，「面牆不敢入」、「及牆而阻」，乃依認知判斷牆堅硬不可穿。其後成功是因爲依照流程，心念單一忘記現實；而歸家後的撞牆，純粹是炫耀的虛榮心，動機不純正，以致「不驗」。

關於篇名主旨：「勞山道士」vs「王生學道」

小說情節圍繞王生，何以篇名以道士爲主體？

這問題出自王生學道是明線，道士教道是暗線，但以實際作用觀之，道士的重要性足以爲主角。在小說裡，他的角色是修行者（日常生活就是道）、智慧者（通人性、世態、常理），修行高卻低調，樸素地展演何謂修行；教導者示範教學之道，隱喻學習之道、長生之道、踏實潔持的修行之道、處世之道的道者。

道士是個魔術師，哲學家，傾囊相授的老師。至於王生，則是用來凸顯道士形象，作爲學道不堅、心術不正、不吃苦修行卻想長生、自誇賣弄的反面教材，上不了檯面，登不了主角之位。

關於小說顯示「術上有法，法上有道」的概念，可回到道教哲學。道教分以內丹爲主，兼修外丹符籙的全眞派，和以降神驅鬼、祈福禳災的符籙爲主的正一派。嶗山道教以全眞教爲主流，修行兼具儒（理）、禪（性）、道（命）之學，特別強調必須先修「明心見性」之性功，後修「克己、忍辱、清修、自苦」之命功，過「不妻、素食」的苦行生活，從而最終達到「修身濟世、超凡入聖」。因此，小說中的道士個性隨和，有教無類，沉靜寡言，內斂修爲，施術以見道。名爲「勞山道士」，正在彰顯道者的修爲，蒲松齡寄託的境界。

蒲松齡內心小劇場：王生vs傖父vs吮癰舐痔

> 異史氏曰：「聞此事，未有不大笑者，而不知世之爲王生者正復不少。今有傖父，喜疢毒而畏藥石，遂有舐吮癰痔者，進宣威逞暴之術，以迎其旨，紿之曰：『執此術也以往，可以橫行而無礙。』初試未嘗不小效，遂謂天下之大，舉可以如是行矣，勢不至觸硬壁而顛蹶不止也。」

故事結束後，作者由全知全能的小說敘述者，化身爲「異史氏」，這意味不再只是以第三人稱講述故事，而是站在說書人／史家的位置提出評論。「異」，包括《聊齋誌異》內容寫異聞異事、呈現當時皆醉我獨醒，異於世俗觀點的意涵。「史」，代表客觀論述的位置，褒貶社會現象，敘事目的在「究天人之際，通古今之變」，提出放諸歷史不變的普世價值，樹立道德標準。

基於敘事者自我定義，有其判斷角度的史觀。蒲松齡在〈聊齋自志〉：「僅成孤憤之書；寄託如此，亦足悲矣！」表明小說素材雖來自民間傳聞、生活經歷、志怪傳奇的改寫、虛構或歷史事件，但作者實將此書建立在「孤憤」之情、「寄託」之意與冀求「知己」之想三項核心意義之上。顯見他以史家之筆作結，意在批判、諷刺世人世態。故馮鎮巒評點《聊齋》言：「如名儒講學，如老僧談禪，如鄉曲長者讀誦勸世文，……，警戒頑愚……更爲有關世教之書。」蒲松齡故居大門上，郭沫若寫道：「寫鬼寫妖高人一等，刺貪刺虐入骨三分。」

以此，這部分要釐清的是蒲松齡將世間之人分成哪三種層次？進而結合作者所處的時代，以及書序中所言寫作目的，推想此段評論所指及其用意。

根據敘述，作者對整個故事的總結是「聞此事，未有不大笑者，而不知世之爲王生者正復不少」。「大笑」是因爲王生好高騖遠想走捷徑，結果撞牆。但進一步觀看，每個人或多或少都是王生，都帶著短視近利、不能腳踏實地、一心想不勞而獲、好情色享受、容易放棄、缺乏反省而遷怒他人的成分。

作者主力批判的對象是第二類人「傖父」。其人格特質是「喜疢毒而畏藥石」，意謂喜歡如疢毒的甜言蜜語，不愛如藥石的逆耳忠言，一心想以旁門左道達及富貴。

世有傖父，故有「舐吮癰痔」之誘惑者。這類人以吮癰舐痔爲手段，諂媚巴結蠱惑慫恿傖父，「進宣威逞暴之術」迎合其苟且之心，進獻結合「威、暴」勢力的方法，一如當今與黑、白兩道掛勾，憑藉政治界、警法界權力暴力之人脈。給出甜頭欺騙道：「執此術也以往，可以橫行而無礙。」

此言乃諷刺清朝作威作福橫行霸道的政治狀態、官員有恃無恐的心態，寓有警世之意。但在蒲松齡的認知裡，就如這些人就如穿牆，「初試，未嘗不少效」，於是就以為普天下社會都能如此無法無天「遂謂天下之大，舉可以如是行矣」，其結果必然是「觸硬壁而顛蹶」，而這些貪贓枉法之徒非得鋃鐺入獄，其勢不止也。

換你來當作者

從古代神怪到近代奇幻，科幻一直是小說電影重要的類型。在表現技法與情節設計上，除卻空間、事件充滿驚悚風格的奇特性、異化性和光怪陸離的想像，往往寄託了某些寓意。如果你遇見蒲松齡，會跟他PK哪一部奇幻小說（或電影）？請說明你們對話的內容，說明選擇材料的原因及深意。

傾洪荒之力玩出的國際交流

從故宮瓷器、琺瑯器，看帝王引領時尚

名師勞山道士嘆王生嬌墮不成材，笑他貪戀酒色，學穿牆必撞牆。名嘴異史氏正襟危坐地告訴後世這故事，話裡有話。主意其實不在「王生」這類好高騖遠之人，而在諷刺屈躬哈腰逢迎拍馬的黃鼠狼，跟耳根軟智商低的哈巴狗，自以爲走夜路可以橫行一世。於是大家都說這位滿腹實學，鄉試屢不中的老先生，愛聽秋墳鬼唱詩，指桑罵槐評的是社會人心，預言的這些胡攪蠻纏政治人物準會落得終身監禁的下場。

其實，蒲松齡五歲後便是清朝，大半生活在爲政寬仁的康熙盛世。三藩平定，海晏河清政治穩定，人民不再因爲沒飯吃而成流寇，反而因爲皇帝時時明查暗訪打探地方物價、人民收入與官紳不軌之事，日子過得十分舒坦。

後面的雍正、乾隆，看官必然知道也是五穀豐收、人口暴增、百姓額手稱慶的好歲月。趕上航海時代，傳教士、貿易商、工廠老闆和搬運工日夜不息地自廣州出出入入，農業和手工業蒸蒸日上。

仔細推敲這些康雍乾三位滿人皇帝，之所以能在漢人地盤建立富裕強盛的帝國，除卻治國魄力、行政手腕、軍事實力，許多看不見的文化，突破的觀點，才是創造國家高峰的關鍵。就拿康熙皇帝來說，他比明代歷朝皇帝更熱愛和精通漢族傳統文化，親自批點《資治通鑑綱目大全》，還傾國家之力編纂《朱子大全》、《古今圖書集成》、《康熙字典》、《佩文韻府》、《大清會典》，和全國地圖《皇輿全覽圖》。他更是跨領域多元學習的領頭羊，無論在北京故宮，還是承德避暑山莊時時刻刻認眞研究歐幾里得幾何學，學習西方的天文、曆法、物理、醫學，譯成滿文。

不過，這些大部頭的經典篇幅浩繁讀來太硬，且讓我們從杯盞碗盤瓶壺這些微物小玩意，探索皇帝的眼光、格局、企圖掀起的大浪，或許也有番暢快淋漓的門道，窺見國家級的整體思維：

一、皇帝帶頭搞藝術：以國家洪荒之力，催生工藝精品

藝術能蔚爲風氣時尚，必然有賴政治、經濟、文化與傳播支撐，而皇家絕對是推波助瀾的關鍵，因此中央研究院院士石守謙說：「傳統的藝術史幾乎可以說是一部宮廷藝術史。」

走一趟故宮博物院，從青銅器、玉器、陶瓷、琺瑯彩瓷到書畫雕刻，件件背後都是皇家器識的顯現。若遇上皇帝本身便是文青，夾風行草偃之勢，集工藝技術、科技材料運用與文史哲的滲透，則會形成一套從硬體到軟體結構性建立藝術養成、鍛鍊與創造的高峰。

譬如唐玄宗精通韻律舞蹈，熱愛戲曲，成立「梨園」劇校，主編大型群舞《霓裳羽衣曲》、訓練舞馬隊，展現開元昇平表演藝術的盛世。宋徽宗不僅獨創瘦金體，還在翰林院設置書畫院，融詩、書、畫爲一體，並將畫學納入科舉之中，張擇端的《清明上河圖》收納的正是懷想北宋故京之繁盛之景。

明清工藝商業蓬勃發展，宮廷貴族以收藏精品玩意炫耀的買氣，刺激文創商品精益求精，皇家於是設立專門機構供大內需求。如明內廷作坊、清代造辦處，聚集全國巧匠職人，不計成本埋頭研發，促使工藝美術達到巔峰。

至於「按讚狂魔」乾隆皇帝，本著凡看過必留下痕跡的心態處處簽名打卡。其題跋、題詩、鈐印的動機不在評賞書畫本身，而在包裹一層親近漢文化的同時，馳騁個人觀點與滿人霸氣治國理念的意圖。

二〇一六年底移師休士頓的「帝王品味：國立故宮博物院精品展」，讓宋徽宗、南宋諸帝、蒙元王朝、明朝永樂宣德二帝、清朝康、雍、乾三帝，以及清末慈禧太后時期所創作的藝術精品踏出國門，走向美洲。不知夜晚的美術館，這些帝王們會剪燭夜話碧眼金髮世界的新奇見聞？還是烹茶論藝術佳話？

可知的是故宮展出的清宮珍藏，可賞可戀，可讀出十八世紀中西瓷器文化的交鋒，與帝王品味與格調對藝術時尚風格的導引。

二、名牌瓷器是從皇宮實驗室出來的：中國官窯匠人、西方化學鍊金術士

China一詞，註冊了中國是瓷器原鄉的地位。但中國瓷器之所以能比歐洲早千年以上，實乃因爲高嶺土，和含氧化銅、氧化鐵、氧化亞鉛等天然色彩的原料，在燒陶器時形成薄釉。

來自民間的工匠，以及代代相傳的技藝開啓陶瓷窯的規模，而後逐漸擴張爲有名號的窯場、被政府收爲官窯，如宋代汝窯、官窯、哥窯、定窯和鈞窯五大名窯。這時的瓷器，無論是以白色爲主的定窯、發展出雨過天青色的汝窯、淺白底細小裂紋的哥窯，加入銅而泛出青紫、粉藍、紅紫的鈞窯，皆以素色爲主，至明代以後方以彩繪瓷爲主要流行的瓷器。

至於歐洲，則以其一貫科學、理性的探索、實驗而開啓瓷器創造之路。十八世紀啓蒙思潮帶動追求科學知識的風氣，形構工業革命、資本主義的環境並帶動各類研發的風潮。如薩克斯公國的國王奧古斯都二世軟禁鍊金術士，四年之間嘗試用各種材料調製出瓷土，包括大理石、骨粉等頗爲怪異的材料。最後是因爲德國的麥森地區發現高嶺土礦，而在黑洞的探索中看見希望，承續無盡失敗後撞出各種元素的比例，並運用大型聚光鏡，讓窯內溫度可達一四〇〇高溫，終於在一七一一年，歷經三萬次實驗，燒製出了第一批白瓷。

其後歐洲各國發展出陶瓷名牌，譬如礦業家韋奇伍德在英國找到了高嶺土，開發出「黑玄武」的無釉黑色炻器，以及加入牛骨粉燒出色澤純白如大理石，質感溫潤而耐用的骨質瓷器，創立精緻骨瓷聞名的Wedgwood，成爲大使馬戛爾尼獻給乾隆皇帝八十歲壽禮，寄託「可以從在中國取得更多通商港口和建立更多商行」的商業利益現實動機。

另則將蒸汽機應用於瓷器生產，機器取代人工，不僅促成量的擴增，保障品質穩定，也讓瓷器從此由王室走向民間，自藝術到工業化生產的商品，成爲國家重要的產業經濟。

所謂天時地利人和，應之於瓷器、珐瑯器的製作尤其如是。沒有高嶺土就不可能燒出潔白的瓷器，沒有鄭和下西洋帶回的蘇麻離青鈷料，無法燒出線條濃重分明的青花瓷；沒有康熙皇帝看見科學帶動工藝的覺察力，中國將無法開發出自己的珐瑯瓷器；沒有對藝術的摯愛，對精益求精的執著，我們將難以看見交流撞擊產生的火花，以及循環不已間創造出的文明高度。

三、宮廷是時尚的火車頭：大清帝王品味，創造工藝巔峰

在科學改變藝術氛圍衝擊下，喜愛西洋畫珐瑯器的康熙皇帝，以國王數學家名義請來五位法國傳教士。

這場交流互動，開啓了橫跨康熙、雍正、乾隆三朝琺瑯器草創到成熟的歷程。

這是清朝最繁盛的時期，文治武功顯赫，帝王學養深厚文才橫溢，展現出宏偉的眼光器宇，這一份敏銳讓中國以琺瑯與世界接軌。康熙一方面透過傳教士如郎世寧等在皇帝實驗室試作、景陽宮收納試作品；另由民間積極參與，在原有的景泰藍基礎，發展出來官方版摸索、實驗、製造、改良、精進琺瑯、鼻煙壺之路。

當時製作琺瑯器的流程是：先在景德鎮御窯廠特製白瓷胎，再由承做皇家用器的造辦處如意館擬稿，呈核皇帝欽定後，宮廷畫師在白瓷素胎上繪製圖案、以進口彩料裝飾人物花卉紋樣，再窯燒製成琺瑯瓷。若裝飾紋樣或器形不符合皇帝期待，整件文物必須重新進行修改、調整與再製。因此每一件經由造辦處承造的皇家用器，都標誌御製，圖案精緻典雅、色彩明亮瑰麗；每個成品打一出窯便是清代宮廷御用，顯現帝王審美觀和對工藝的追求。

在國阜民安厚土上成章的琺瑯瓷器，興於康熙、盛於雍正，乾隆國事蜩螗而止。各時期的風格既反映琺瑯工藝的進展，也照見帝王氣質。

康熙的琺瑯彩瓷原料全部都是進口，色彩單調，構圖講究對稱，大花大葉塞滿整個空間，反映出王朝的貴氣和雄才大略的霸氣；後期出現宮廷潮色胭脂紅彩，乃在釉中加入「金」元素新創而成，形塑出品質精湛樣式精美的作品。其間最特殊的是山花野菊、藍色小花等有別於富貴意象的大型花紋，題詩曰：「山花野菊喜清風塞北煙光報嶺楓」，乃是皇帝出巡塞北認識的小菊花。

或許受這清新可喜的風格影響，雍正時期把器皿當畫布，以花卉翎毛、山水人物的寫生，勾、畫、皴、染的國畫技法，配以相呼應的題詩、閒章組合，呈現「文雅」、「精細」的特質，同時挑戰多種顏色集於一圖的高難度百彩繪燒製工法、開發出國產原料。

對自我功業極度陶醉與滿足的乾隆除承繼前朝，自認工藝水準可直追漢唐，一方面「法古而不泥古」，融入十八世紀的材料與技法，在仿製古器造形與繁縟紋飾的同時加入重新詮釋的變化。另方面追求高雅的文人生活品味，吟詩賞花時增香的杯碟茶器瓶壺等小品，豐富而精緻。創新之處在馬卡龍系列的糖果色，粉藍、燦黃、水藍、靛紫、湖綠，構圖上以西洋寫實風格和透視之法畫亭臺樓閣、中西人物、水藻錦紋和仙鄉想像，尤其是培養出許多專業職人。

四、工藝魔法：帝王引爆科學、經濟、文化的火花

在〈勞山道士〉這個魔法學校裡，道士作法，賓主連同學徒都看得開心，喝得痛快。但戲法一結束，老師便叮嚀「宜早寢，勿誤樵蘇」，早早收起這神奇遊戲。沒想到現實世界裡，康熙皇帝祖孫三代玩興大發，把這魔法當成國家大事，煞有其事地如法炮製，而且還玩得一發不可收拾。

西方使團獻來銅鍍金亭式規矩箱四面表，康熙皇帝打開底層的兩扇小門，發現三層抽屜裡放著反光鏡、望遠鏡、梳妝鏡、小刀、粉盒。於是他拿著望遠鏡看向西洋科學，在清宮依著洋傳教士帶來的西洋計算器，開始製造手搖計算器。就這麼，康熙、雍正、乾隆皇帝都迷上科學魔法，大量歐洲精緻的科學儀器流入紫禁城，成爲大清國認識西方科技文明的獨特窗口。皇帝玩起儀器，個個都是行家裡手，還出錢養了一堆人天天研究魔法；主導琺瑯瓷器宮廷藝術，展現出世界性的眼光，與西方接軌的開放心胸。

所謂「上有好者，下必有甚焉」，皇帝親自帶頭，不惜成本傾注人力、財力，引入西方文化與藝術的行動頓時風生水起。

今天，我們追尋歐洲小販的商旅流浪，會發現那是一段經濟發展與文化傳播的痕跡。從宮廷出來的法國

時尚文化，打造頂級精品名牌榮耀的冠冕，人們追逐炫富的背後，其實是自我感覺皇家貴族的上流感。面對國寶，在精緻富麗的藝術成就背後，更會驚訝於帝王追求高雅的文人生活品味與格調，左右了一個時代的主流審美取向。而在工藝技法上不斷試驗、創新，超越古今高峰的企圖，更帶動世界經濟文化交流的影響，例如著名青花瓷的裝飾紋樣、乃至用料取材自伊斯蘭世界；中國瓷器刺激歐洲做出自己的瓷器。是以，小小的瓷器之「物」不僅是美學文化載體，更是一本全球貿易經濟史，一段段發明與創新的工業發展史和國力國威的象徵。

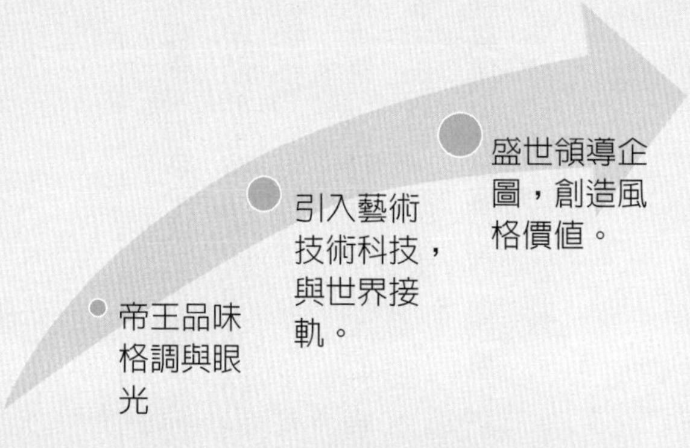

帝王品味格調與眼光
引入藝術技術科技，與世界接軌。
盛世領導企圖，創造風格價值。

一分鐘透視康雍乾大清帝王

文明的進步與文化交流往往始於不起眼的觸機，但要形成巨大改變，勢必需要政治、經濟、科技等複雜的系統性的因素。譬如葡萄牙航海家將中國瓷器帶至歐洲，掀起貴族收藏的旋風，引起後續研發、創造的一連串工藝發展。

類似連鎖反應的還有農耕方法的改變，提高單位面積產值，解決吃不飽的問題；勞動的分化、科技發明、統治階級與社會階級流動，牽繫自由、平等人權、正義意識的追求。

請以「一項改變人類的東西」為題，探究其所以能具藝術性、市場化的原因和影響。

臺灣篇

勸和論
鹿港乘桴記
畫菊自序

勸和論

（議論）

共享互利的王道

爲了利益最大化，我們必須化干戈爲玉帛

「十去六死三留一回頭」這句臺灣諺語，道出當年渡海來臺險境重重的狀況，但成功克服黑水溝的險濤、戰勝心理恐懼，接下來的問題是如何在異地存活？留下來的人，在腐敗的官員壓迫下，會發展出什麼樣的相處模式？

基於團結力量大，互相照顧會獲得彼此追求的利益，故留下的人選擇成爲他鄉生命共同體，以合作的方式創造最大的生存條件。這正是當時來臺的移民會集合同鄉而成聚落的現實因素。

鑑於同船共渡，九死一生的患難之情，和「人不親土親，河不親水親」的土地共同情感、同鄉親切感，再加上同到異鄉謀生的生命情境、結親攜友來臺的關係，形成集合同鄉宗族的聚居。然而「同鄉雖共井」，面對不同族群之間語言風俗和習慣的差異，尤其是搶爭地盤和爭地、爭水等糾紛，動輒擦槍走火拳腳相向，久而久之演變成相互劃清界線、壁壘分明的仇恨，夾雜個人私怨的報復行爲。

這時，你定會提出公權力爲何不出手擺平紛亂？清朝政府怎不提出有效的管理、規畫制度，確保每個人民人身及財產安全？的確，洛克《政府論》告訴我們政府會保護這個國家裡每個人的自然權利，維護自由和平、樹立正義、保障安全和促進公眾福利。

遺憾的是清朝政府因爲鄭成功以臺灣爲基地，打心底認定臺灣人的政治立場是反抗派，於是頒布渡臺禁令限制，和種種防備封鎖壓迫移民。結果生存不易的閩粵人冒險偷渡，朱一貴、林爽文、戴潮春等殺官掠伐，清廷於是利用分化政策弭平抗清民變，使閩、粵或是泉、漳之間互相牽制。爾後各鄰近地區內的平民爲了在各種名目的亂事中求得生存自保，高舉「祖居同源」的旗號，團隊結盟鞏固勢力，導致原本爲經濟利益的衝突，演變爲各方擁勢自重壁壘分明的對峙，康熙至光緒六十次集體械鬥手段凶殘，範圍由南而北推移擴大，社會失序。

當族群紛爭蔓延成許多地方動盪不安時，你會如何實踐知識分子的社會責任？

當地方械鬥衝突造成兩敗俱傷時，你會提出什麼對策勸雙方偃旗息武？

以土生土長的臺灣人身分，通過殿試的「開臺進士」鄭用錫而言，其先人於明末清初從福建漳州到金門，而後遷至苗栗後龍開墾，秉持著「勤奮節儉，團結和睦」的族群生存法則，以經商致富，事業版圖擴及竹塹城，道光年間已成淡北（指新竹以北）三大望族之一。鄭用錫深感後龍漳泉械鬥不斷，咸豐三年（一八五三年）發生爭取艋舺碼頭泊船商貿權利的頂下郊拚，新莊、艋舺的漳、泉、粵分類械鬥尤其激烈，死傷慘重。於是以知識分子、調解者的身分，親赴各村莊排解，並寫下〈勸和論〉勒石於後龍，呼籲停止械鬥，共存共好。可惜終不能勸息紛爭，一八五五年，新莊艋舺縣丞署焚燬毀，艋舺漳州同安人敗走大稻埕，另建新市街。

課文X光

政權歷史、移民文化、生存條件、世運情勢

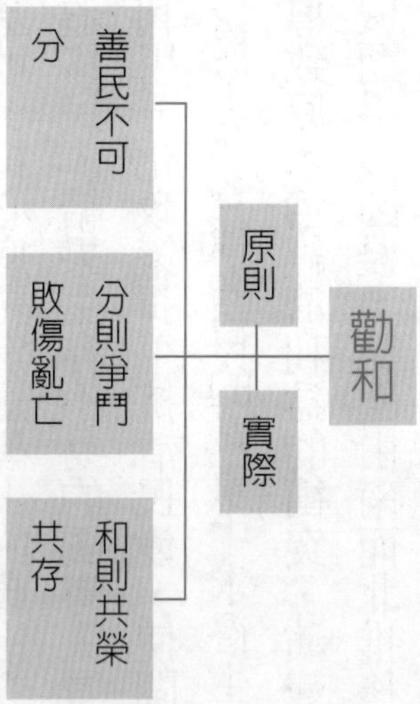

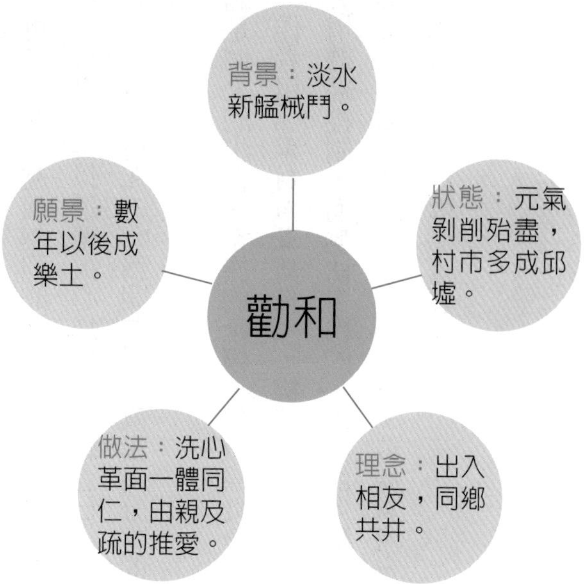
勸和
背景：淡水新艋械鬥。
狀態：元氣剝削殆盡，村市多成邱墟。
理念：出入相友，同鄉共井。
做法：洗心革面一體同仁，由親及疏的推愛。
願景：數年以後成樂土。

傾聽古文的聲音

「分」是衝突的關鍵：從匪徒到君子，從兩敗俱傷到意識形態的漸進式毀滅

> 甚矣人心之變也！自分類始而其禍倡於匪徒，後遂燎原莫遏，玉石俱焚，雖正人君子亦受其牽制而或朋從之也。

基於寫作的動機目的在「勸和」，作者於首段追根溯源，指陳「分」的原因、結果、影響，奠定整篇論述的背景、方向和迫切性。

針對因地、因水、因族群、因文化、因利益而爭鬥的問題，鄭用錫以地層剖面圖的方式呈現分類始「倡於匪徒」→發展爲「燎原莫過，玉石俱焚」→影響的結果是「雖正人君子亦受其牽制而或朋從之也」，顯示分類之禍會造成的全面性毀滅的現象、滲透人心的後果。

鄭用錫對社會長期觀察，歸納出「始、後遂、雖……亦受其牽制而或朋從之」的線性進程軸，暴露出漳泉械鬥情勢非但不可逆，而且越演越烈的狀態。同時，剖析鬥爭由「匪徒」到「正人君子」的演變，顯示分裂爭鬥已失去理性，行事不再以道德人心爲依歸，社會已沒有是非對錯，只有立場。這正是他最憂心的焦點，因此文章以「甚矣人心之變也！」爲開頭語，直指「分」的關鍵和後遺症在於人心不再質樸善良，而變得好狠惡鬥。

市井之人謀求的是個人的生存、家族的延續，但做爲社會良心的正人君子思慮的，應是眾人的幸福、道德正義的社會倫理。作者用「牽制而或朋從之」描述受影響的情況，指出本該息亂解紛的仕紳，竟被盲目的群眾「牽制」，被人情纏綑控制，而無法自由的，冷靜的判斷是非。甚至以「同鄉」爲「選邊站」的首要考量，導致無分賢士莽夫，在非理性的「朋從」之下，各據黨派意識結隊成行，造成小區域的問題演變爲集體械鬥，「燎原莫過，玉石俱焚」的毀滅屠殺。

「分」的基點在道德而非省籍：同鄉共井合為一體，避免自相殘殺

> 夫人與禽各爲一類，邪與正各爲一類，此不可不分。乃同此血氣，同此官骸，同爲國家之良民，同爲鄉閭之善人，無分土，無分民，即子夏所言四海皆兄弟是也。況當共處一隅，揆諸出入相友之義，即古聖賢所謂同鄉共井者也。在字義，友從兩手，朋從兩肉；是朋友如一身左右手，即吾身之肉也。今試執塗人而語之曰：『爾其自戕爾手！爾其自噬爾肉』！鮮不拂然而怒。何今分類至於此極耶？

鄭用錫理解爲生存利益而劃清界線、區分類別是群體衝突的主因，故此段針對此提出分的原則在本質而非外在，在良善而非從哪個地方遷移而來。

爲闡釋這個觀點，作者的策略是據此說明「同此血氣，同此官骸，同爲國家之良民，同爲鄉閭之善人，無分土，無分民」，藉以鋪墊「一國之人不可分」、彰泉之人分土（原居住地）、分民（姓氏、宗族、職業團體）之謬誤。另方面巧變「朋」、「友」字形，透過形象化的比擬，衍生出「朋友如一身左右手，即吾身之肉也」，落實漳泉的分類械鬥無異於是「爾其自戕爾手！爾其自噬爾肉」。

這兩層論述導出的結論是「彰泉之人如朋友，如左右手，都是吾身之肉」，歸納出以居住地認同、國家整體意識取代原鄉情感的認同，「共處一隅，相友之義，同鄉共井」的相處之道。

爲加強此觀點的永恆性和崇高性，拉出「子夏所言四海皆兄弟是也」，「即古聖賢所謂同鄉共井者也」，揭舉論點，順勢質問「何今分類至於此極耶？」違逆聖賢一視同仁，天下互愛的傳統。

不過「四海之內皆兄弟」，是否等同於「同鄉共井」，二者之間是否存在衝突？彰泉各自「同鄉共井」

具出入互相照顧的深情重義，卻不視彼此爲兄弟相親，因此有些版本的敘述是「揆諸出入相友之義，古聖賢所望於同鄉共井者，各盡友道，勿相殘害。」補充了「各盡友道，勿相殘害」這兩句，便可弭平此距離，完整的表現出因「同」爲鄉、「同」爲友而「共井」，而不再相互「殘害」之意旨。

「分」的背景與現象：指陳時弊，批判誤謬

> 顧分類之害甚於臺灣；臺屬尤甚於淡之新艋。臺爲五方雜處，自林逆倡亂以來，有分爲閩、粵焉，有分爲漳、泉焉。閩、粵以其異省也，漳、泉以其異府也。然同自內府播遷而來，則同爲臺人而已。今以異省、異府若分畛域，王法在所必誅。矧更同爲一府，而亦有秦越之異！是變本加厲，非奇而又奇者哉？夫人未有不親其所親，而能親其所疏。同居一府，猶同室之兄弟至親也，乃以同室而操戈，更安能由親及疏，而親隔府之漳人、親隔省之粵人乎？

這篇文章的起始點在社會問題，因此作者承前兩段概念性闡釋之後，回到從歷史分析臺灣由五方雜處，到閩粵、漳泉分裂的時間在「林爽文亂後」；分化的情況有以省劃清界線的閩、粵之分，和以府區隔的漳、泉之分二類。

針對此荒謬的分裂，作者以「然」一字將筆鋒一轉入「異省異府皆同自內府播遷而來，則同爲臺人」的論點，這是站在前段「同爲國家之良民，同爲鄉閭之善人，無分土，無分民」、「況當共處一隅，揆諸出入相友之義，即古聖賢所謂同鄉共井者」的基礎之上，提出的原則。進而發展出同是移民應該「親其所親，而能親其所疏」，那麼「同居一府，猶同室之兄弟至親也」。

根據這批判族群分化的理由，作者針對今天「異省、異府若分畛域」、「同爲一府，而亦有秦越之異」，因地緣的分裂狀況，一方面怒斥「王法在所必誅」，二方面指責漳泉械鬥是「同室而操戈」，難以期待「由親及疏，而親隔府之漳人、親隔省之粵人」。

這段就移民歷史、生存環境、情感心理分析問題，但基於鄭用錫無官職，而是地方具名望的知識分子，故提出的解決之道並非實務性、政策性的具體方案，而是重申分／不可分的原則、法律懲治的警示，以及「血脈相同相親共好」、「同鄉共井合爲一體」站在道德與倫理情感的理由，論述勸和。

「分」的弊禍與責任：玉石俱焚，咎由自取

> 淡屬素敦古處，新、艋尤爲菁華所聚之區，遊斯土者，嘖嘖稱羨。自分類興，元氣剝削殆盡，未有如去年之甚也！干戈之禍愈烈，村市半成邱墟。問爲漳、泉而至此乎？無有也。問爲閩、粵而至此乎？無有也。蓋孽由自作，釁起鬩牆，大抵在非漳泉、非閩粵間耳。

邊沁功利主義的倫理學認爲最正確的行爲是將效益達到最大，而所謂的「效益」就是避免痛苦，傾向得到最大快樂。穆勒重視總體功利的功利原則，爲追求總效用最大化。休謨在《道德原則研究》中寫道：「在所有的道德判定中，人類的總體效益都應當是最重要的因素。」這些論述說明至善之舉就是能夠促成最多數人的最大幸福的行動，極端的邪惡也就是導致最大痛苦的行爲，因此人應該遵守效用最大化的規則，根據其可能的結果選擇行爲，追求眞、善、美等過程達到大眾認同的快樂而非一己之快樂。

「臺灣淡水之新莊、艋舺分裂」的現實景況，是寫作的觸發點。如果以功利的角度審視分類械鬥的結

果，當原本淡水、新莊、艋舺等菁華所聚之區，因此「元氣剝削殆盡」、「干戈所及之村市半成邱墟」，無疑是不合個人，也不合集體快樂與生存效益的結果。因爲異地、異府的分類是違反功利原則的選擇，故在這場「燎原莫遏，玉石俱焚」兩敗俱傷自戕自伐的鬥爭中，「孽由自作，釁起鬩牆，大抵在非漳泉、非閩粵間耳」，顯然每個人都是受害者，也是加害者。

這種極端分類的紛爭，違反至善的做法是導致最大痛苦的行爲，因此接連三段敘述都以感嘆、詰問的口氣，凸顯出「勸和」的心意和憂國憂民沉痛憤慨的情緒。

從不和到和的漫漫長路：呼籲扭轉人心，一體同仁團結共好

自來物窮必變，慘極知悔，天地有好生之德，人心無不轉之時。予生長是邦，自念士爲四民之首，不能與在事諸公竭誠化導、力挽而更張之，滋愧實甚。願今以後，父誡其子、兄告其弟，各革面、各洗心，勿懷夙忿，勿蹈前愆，既親其所親，亦親其所疏，一體同仁，斯內患不生、外禍不至，漳泉、閩粵之氣習默消於無形。譬如人身血脈，節節相通，自無他病；數年以後，仍成樂土，豈不休哉！

這段總結前述對械鬥的觀察分析、共處原則，肯定五方雜處的移民本質良善，在經歷族群對立「械鬥四起、爭戰仇隙、市爲廢墟、元氣喪盡」的結果之後，終能「物窮必變，慘極知悔」，轉變人心，促成最多數人的最大幸福的行動。

鑑於官府並不主動積極介入械鬥，身爲仕紳的鄭用錫因而挺身勸「和」。「予生長是邦，自念士爲四民

之首，不能與在事諸公竭誠化導、力挽而更張之，滋愧實甚。」表明寫「勸和」之文是出自知識分子的社會責任、道德實踐，也說明自己不在官職之位，無法做出強制有力的改變。

但鄭用錫清楚的洞見在資源有限、欲望無窮的分類糾紛中，「時間」並不能治療一切，病態的認知會一直拖延融合的進展，因而提出從思想上釜底抽薪的做法是：「父誡其子、兄告其弟，各革面、各洗心」，從家庭開始的教化薰陶，讓「漳泉、閩粵之氣習默消於無形」。

其次是記取社會秩序失衡的經驗教訓，「勿懷夙忿，勿蹈前愆」放下仇恨盡釋前嫌。最重要的是「既親其所親，亦親其所疏，一體同仁」，基於四海之內皆兄弟、出入相友的族群融合，使臺灣成爲和諧共處的樂土，而非「內患生，外禍至」的集體毀滅。

或許鄭用錫心知肚明一篇文章無法打開因原鄉情感而分類的情結，難以弭平長期以來因利益而爭的地盤之鬥，但他必須以讀書人的使命感，表達觀點，堅持立場。畢竟，發聲代表思想主張，何況身分、職業的傳統社會聲望，會產生月暈效應的影響。

馬丁．路德．金恩〈我有一個夢想〉中，期待有一天人人生而平等，在不是以膚色，而是以品格優劣來評價的國度生活。這篇文章裡，鄭用錫也站在道德的制高點，共榮共利的切入點，勾勒出不以省籍、姓氏、宗族、職業分類，而崇尚推己及人，仁愛天下的願景。

臺灣是多元族群的移民社會，從閩粵、彰泉到國家認同，由「經濟版圖的墾殖」到「權力版圖的爭奪」，臺灣一直存在著族群分類、黨派意識形態的問題。

針對當時的械鬥，除這篇文章，官員藍鼎元也曾寫過〈諭閩粵民人〉，呼籲「汝等客民，與漳泉各處之人，同自內地出來，同屬天涯海外、離鄉背井之客，為貧所驅，彼此同痛。幸得同居一郡，正宜相愛相親，何苦無故妄生嫌隙，以致相仇相怨，互相戕賊？」

你認為二人的論點，能造成什麼影響或改變？

小市民聽見不一樣鼓聲之後

把異鄉住成家鄉的移民史

如果你去過外島，定會發現有許多洋樓建築，譬如澎湖白沙的鎮海洋樓、金門白色巴洛克式的陳景蘭洋樓、大氣高挑的陳詩吟洋樓、陳清吉洋樓……這都是當地人遠赴南洋打拚發跡致富的鐵證，標誌衣錦還鄉，光宗耀祖的成就和落葉歸根的期盼。

如果你稍稍留意，必然會看見老社區裡有宗親會、宗親祠堂。若是回溯歷史課所學的臺灣史，處處都是移民的路線圖：臺南安平鄭氏王城、原籍福建漳州的海盜顏思齊引率移民自笨港登陸，開始漢人開墾嘉義的歷史。唐山過臺灣的移民自淡水登陸，順水而上至艋舺，由地名鮮明的船，可想像當初舢舨船影滿懷好奇的興奮眼神。因爲漳泉械鬥，泉州人於是順淡水河上行至大稻埕，做起國際貿易，炒熱了臺灣經濟。至今仰視迪化街上連棟的巴洛克建築和堂號、商號，依然可想見當初南北貨、遠來香料、布料在這飄逸的人氣、香味，和富甲一方的風光。

其實，這世界移民的腳步從未停歇過，大航海世紀的西班牙、葡萄牙殖民南美；英國殖民了印度、緬甸、錫蘭、馬來西亞、新加坡、香港，法國殖民越南；自歐洲大陸的移民建立了美國、加拿大……，乃至因爲兩次世界大戰、中東內戰、蘇聯與烏克蘭戰爭所導致的數百萬計難民，印尼、越南、菲律賓因婚配來臺的新住民。無論是政治、經濟或個人生涯規畫而選擇的人口移動，對於輸入國得到資本與專業技能，在創新、前瞻產業發展、深耕拓展與提升價值。

且讓我們翻開近三百年中國人的移民歷史，思索他們在新的土壤上撞擊出的大章節，歷程中所捲起的小詩篇，飄揚起的文化民俗。

一、海外冒險打拼天下：從為生存出走南洋，到發跡致富置產的僑民

話說沿海的廣東、福建多丘陵，耕地有限無以維生，只好本著靠海吃海的野性，順風下南洋。明朝鄭和下西洋、明清海禁、清末民初戰亂頻仍，擴爲大規模地避難的移民潮。再加上英國、荷蘭殖民統治南洋，歐洲工業革命的需求，爲吸引勤奮節儉、刻苦耐勞、重視倫理傳統的華工，推出一系列優惠政策，小自免費提供土地、臨時住屋、糧食、交通，大到永久居留權。

東南亞華人是海外華人中最大的一個群體，他們絕大部分是當年下南洋的後裔。他們的祖先深信學者高事恒《南洋論》所言：「南洋腹地，虎豹犀象，千百成群，孔雀鳳凰，飛翔九皋，一入內地，森林蔽空，果實累累，土地肥沃，幾可不耕而獲。如此美麗境界，絕非吾人所能想像，只要吾人肯吃苦耐勞去做，成功之機會甚多。」以及曾出任清朝駐新加坡總領事的黃遵憲，在〈番客篇〉所寫：「長袖善新舞，胡盧棄舊樣。千帆復百箱，百貨來交廣。……即今論家貲，問富過中上。」勾畫出一片豐饒樂土，人人有發財機會的圖景。

一波波閩粵為主的移民在現實生活所迫、掮客利誘和種種關於南洋物阜民豐、黃金鋪地的想像下，勇敢走向遠方。這些懷著淘金夢的移民在異地，由苦力、小販，到開店、經營企業；自收購當地土特產銷售，到建立中國與海外的商業網絡的跨國貿易；從二等公民、低調從事南洋種植業、工礦業、手工業、農業、漁業艱苦創業積累資本，到與殖民政府合作礦業、地產、金融，將重要的經濟命脈控制在自己手中，成為當地經濟開發的主力軍。如總督承認馬來半島的繁榮昌盛，皆華僑所造：「馬來諸邦之維持，專賴錫礦之稅入……錫礦之工作者，首推華僑。彼等努力之結果，世界用錫之半額，皆由半島供給。彼等之才能與勞力，造就今日之馬來半島。」這些像魯賓遜一樣勇敢的移民，篳路藍縷胼手胝足，從最底層的奴隸、三等公民爬上企業家的路上盡是斑斑血淚。

二、淘金夢上的苦難：從飽受屈辱的苦力，到建立華裔中國城

一八四八年第一批華人從廣東珠江三角洲湧入舊金山淘金，當洗衣工、搬運工，成為修建太平洋鐵路的主力，然後當農民。到一八九〇年，共有三十萬人左右的華人到達美國，投入西部開發。

儘管金礦歸屬權的多次集體罷工、工人聯盟鬧事、白人以重稅剝削——中國勞工每個月只能六美元收入，卻要收取三美元稅。有些不肯交稅的人因為不懂英語而遭到槍決，華人移工飽受曲折艱辛的苦難與處境卑下的羞辱，仍忍氣吞聲地求生存，但南北內戰後百業蕭條，失業的南方人無情地把矛頭指向華人。一八八二年美國國會因此通過「排華法案」，這個歧視排斥某特定族裔的法令，明文規定華人不可入境美國，在美國的華人，離境後禁止回來。

一九一〇年至一九四〇年間，大約有十七點五萬名華人移民先後被關押在舊金山天使島移民站，這是他

們前往「金山」的最後一站。有的被拘禁在島上數年等待入境審查，百分之三十會被遣返，木樓牆上百首漢詩是這三十年間被囚禁在此地無名華人的心聲：「美有強權無公理，囹圄吾人也罹辜。不由分說眞殘酷，俯首回思莫奈何。」「乞巧少四日，搭輪來美洲。光陰似箭射，又已過涼秋。屈指經數月，尚在此路頭。至今未曾審，懸望心悠悠。」漫長苦悶的等待和思家，忐忑憤恨的心緒盡在其中。

直到一九四三年中美同爲二次大戰同盟國，通過每年允許一百零五名華人移民入境美國（學生、旅遊、公務，商務不在此限），以表示友好。一九六五年「移民與國籍法案」，通過全世界各國的移民名額應一視同仁的決議，華人才得到相對合理的待遇。

今天倫敦有中國城、日本韓國有中華街，美國紐約、舊金山有唐人街、華語報紙出刊、華裔參政，新一批知識分子的移民以進入各行各業重新洗牌實現夢想。

三、唐山過臺灣：從移民，遺民到在臺灣落地生根的經濟開墾、文化交流

相對閩粵人口稠密，臺灣地廣人稀、僅隔一條海峽，故成爲移民的樂土。大陸移民來臺可遠溯隋唐，明鄭後大量人潮湧入，有計畫地由南而北開墾。

泉州人以冒險、開創的海洋個性，搶先渡海開墾，占據沿海港口、平原河川，如安平、鹿港。隨後而來的福建南靖、平和、詔安、龍溪「漳州客」只能選擇蛋黃區邊緣、靠山區的畸零地與丘陵，形成「海口多泉，內陸多漳」的現象。晚點來的廣東饒平、大埔的「潮州客」，和客家人遂退向更遠更深的山區和荒地，如苗栗、高雄美濃六龜。這樣的劃分，看似合理，卻埋下日後因利益摩擦而萌生糾紛，但也因此各自開發而形成多面山頭的局面。

以板橋林家爲例，第一代於清朝乾隆年間（一七七八）自福建漳州龍溪落腳臺北新莊。林平侯受僱於米商鄭谷家，得東家賞識資助自立門戶，經營米業（王永慶發達與之相似）。富遠見而善於帷幄的他跨足鹽業、運輸貿易。林爽文事件中物價暴漲，因緣際會致富，後迫於泉州人威勢遷居桃園大溪，建方形石城自衛。同時修築永豐圳、大安圳灌溉一八〇〇公頃土地，利用大漢溪至淡水河的航船帶動當地樟腦、米、茶業銷往大陸的貿易。並遠及三貂嶺、宜蘭，打通淡蘭孔道，坐擁五〇〇〇多公頃土地。一八〇六年捐官署南寧府知府、柳州知府，建立起林家商業版圖堅實殷厚的基底。子孫克紹箕裘持續擴大基業，爲平息漳泉械鬥建文昌寺、創立「大觀義學」教育子弟。

至於隨著明亡後鄭成功來臺的遺民，堅持「義不帝清」的信念，如李茂春、沈光文、洪棄生、丘逢甲，則創辦詩社凝聚當地文士創作維繫漢文化，堅決不妥協而離臺。另有與新政權互動的「棄地遺民」，如李春生、連雅堂。

這些文人也在往返中國、臺灣、日本、南洋的漂泊離散，仕隱進退之間形成文化流動。如以教書爲業的許南英，曾應唐景崧之聘協修《臺灣通志》，乙未之役任臺南「籌防局」統領，後爲謀生計前往廈門、汕頭等地，不順遂又回到中國，經友人介紹前往蘇門答臘棉蘭爲張鴻南撰寫傳略，病逝於寓所。出生於福建的邱菽園，八歲移居新加坡，科舉落第，斷了應仕之路，遂以創辦報紙、接待康有爲、丘逢甲、許南英等詩人交好。

四、兩敗俱傷不如握手言歡：從械鬥、民俗信仰到融合共榮

清領時期，臺灣社會動亂主要源自民變和械鬥。民變爲統治者和被統治者因政治權力衝突而發生的叛

變，而械鬥多是漢族不同族群因利益糾紛而爆發的武裝衝突。

清朝地方官員對於械鬥通常抱持著不主動介入的態度，從有限的統計資料看來，閩粵、漳泉為當時械鬥的主要族群，雙方因土地、水源及財產爭奪點燃戰火。槊厝、搶劫、擄掠的結果是毀莊滅村血流成河，彼此仇隙越結越深。無怪乎鄭用錫會在一八五三年寫下〈勸和論〉勸諫時人，族群之間應以和為貴，不要再掀起戰端，造成社會動盪與性命損傷。

械鬥，不僅造成人力及經濟上的損失，若被官府抓到，殺人者將處以砍頭，攻莊搶奪者則充軍或流放到四千里外當奴隸，即便沒傷害人，只要參加鬥毆就杖打一百下，流徙三年。這些懲罰迫使敵對的族群思索最大利益的方式，以遷徙、聯盟降低衝突，同時在土豪列紳對治安的支持下，近百年的械鬥逐漸在社會經濟的改變、通婚、水圳開鑿等因素下消解。

寺廟，也是三百年多來閩客移民拓墾開發史，基於「六死三留一回頭」的不安感，和來臺開墾所經歷的械鬥、水土環境，移民紛紛興廟奉神祈求庇佑。清朝康熙、雍正、乾隆期間，雙北最早開發的是新莊、萬華、板橋三個平原區。廣東的客家人來到新莊，蓋了三山國王廟；與閩客械鬥後，客家人往桃竹地區遷徙，在該地另起廟。漳州人信奉開漳聖王，大溪、內湖、板橋、中和、新店、金山、基隆、宜蘭都見之，可窺見開墾分布區域的情形。

來自安溪、同安、三邑等地的泉州移民，各有信仰。種茶的安溪人信仰清水祖師爺，由淡水、三峽、新店屈尺祖師廟可勾勒出他們往丘陵而居種茶維生的足跡。又因張巡護佑械鬥勝利、防原住民出草和農作病蟲害，成為開方瘟神坐鎮茶園，故沿著景美溪流域的景美、木柵、深坑、石碇，一路都有保儀尊王廟。同安人拜保生大帝，大龍峒、蘆洲、樹林可見其居住軌跡。

晉江、南安與惠安三邑擅於把臺灣盛產的稻米、茶、樟腦賣到大陸，再載回福州杉木、泉州花崗石等通商貿易，故凡港口之處的萬華、東港、基隆都有青山宮、龍山寺和守護航海的王爺信仰。

一分鐘透視移民

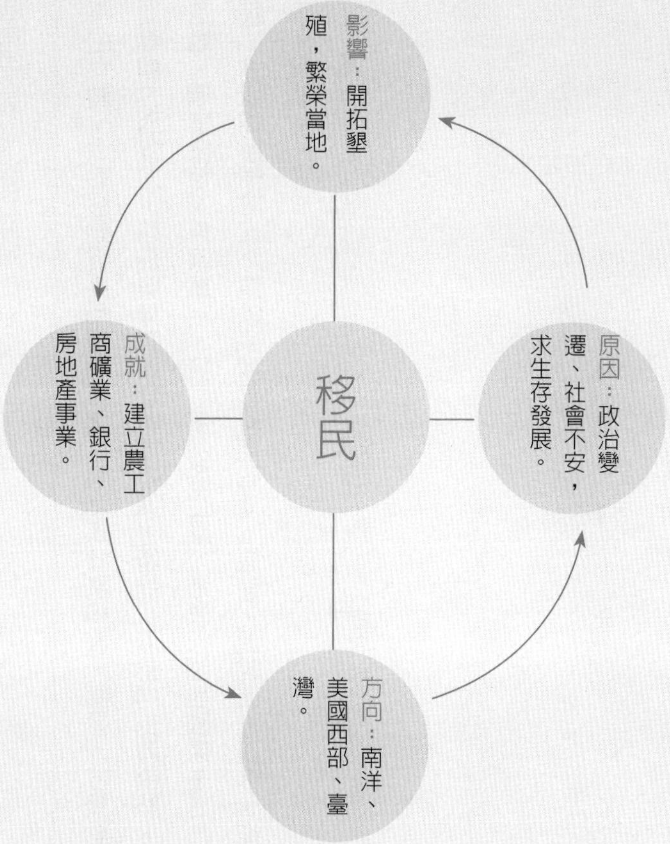
移民
原因：政治變遷、社會不安，求生存發展。
影響：開拓墾殖，繁榮當地。
成就：建立農工商礦業、銀行、房地產事業。
方向：南洋、美國西部、臺灣。

當「世界是平的」時，人的移動變得頻繁而日常，而追求發展機會一直是人才流動、移民異地的主要因素。隨著時代，移民從靠體力到智力，越是擁有高智慧與技術者，越能在流動中創造優勢，因此人才由相對落後混亂國家移動到政策寬鬆、環境穩定、經濟富裕、發展優勢的企業、地區與開發國家是必然情勢。

如果你要移民，會選擇哪個國家？請以「我想移民到**」為題，說明審視條件、能力，預想會遇到的問題及準備，和移民的原因與期待。

鹿港乘桴記

（記敘）

千錯萬錯都是歪樓邏輯的錯

原來交通可以讓一個地方改頭換面

傳說月中有桂樹，故以「桂」借指月亮，洪家於是將這男孩取名為洪攀桂，想來希望他具吳剛伐桂的精神。後來本著「同訓」（名與字意義相同字）的原則，取字為「月樵」。這番浪漫的神話勵志，果真讓他捧回秀才第一名，獎金多到可以濟貧。

怎奈他生不逢時，正想乘勝追擊攻下進士榜，一紙馬關條約，臺灣淪為日本殖民地，所有像他一般懷抱學而優則仕，藉以施展經世濟民宏圖的志士，都陷入亡國的屈辱悲憤。

與黃宗羲、王夫之並稱「明末三大儒」的顧炎武，因明亡而由顧絳改名為炎武；洪攀桂也在投筆從戎，與丘逢甲、許肇清等捍衛臺灣民主國潰敗後，改名為繻，字棄生——源自《漢書．終軍傳》「棄繻生」的典故。繻者，割裂的帛邊，出入關隘的憑證；棄生，表拋棄生命，置死生於度外，寓含為勇毅豪士，不忘恢復故土之志，這似乎冥冥之中與吳剛隨砍隨合，永不休止的命運相應。

三十歲那年臺灣割讓給日本，洪棄生採取「不合作、不妥協」主義，官方要求講日語，他不學不說，也不許兩個兒子進入公學校接受日本教育。日本人推動日本年號，他以清國遺民自居，讀漢書，教漢學，寫漢詩，用干支紀年。日本人找他當官，他閉門謝客，決意隱居寫詩爲文諷刺批判抗日；日本人要求短袖窄衣和服西裝，他搖著大蒲扇一身長袍馬褂，我行我素地過中國傳統老派小日子。

今人剪髮隨心情、趕流行、爲造型。古人把髮型、服飾當成文化認同、國族意識的符號，故孔老夫子盛讚管仲九合諸侯一匡天下，讓中原免於「被髮左衽」的夷狄之手。想當初滿清下達薙髮令，限期剃頭留辮，不可束髮，多少漢人秉持「髮在人在，髮亡人亡」，寧可斷頭也不剃光頭留小辮子。兩百年後的洪繻自認是清朝人，以護髮象徵民族文化認同，所以拒絕日本剃髮。豈料躲躲藏藏，還是躲不過日警闖入家，卡嚓一聲，辮子沒了。那一年，他五十歲，哭著寫了好幾首詩和辮子訣別，從此披髮度日，不是閉門讀書著書抗日，就是組織吟社，成立文會，藉吟詠唱和延續漢學與文化，抒發遺民家國滄桑之感，表達強烈的抗議之聲。

沿著臺灣北、西部海岸，以「港」標誌的地名有宜蘭烏石港、彰化鹿港、雲林北港、嘉義新港、屏東東港；因港口貿易發達的地方有彰化北斗、雲林西螺；臺南鹽水、安平等。二、三百年前，它們都是赫赫有名的國際貿易港，擔負與對岸各地區貿易往來，和島內各市場圈物質流通的重任。船舤舢舨如一朵朵水母在江河上漂湧，等著運出搬入的貨物堆積如山，工人、郊商在碼頭上忙著送貨驗貨談交易，日入斗金的富商在港邊蓋起綿亙不絕的街屋，燃燒出一片繁華榮盛的喧囂。如今提起這些港，大家想到的不是天后宮、東隆宮，便是廟前小吃，殊不知這些香煙繚繞，庶民美食都源自一段璀璨輝煌的船運歷史，這些港口在臺灣發展上都具有不可輕忽的地位。

洪繻是鹿港人，寫鹿港絕對最接地氣，也最道地，尤其是滿肚子文史學問傾注的〈鹿港沉桴記〉。有人說這是篇與友人乘坐竹筏遊覽鹿港，感慨清朝到日治時期昔盛今衰的遊記；有人指出「桴」是木筏或竹筏，以「沉桴」為題，寄託「道不行乘桴浮於海」的心情。或認爲諧音「沈桴」，同時意指船業沒落，剖析鹿港對渡泉州的官方口岸經貿，隨著港道淤塞、縱貫鐵路未經該地，導致人口逐漸外流、商業衰頹；有人認爲是藉由盛而衰的地景指桑罵槐，批評日本海關苛酷、鹽田興築不當、市區改正計畫政策錯誤，藉以傾瀉滿腔不平之氣。

且讓我們透過文字，走入洪繻的心裡，探究這篇文章批判、感傷背後的寫作的意涵與目的。

課文X光

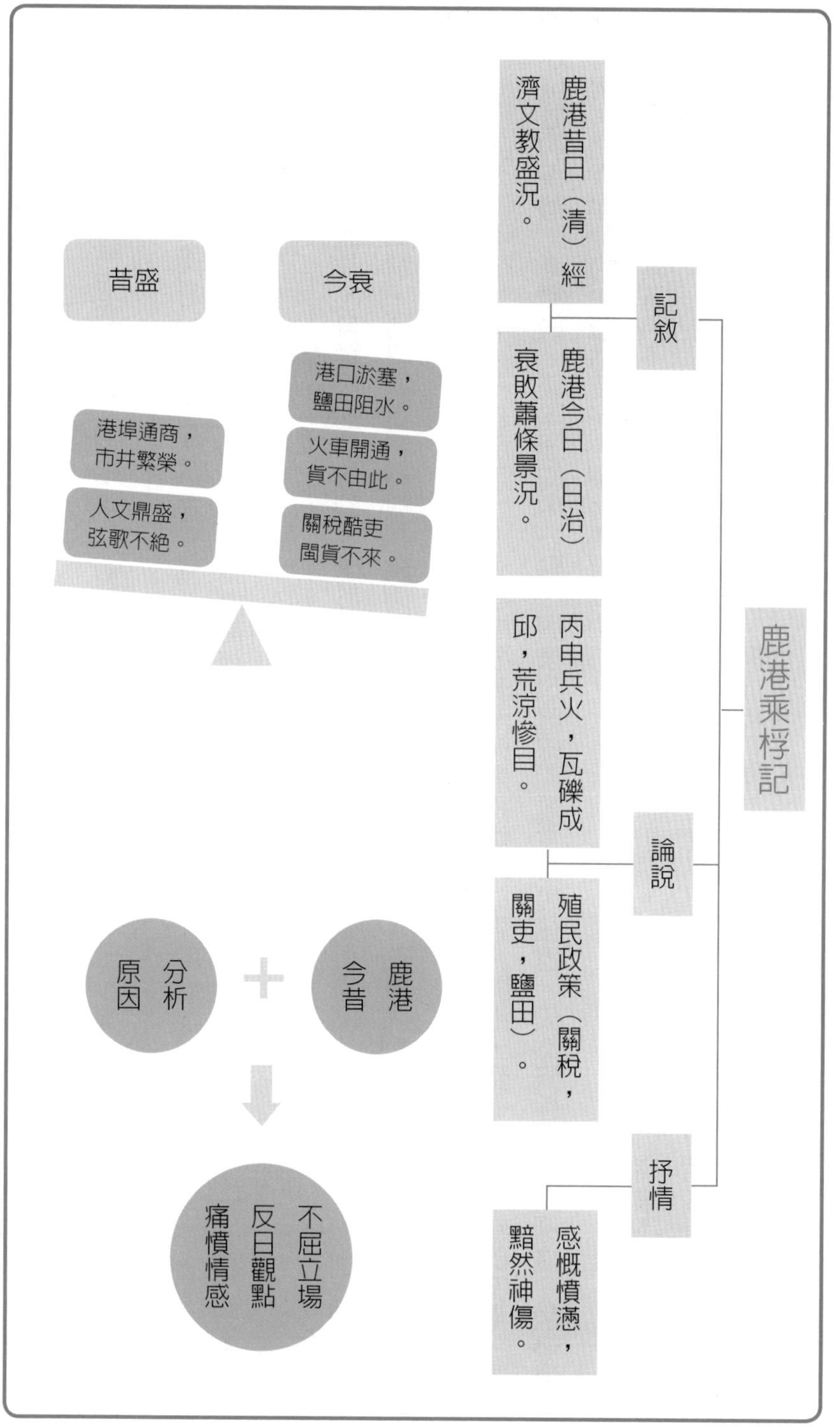
鹿港乘桴記
記敘
鹿港昔日（清）經濟文教盛況。
鹿港今日（日治）衰敗蕭條景況。
論說
丙申兵火，瓦礫成邱，荒涼慘目。
殖民政策（關稅，鹽田）。
抒情
感慨憤懣，黯然神傷。
昔盛
今衰
港埠通商，市井繁榮。
人文鼎盛，弦歌不絕。
港口淤塞，鹽田阻水。
火車開通，貨不由此。
關稅酷吏閩貨不來。
鹿港今昔
分析原因
不屈立場
反日觀點
痛憤情感

清前期鹿港榮華勝景，港市銀座：大船入港，貨盈街屋

> 樓閣萬家，街衢對峙，有亭翼然。亙二、三里，直如弦、平如砥，暑行不汗身，雨行不濡履。一水通津，出海之涘，估帆葉葉，潮汐下上，去來如龍，貨舶相望；而店前可以驅車、店後可以繫榜者，昔之鹿港也。

這段以由短而長，自輕快的偶句到收筆於時間的敘述，捕捉出一張張舊照片，帶出泛黃的歲月裡曾經繁華、忙碌的海港風情。同時運用快轉與長鏡頭將彼時櫛比鱗次的街屋、船帆人行奔波往來與卸貨的動靜，組成一部紀錄片。

這是自清乾隆四九年（一七八四），清廷核准鹿港與泉州蚶江口對渡開港，到一九二〇年的鹿港。基於地理位置的優勢：臺灣南、北陸運的中心點、與泉州直線距離當日可往返。天然條件：港口深廣。故發展爲臺灣南、北貨運輸的中繼站及臺、閩、粵貿易中心。

這段紀錄片從素有「不見天街」之稱的主要街道作爲回想起點，顯現其發跡於港口商業活動。鹿港盛時的意象是「樓閣萬家，街衢對峙，有亭翼然」，先寫空中俯拍樓閣連比的狀態，再寫街衢格局，後以搭起亭蓋的畫面收尾。這由由面而線逐漸推進的運鏡，形成街景深而長的場景，形塑出蛋黃區商家林立，巨賈富戶會館商號崛起的繁華實況。

「亙二、三里，直如弦、平如砥，暑行不汗身，雨行不濡履。」以不見天街綿延的長度、街道平坦，使

行走間舒適而自在，暗示自唐山移民來此的人因應臺灣溽暑、多雨的氣候而架起雨棚，形成有如拱廊街的商業隧道；另則顯見商家此舉對顧客的體貼、購物運貨的實用性。

這一小節以整齊句式，或長或短漫出舒緩的調性，符合街屋綿延的視覺和行走其間輕鬆自如之感。源自宋楊修〈馳道〉：「路平如砥直如弦，官柳千株拂翠煙。」的比喻，以弦狀街道筆直，健而有力；以磨刀石狀寫平坦，表現出石材、建築技法和態度。

這些高水準公共與商業性的空間、鹿港歷史上商業顛峰的重要標誌，都來自於船務昌盛的港口貿易。作者於此以兩段動態敘述這活絡而豐富有序的港口經濟，還原臺灣的米、蔗糖一船船運往大陸繁忙的情景：「估帆葉葉，潮汐下上，去來如龍，貨船相望」，呈現千帆雲集往來不息，港口碼頭南北雜貨蒸騰不歇。同時生動地呈現漳泉的石材、木材、藥材、絲布、白布、紙捆、南北貨，廣東、澎湖及南洋的漁貨、雜貨，透過簸郊商由海船進入港口，然後從街屋後門搬運一船船貨物的喧囂，再以粗繩吊至二樓儲放，一樓店家送往迎來招呼生意，卸貨、運貨、送貨、買貨的蓬勃而興旺的情景。

鹿港變窮了，港市蕭條：港成鹽田，門前冷清車馬稀

> 人煙猶是，而蕭條矣；邑里猶是，而泬寥矣。海天蒼蒼、海水茫茫，去之五里，涸爲鹽場，萬瓦如甃、長隄如隍，無懋遷、無利涉；望之黯然可傷者，今之鹿港也。

這段由「望」港口、貿易活動的視角，泛寫鹿港蕭條之景，歸於黯然神傷，作爲通篇寫作情緒基調與動機方向。

「人煙猶是，而蕭條矣；邑里猶是，而泬寥矣。」以人口邑里不變，對比出整體氣氛之變——蕭條、泬寥。《楚辭．宋玉．九辯》：「泬寥兮天高而氣清。」原本空曠無雲的樣子，在此刻成為下面港口無人無船的諷刺，「泬寥」二字所形容寂寞孤獨的心情格外深重。

「去之五里，涸為鹽場」，寫出鹿港乾竭，導致的巨變是「萬瓦如甃、長隄如隍」，連帶的是「無懋遷、無利涉」，所有商業行為休止。往日人如流水船如龍，交易百貨門庭若市的情景，此刻的兩個「無」字，既否決了所有貿易往來，也凸顯港口淤積，消弭了進出口的源頭、過程和結果。

在寫作上，昔日的「樓閣萬家」，今日「萬瓦如甃」，對照出紅塵萬戶依舊；「一水通津……估帆葉葉，……去來如龍，貨舶相望」，與今日「長隄如隍」，對照出一片鹽田、長隄外不再是海，而如環繞在城牆外面的乾壕溝。

這是地理環境之變，自然之客觀事實，非人力所能挽回，注定了鹿港因港口貿易而蓬勃，也將因港淤塞而沉桴。

人文薈萃的鹿港，中樞港口：學風鼎盛官宦千秋，年來歲往變幻軌跡

昔之盛，固余所不見；而其未至於斯之衰也，尚為余少時所目睹。蓋鹿港扼南北之中，其海口去閩南之泉州，僅隔一海峽而遙。閩南、浙、粵之貨，每由鹿港運輸而入；而臺北、臺南所需之貨，恆由鹿港輸出。乃至臺灣土產之輸於閩、粵者，亦靡不以鹿港為中樞。蓋藏既富，絃誦興焉；故黌序之士相望於道，而春秋試之貢於京師、注名仕籍者，歲有其人，非猶

夫以學校聚奴隸者也。而是時鹿港通海之水已淺可涉矣，海艟之來，止泊於沖西內津；之所謂「鹿港飛帆」者，已不概見矣。細載之往來，皆以竹筏運赴大艑矣。然是時之竹筏，猶千百數也；衣食於其中者，尚數百家也。

這篇文章採取Google Map的方式先總寫時空變化，再拉近焦點寫所見所聞的鹿港歷史、文化，分析長時間漸進式的變化。

「昔之盛，固余所不見；而其未至於斯之衰也，尚為余少時所目睹」置於段首，訂出以下敘述的來源、內容由鹿港繁盛、漸衰、更衰、衰微、沒落的時空軸線。

「蓋鹿港扼南北之中……亦靡不以鹿港為中樞」，講述鹿港因自然條件而成為海陸交通樞紐。居臺灣中間、與泉州港距離頗近地理位置的優勢，讓鹿港成為商品從閩、粵運臺，由臺輸往閩、粵進出的重要據點，形成「一府，二鹿，三艋舺」的盛世。依資料顯示鹿港得天獨厚，深可載巨船，寬可容納商船百餘艘，揚帆而進，八更即至泉州，九更即到蚶江，十二更即達廈門，成為唐山移民臺灣之主要出入口。

這段縮時攝影快速呈顯出鹿港自清初百年興盛繁榮，至於其市井狀態樣貌於文初已陳述，此處轉筆向「賈而好儒」、「詩禮傳家」、「功名耀祖」呈現重視教育的風氣和科舉考試告捷的結果。

「蓋藏既富」的結果一是弦誦興焉，結果二是文教鼎盛，培養許多科考從政人才：「黌序之士相望於道，而春秋試之貢於京師、注名仕籍者，歲有其人。」在書寫上輕輕由商轉向文，顯見洪繻認為鹿港之盛固然在港貿，更在帶動的人文教養。相對於日本殖民政府的教育制度和目標——「夫以學校聚奴隸者」，（藉以暗批把臺灣人教育成日本人，易於驅使），而鹿港書院教育以「弦歌」所象徵的禮樂，使君子學以愛人，小人學以服從秩序規範，具民族氣節的「道」，更是「注名仕籍」的領導人才，志於匡濟天下的志士。

「而是時鹿港通海之水已淺可涉矣，……尚數百家也。」應之於鹿港鎮公所資料，受大肚溪、濁水溪沖積，以及鹿港溪上游濁水溪改道，導致嚴重淤沙，港口逐漸萎縮，再加海埔新生地快速增長，海岸線不斷向外移動。雍正年間船隻已不能抵港，往街鎮中心運貨的路途越來越遠。

「鹿港通海之水已淺可涉矣，海艟之來，止泊於沖西內津」寫的正是嘉慶中葉後，商船已漸改由王功港、番仔挖（今日之芳苑鄉）出入，最後「止泊於沖西內津」的情景。

然而即使當時港口淤塞，貿易漸衰，仍可用竹筏接駁貨物，數百家賴海運貿易以爲生，故鹿港尚稱繁榮：「細載之往來，皆以竹筏運赴大艑矣。然是時之竹筏，猶千百數也；衣食於其中者，尚數百家也。」但同治年間，鹿港的替代港番仔挖又告淤塞。日治末期，新港道非深水港，舊港道長期淤積，連小型船隻也無法入港停泊，船舶轉運效率低，鹿港有名無實形同廢港，以致因港而興盛的「鹿港飛帆」勝景杳然不見。

由此可知鹿港港口變化：一水通津，出海之涘，呈現鹿港飛帆榮景→通海之水已淺可涉矣，王功港→芳苑→海艟泊於沖西內津，以竹筏運赴大艑矣→（後段提及）沙灘、菜圃→涸爲鹽場，萬瓦如甃。

是誰把鹿港變衰了？是誰雪上加霜？：海關關稅、鐵路開通

迄於今版圖既易，海關之吏猛於虎豹，華貨之不來者有之矣。洎乎火車之路全通，外貨之來由南北而入，不復由鹿港而出矣；重以關稅之苛、關吏之酷，牟販之夫多至破家，而閩貨之不能由南北來者，亦復不敢由鹿港來也。

港口的沒落主要是地理因素，清末明初盛極一時的臺南安平港、彰化鹿港都因淤塞這個自然殺手而蕭條。其次是關稅、交通等政策，鹿港貨物進出口量銳減、人口大量遷移便受此環環相扣的影響。

這段以「迄於今版圖既易」點出寫作的時間，作者避開「日治」，而言「版圖既易」，加深臺灣被割讓，政權轉移之痛，這是洪繻根深柢固不認同日本政權的立場，也是他終身以對抗所擔負的家國責任。

在這樣的心理背景下，洪繻將矛頭指向關稅、稅吏、縱貫鐵路開通，放大政權政策對地方的影響。

因爲「海關之吏猛於虎豹」，所以「華貨之不來者」。

因爲「火車之路全通」，主線未經過鹿港，所以「外貨之來由南北而入，不復由鹿港而出矣」，鹿港失去南、北運輸優勢。

因爲提高閩貨關稅、關吏嚴苛「關稅之苛、關吏之酷」，所以小生意人多數破產「牟販之夫多至破家」；福建貨物不敢由鹿港進出「閩貨之不能由南北來，亦復不敢由鹿港來也」，閩貨進口減少，鹿港失去進口貿易利潤。

臺灣縱貫線鐵路始於清末期臺灣巡撫劉銘傳規畫，當時僅完成基隆至臺北、臺北至新竹兩線。日治時期由南北兩端同時興建，一九〇八年於中部接軌，全線通車營運，南北貨物往來運輸方便，無須依賴鹿港作爲轉運樞紐，導致原本北到苗栗通霄，南到恆春的貿易區被火車取代。而鹿港在港口淤積後，原本的海運貿易經濟網路無法順暢運作，故致商船轉向新興的基隆、高雄，再加上遠離縱貫鐵路，因此鹿港在臺灣工業經濟起飛之時，急劇沒落。

是誰邏輯謬誤？把稻草人當箭靶：鹽田政策，抽換日本荼害概念

> 鹽田之築，肇自近年。日本官吏，固云欲以阜鹿民也；而其究竟，則實民間之輸巨貲以供官府之收厚利而已。且因是而阻水不行，山潦之來，鹿港人家半入洪浸；屋廬之日就頹毀，人民之日即離散，有由然矣。

雖然鹿港在清朝未設置鹽場，卻是重要的鹽銷售地。日治時期，鹿港富商辜顯榮眼見鹿港淤淺而沒落，於是以商人頭腦精算將海埔地開闢成鹽田，彌補航利的損失。幾度呈上開發計畫案，日本政府終於將鹿港西北沿海設鹽場，由辜顯榮、施來等人開墾經營。

資料顯示為施惠臺灣居民，日殖民政府曾將食鹽官賣制度改為私賣制度，允許臺灣居民自由買賣食鹽，後因鹽價崩跌，取消私賣制度，改為官賣後，制定「臺灣鹽業規則」，接受民間闢建鹽田的申請，並給予免除鹽田地租及地方稅的優惠。

鹿港一度是臺灣最大鹽場，後因洋子厝溪、鹿港溪沖淡海水，東北季風帶來的雨量、風力不利曬鹽，加上外灘嚴重淤積，且地勢比鹽場高，取水困難，最後在無法克服這些先天條件下，廢曬鹽田，改為農田或魚塭。

不過作者將這段鹽場投資案，和藉產業轉型以振興鹿港經濟的政策，解讀為掛羊頭（欲以阜鹿民），賣狗肉（民間之輸巨貲以供官府之收厚利），名為為百姓著想，實為政府利用民間資金徵逐厚利，又「明修棧道，暗渡陳倉」的洗錢。尤其是鹽田阻擋水流，導致山洪來襲造成居民損失，人口外移，加速鹿港頹敗殘破。

這一連串的指責，既不提鹿港辜家主動提出建議的源頭，也歪曲日本政府核發鹿港設鹽場的動機，放大個人主觀推論，並將山潦淹水以及後續的人口遷出全怪罪於此，固然呈顯出作者批判時政的意圖和鮮明的反日情結，卻完全不關注鹽田帶來的經濟價值、就業機會，導致論點有失客觀公允。

「因爲鹽田政策圖利政府，所以造成水災；因爲水災，所以造成人口流失……」，這顯然運用了攻擊對方並未提出的論點的「稻草人論證」、把某些負面特質強加至他人身上的「扣帽子、貼標籤」，和誇大連串因果推論的強度，而得到不合理結論的「滑坡謬誤」。這都因洪繻個人立場的價值判斷、在地人對今不如昔浩歎惋惜的情緒而造成忽略客觀事實，將論證導向「訴諸動機」，認爲日本政府剝削圖利，以及將鹽田廠商人與日本團體連結的「關聯謬誤」。

這一連串的邏輯謬誤，單一化因果，將水患箭靶集中於鹽田政策，「屋廬之日就頹毀，人民之日即離散」的罪名歸諸日本政策。

是誰把鹿港變為荒城？鬱卒感懷：昔盛今衰，不堪回首

余往年攜友乘桴游於海濱，是時新鹽田未興築，舊鹽田猶未竣工；余亦無心至於隄下，臨海徘徊，海水浮天如笠，一白萬里如銀，滉漾碧綠如琉璃。夕陽欲下，月鉤初上；水鳥不飛，篙工撐棹。向新溝迤邐而行，則密邇鹿港之舊津，向時估帆所出入者，時已淤爲沙灘，爲居民鋤作菜圃矣。沿新溝而南至於大橋頭，則已挈鹿港之首尾而全觀之矣。望街尾一隅而至安平鎮，則割臺後之飛甍鱗次數百家燬於丙申兵火者，今猶瓦礫成邱，荒涼慘目也。猶幸市況

凋零，爲當道所不齒；不至於市區改正，破裂闤闠、驅逐人家以爲通衢也。然而再經數年，則不可知之矣。滄桑時之可怖心，類如此也。游興已終，舍桴而步，遠近燈火明滅；屈指盛時所號萬家邑者，今裁三千家而已，可勝慨哉？

此段回到寫文章的情緒背景、遊覽路線和時間，記兩次出海所見所感。

第一次是前幾年，與朋友搭乘小船遊玩，自黃昏到月出，當時乘桴所見是：「新鹽田未興築，舊鹽田猶未竣工」，所感是「臨海徘徊」，流連於「海水浮天如笠，一白萬里如銀，滉漾碧綠如琉璃。夕陽欲下，月鉤初上；水鳥不飛，篙工撐棹」的海天風情，落日幽靜。

藉由此實地踏查，作者要陳述的是所見鹿港新鹽田尚未興築、舊鹽田猶未竣工狀況，但他並不直接切入港口現實，而是以詩意筆墨鋪陳如畫之景。作者以抒情的視角極力描繪海景，藉由斗笠形容將天幕浮漂在海面的弧度，萬里海光白色如銀、碧綠海水滉漾如一片琉璃，分別表現出顏色、夕陽光線照在或動或靜的海浪上呈現的透明感、晶亮感。時間由黃昏到上弦月出，水鳥休憩，運送貨物的竹筏緩緩而過。其目的呈現鹿港隄岸濱海之美，渲染與友人徘徊流連之情。時間緩慢，水鳥休憩，撐槳的動作悠悠閒閒，「徘徊」瀏覽的足跡，「徘徊」眷戀的情緒都停在故鄉祥和的光影之間。夕陽無限好的陶醉，似乎隱含鹿港船帆葉葉如龍到必須撐篙往復，逐漸蕭條的惆悵落寞。

第二次乘桴由新溝一帶航行到近鹿港的舊港口，向南到大橋頭，從街尾一角遠望安平鎮，把鹿港全景看了一遍。所見是：「向時估帆所出入者，時已淤爲沙灘，爲居民鋤作菜圃矣。」「望街尾一隅而至安平鎮，則割臺後之飛甍鱗次數百家燬於丙申兵火者，今猶瓦礫成邱」；所感是望之黯然可傷，「荒涼慘目」，「滄桑可怖」，感慨萬千。

隨著作者的文字，我們看見昔日新溝到大橋頭，商船出入的舊港口淤積成爲沙灘，居民鋤地種菜；大橋頭至安平數百家房屋盡毀於戰爭，瓦礫堆成小丘，荒涼凋敝。

鹽田之誤，戰火之災造成鹿港船運蕭條商業衰微，人口從全盛時期萬家人戶，到彼時約三千家，如此滄海桑田的變化，荒涼慘目的廢景是作者再三感嘆之所在，也是鹿港人心頭之痛。其中用以比喻高大屋宇的「飛甍」二字，既承鮑照〈詠史詩〉：「京城十二衢，飛甍各鱗次」，將鹿港的繁盛與京城相比，顯現「樓閣萬家」高屋華宅之氣派。

「市況凋零，爲當道所不齒……則不可知之矣。」這段表面上寫鹿港因禍得福，因商務凋零，不被列爲市區改正的對象，街市免於被拆破裂成大馬路、居民免於因開拓驅逐而離散，反而是大幸，換言之，能暫時保有鹿港的原始面貌與安定。其實，心知肚明這樣的改革終是「在劫難逃」，所以預示「然而再經數年，則不可知之矣。滄桑時之可怖心，類如此也。」果眞黃炳南〈鹿港〉一詩：「鄉音無改泉郊在，滿地紅甎不見天。昔日繁華誇二鹿，港門今已變桑田。」顯現不見天街在日治時期市區改正的政策下，遭到強制拆除。「可怖」二字，表達出殖民手段之殘酷霸道，被殖民者之惶惶畏懼。

這深藏於心的恐懼，化爲強烈的憤怒之火，以及作爲知識分子捍衛家鄉捨我其誰的道德感，彰顯民族大義的使命感。因此，通篇所透露慷慨直言、力挽狂瀾的情緒豈止是今非昔比的傷感，更是關乎國家認同、反抗被宰制，壯烈而神聖的宣告。

換你來當作者

立場，是認識和處理問題時處在的地位，這位置影響對事情所抱持的態度，所主張的觀點。在〈鹿港乘桴記〉中洪繻批判日本政策造成鹿港沒落，此固然出於所選擇的立場，也因作者所處時代、所受教育、所追尋的心志。

請以「鹿港再興之我見」為題，先評論洪繻指陳鹿港沒落的觀點，再站在興利除弊，振衰起敝的立場，提出你對恢復鹿港繁榮的理念、具體策略與說明。

不在，才是最大的現場

搭船出入鹿港的那些人那些事

對印度人而言，只有去過泰姬瑪哈陵，以及準備去泰姬瑪哈陵的人。對臺灣人而言，鹿港，也是這麼一個深具意義和想像的方向，所以你一定聽過鹿港，或者去過鹿港吧！

打從國小社會課本就深深烙下「一府、二鹿、三艋舺」，這句口訣式的臺灣史。國中課本會補充臺南、鹿港、艋舺（萬華）是位於臺灣南、中、北部對外的繁榮港埠。

從高空俯瞰，沿著「鹿港溪」一寸寸延伸出店家街屋和屋棚，五顏六色的南北貨把一條條街鑲成豐饒的氣味。船舶停泊的泊仔寮，各方等著運上船的籮筐，赤膊的搬運工、比手畫腳的商家，笑得臉上的油光比太陽還亮。

高中讀了〈鹿港乘桴記〉知道洪棄生和他的兒子洪炎秋，都致力在殖民統治下保有臺灣魂。不過，讓你動念去鹿港，是因爲羅大佑〈鹿港小鎮〉的歌聲遠遠自蒼涼的暮色傳來：「假如你先生來自鹿港小鎮，請問你是否看見我的爹娘／我家就住在媽祖廟的後面，賣著香火的那家小雜貨店」、「臺北不是我的家，我的家鄉沒有霓虹燈／鹿港的街道，鹿港的漁村，媽祖廟裡燒香的人們。」

於是，因為畢業旅行，你走入這個時間停止的曲巷，見識比風雨走廊更先進的不見天街，「暑行不汗身，雨行不濡履」的體貼。後來，因為朋友約會，因為文史踏查，因為心事纏繞，你一次又一次到鹿港，走的路線從特定的觀光打卡點，到專家解說、隨意的獨行。鹿港，就這麼走成一條長長的記憶，泛黃的照片懸掛著每一回重訪的心思……。

且讓我們泡一壺茶，慢慢說彼此認識的鹿港吧！

一、國際貿易，港市興起：打開地圖俯瞰鹿港郊商

有人說荷蘭時期到清初，這裡鹿群遍布，聚集海口草埔，故名「鹿仔港」；也有人說是平埔族所居之所，早期稱馬芝遴社，因地形似鹿，故名「鹿仔港」。傳說似乎隨著政權而衍生出各式傳說，道光版的地理誌賦比米穀集散地，而以倉廩之方者曰鹿，而有「鹿仔港」之名。

無論源頭接的是鹿，是地形，或是米倉，都意味鹿港是物產豐富的好地方。在歷史上，鹿港的開發始於明鄭時期漢人移民於彰化平原開墾，從事農耕、漁撈；第二批來的是泉州、漳州人，最後為粵省潮州人、諸邑人。其中以來自泉州的移民最多，隨著仿造原鄉的型態打造市街，同時也帶入原鄉的信仰與聚落的生活型態，例如興安宮（興化人）、南靖宮（漳州人）、三山國王廟（粵東客家人）、鳳山寺（福建南安人，米市街苦力階層信奉）。

鹿港鄰近大陸，海運便捷，更擁有倉穀之稱的腹地——彰化平原，加上海闊水深可載巨船百餘艘。故清雍正（一七二三年）時，已成中部最大港，一七三一年開放為島內貿易港，逐漸成為中部米穀集散中心。乾

隆四十九年（一七八四）與泉州對渡，至道光末年半個多世紀，是鹿港最榮華富貴的時期。高居臺灣經濟貿易中心的寶座，日夜港口商船雲集，「估帆葉葉，潮汐下上，去來如龍，貨舶相望」。長三里許的大街上行郊林立，商家櫛比，百貨充盈，民生殷富。

至今「樓閣萬家，街衢對峙，有亭翼然」的繁盛仍能在老街每扇門上的堂號，精緻木雕的門楣之間，嗅得南北商旅騈闐雜沓挑擔裡飄出的藥草香、山貨氣息、木材布疋斑斕的色香，聽得各色腔調於眉目間流轉的豪情狀語。

如果你再仔細點傾聽，或許會打探到遠方的風吹來鹿港八郊的海外拓荒史，他們各有航道，各有通路，譬如泉郊，向廈門、金門、漳州地區輸出米、蔗糖，並自當地輸入杉木、布衣、紙捆等。廈郊，負責自泉州地區進口石材、木材、藥材、絲布、白布。南郊，自廣東、澎湖及南洋輸入鹹魚類、雜貨。還有專賣南北貨的籔（音ㄍㄢˇ）郊，以及油郊、糖郊、布郊、染郊。一百多家商號各司民生用品，各據街市一方，良性互通有無，遵循信義商道。

他們的背後都有長長的水滸，虎虎生風的三國故事，哥們情誼江湖道義，創造乾隆嘉慶熱絡的國際貿易航道。一艘艘帆船把臺灣的米、糖、樟腦、花生油、麻油順著風向，運往泉州、廈門，再順著江水運往寧波、上海、天津。這條路也是唐山移民臺灣之主要出入口，把泉州石材、木材、藥材、絲布和三邑仕紳家族、雕刻師、工匠、刺繡功夫也帶來此地，建起第一座天后宮，興起漢學文風。

二、老街書院，文風鼎盛：閱讀建築對聯看見風雅

鹿港有句諺語道：「字墨算，排第一」，說的是在鹿港人眼裡，最要緊的是詩文、書畫，其次才是珠算

簿記的商業營生，因此鹿港處處見文學底蘊深厚的題字、對聯，小鋪子上的對話也句句是典故。

走在古色古香的紅磚老街上，以行書寫的門聯道：「賀諤職司任寅太歲，魯班傳藝萬載祖師」，意有自負自期的使命。「哲學推敲科學理，浯江沿自閩江西」，橫聯是「天下間詩書最貴」，話裡有書香之家的堅持，也有不忘出身的歷史自負。

這是鹿港的文化底蘊，無論是歲月染沉的木櫺窗花、窄巷人家庭院深深處傳來北管弦歌，都流轉綿延千年的哲思。你站在木雕大家李松林「松下齋」前，訝異眼前色彩分明的樓宇，地中海藍、普魯士藍為雕花木窗和吊燈、門扇描上精細立體的框邊，低調的華麗既傳統又現代。兩旁紅色門聯寫的是「春風皓月美酒光華彙吾齋壁，漢賦唐詩宋詞元曲藏我卷樓」，橫批是「松風竹月下福滿堂齋」，幾筆淡語，數字豪意，書卷自得，盡在其間。

走進文開書院、文昌祠、武廟聚在一起的「文武廟」，彷彿聽見二百多年前紀念沈光文的書院弦歌不輟的朗朗書聲，看見從這走出的六位進士、九位舉人和百多位秀才。不知道文開國小、鹿港國中的學生從這經過時，是否會停下腳步聽聽詩社的老先生陶醉忘我的吟詩作對之聲？觀光客到此一遊時，是否留意到清代木作壁堵、紅磚壁堵上的名家書法，水車堵的彩繪所銘刻的文化風采？

三、戲曲舞臺，真實人生：跟著小說情節走讀鹿港

如果你慢行於巷弄間，會遇見酣睡的貓，主人貼心地以毛筆寫著「眠中，請輕聲」，這是鹿港人的小日子，悠悠然，如貓。有時，會在一扇陽光照著的木門前，看見住在這百年老屋的老人，以鹿港腔閒閒地說幾句白頭宮女才知道的傳說，和「鹿港三不見，不見天、不見地和不見女人」的典故。你這才恍然不見天指的

是鹿港不見天街，不見地則因鹿港大街小巷都鋪上磚塊石板不見泥巴，不見女人則是民風保守，女孩子大門不出、二門不邁，女子拋頭露面，只能從女兒牆看風景。

探頭往屋裡看，長形房屋，中有天井，長長的木梯，將貨運至樓上，幽深的往裡屋延伸的暗影，那是「而店前可以驅車、店後可以繫榜者」，那是臺灣港口建築的共同特色，是李昂小說裡的場景。是恍然間，甚至會以為看見〈花季〉裡的女孩正從那走來。

如果你跟著施叔青《行過洛津》，走入嘉慶年間，或許有幸坐在臺下聽著幽幽響起的泉州聲調，想起夢裡雲裡霧裡浮游的記憶。如果是戲精，或許能走入後臺，瞥見凝視著鏡子，低聲問自己是女兒身，還是男兒郎的許情。那是華燈初上，後車路上的茶樓、藝閣酒樓，燈正紅人正艷，春風吹得胭脂巷裡桂花香。你在街市的轉角遇見許情時，讀不見的寂寞與無奈。

你想起二〇二一年江之翠劇場，導演陳煜典為許情編寫出的結尾，他讓戲子不再活在被觀看的眼光之下，不再幾度來去都為情所苦，而是把主體還給許情：「他不必為誰而留，因誰而去。他的去留必須由自己做決定。」

許情，終於活在戲裡，活在他自己的影子裡。「戲劇是輕輕提起，在觀眾的前深深落下。但觀眾與許常常遺忘的是，我們凝視的、存在的當下，才啓動了一齣戲的開關。」

四、時空並置，文化含蘊：穿梭古蹟跟鹿港人聽故事

手裡擁著到此一遊的伴手名產，頭上別著剛買來毛線織成的「春仔花」，嘴裡吐出一圈圈蚵仔煎的油酥味。這是為什麼，要一次又一次地回到鹿港，要一回又一回去中山街找興建於光緒年間的「丁進士宅」，想

像這靠運送農產品往來大陸及臺灣兩岸的船頭行，孫輩丁壽泉考取進士，洪繻當入門女婿之後，家宅縈繞的詩風文氣。

走進百年以上歷史的布莊「元昌商行」，看以繩索把布匹拉上二、三樓倉庫的飛天動畫。當然不能錯過昭和時代興建的三層樓新式建築「玉珍齋」，在鳳眼糕、綠豆糕、牛舌餅、麵茶、杏仁茶的香氣裡駐足。

這古老的城市裡有許多故事，聽說新天后宮、舊天后宮旁有惡鬼城，所以有許多小吃；聽說意樓是閨式閨樓，相傳新嫁娘夫君要參加科考，因此種楊桃樹，如見人，但考科舉而未歸，傷心的尹娘，絕望地把一幅鴛鴦刺繡猛然剪破而死。今見纍纍果實，濃樹深蔭，樓磚古雅木窗福壽圖；彷彿聽見坐愁紅顏老，望夫成石心不甘的嗚咽聲。

鹿港竹枝詞：「九曲巷中風不到，十宜樓上士閒吟。」說的正是文人雅士聚於號稱「宜琴、宜棋、宜詩、宜酒、宜畫、宜花、宜月、宜博、宜煙、宜茶」的「十宜樓」上，月下吹簫，樓臺風清品茗吟詩。主人慶昌商行陳氏家族好風雅，邀來大冶吟社的施梅樵、瀛社的林獻堂、林癡仙，如王羲之蘭亭會以興感之唱和對抗不堪的時代，以相濡以沫的彼此見證鹿港的文采。

鹿港民俗文物館是臺灣五大家族之一辜顯榮的起家厝，英式鐘樓、華麗的巴洛克風格像博物館，氣派典雅。從做出口糖、煤炭小貿易商，因為引日軍進臺北城而崛起的他，承攬糖、鹽、鴉片及樟腦專賣業務，把生意做得風風火火。

這些聽說，都成了無聲的導航，在人們造訪鹿港時，悠悠自時間的遠方化為空氣裡的煙香，點燃遺忘的篝火，喚醒沉澱於塵埃的幽魂。

聽說龍山寺是仕伸集資建成，原址在菜市場，旁為碼頭。走入龍山寺第一進的山門，各三柱，十二地支，有圓有方，代表天圓地方。木彩繪如人穿衣，既文雅也防腐朽。第二進爲武門，前有戲臺以八卦聚音，神明生日、結婚登科，總要來場布袋戲以酬神祈福。歌仔戲演人生百態，演世間人情，八卦藻井的放射擴散，既能承重也展現工藝之美。至於斷檐伸進，表視野高，地爲泉州白花崗石之壓艙石。

站在這，一時間，鑼弦吹起鬧紛紛，銀燭交輝照樓臺。第三進是拜亭，武夷山木，以百年三和瓦場之瓦重修屋頂，木雕封神榜、三國演義、西遊記故事，木雕對聯，龍柱簡單古老。

或許在年輕人眼裡鹿港已是殘碑，但這裡的古樸風韻，如滲著九降風的九曲巷，從天井篩進來的微光裡，恢恢渺渺，卻意味深長地在時間裡輾轉。

一分鐘透視鹿港

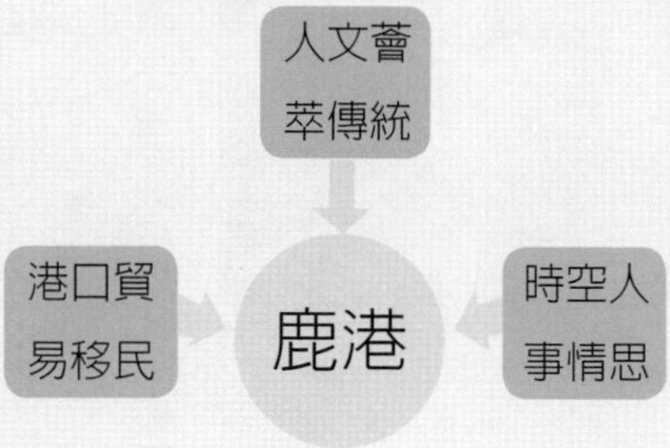

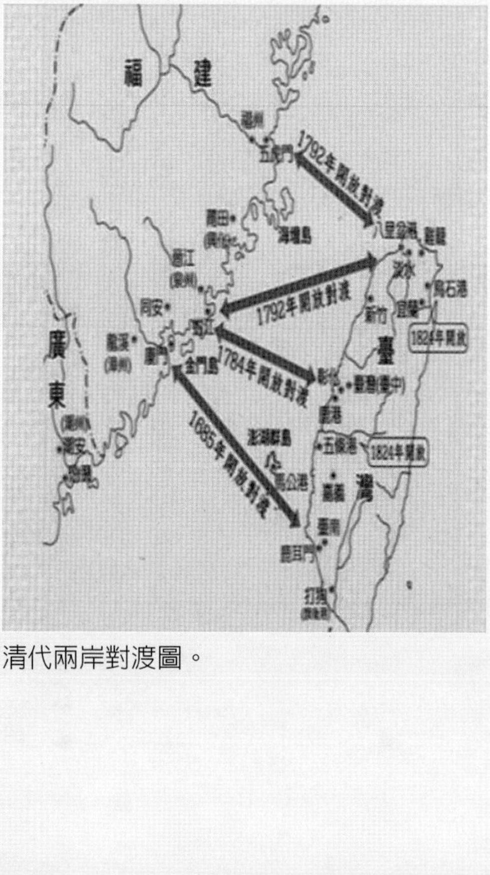

清代兩岸對渡圖。

穿越時空，走進歷史

讀〈鹿港乘桴記〉，眼眸流光裡流轉港口千帆之影，「萬瓦如鱗，長隄如隍」的景象。請為吃喝打卡的觀光客推薦一條看見鹿港的文宣，讓人們看見鹿港過去的榮光，人文薈萃的勝景與含藏於空間裡的人事。

畫菊自序

（抒情駢文）

爭地位，靠自己
一個纏小腳的女人立志走入大歷史

張李德和，生於清光緒十九年（一八九三）雲林西螺望族，歷經日治、民國。幸運地避過重男輕女、女子無才便是德的偏見，在家接受漢學薰陶、進入日本公學，從嘉義到臺北中山女中讀書。

她，嫁給嘉義名門張錦燦醫生，育有二男七女，鼓勵他們到日本讀書開拓眼界培養專才。她以家爲琳瑯山閣，與嘉義文士擊缽聯吟，馳騁藝苑，獲得「詩、詞、書、畫、琴、棋、絲繡七絕」，「嘉邑曹大家」之盛譽。

她不僅人脈寬廣，活躍於地方，更與各地詩社往來馳騁藝苑。她是賦詩吟詩高手，鏗鏘的吟誦聲浪頓挫自然，吸引全場，成爲雲嘉地區詩社的核心人物。由〈席上即興〉自述：「離披藻采豔騷壇」，「一掃千軍是不難」，可見意氣風發的自信。

她，藉由參加臺展府展美術比賽，確立畫壇上的地位，與林玉山、陳澄波共營造嘉義藝術風氣，並稱「嘉義藝文鐵三角」。

纏著小腳的她，一步步由嘉義走向臺北，自家庭邁向藝壇，又從地方進入臺灣省臨時議會，爲受虐受棄、被販賣的養女發聲。她明白唯有女性自覺，才能遠離服從依賴的魔咒，自己做自己的領航，因此積極「從事救濟事業，敬天愛人，與婦女同志，喚醒婦女自重，拯救苦難問題。」（琳瑯山閣吟草自跋）

在婦女運動尚未誕生前，張李德和象徵既遵循傳統角色，又能彰顯自我存在的新女性典範。她以女性知識分子身分，藉詩文「自我詮釋」生命史，向世人展示新女性多樣才華與魅力；同時積極地以教詩、寫詩、辦詩社、從政等實際行動走向公領域，彰顯男性爲主的社會裡，女性具體而堅實的價值貢獻。

她，是人生勝利組，是集天時（日本明治維新帶入新觀念、詩社繁盛）、地利（家學淵源、嘉義人文薈萃）、人和（出身富裕，接受教育、夫婿尊重向詩畫發展、子女成材家庭和樂）的好命人。這讓她得以從父權的壓抑鬆綁，從家庭瑣事勞務的客體裡解套，而得以以詩畫抒發她個人的女性聲音、記載對廣大社會與政治危機的關懷，成爲主觀留存女性本身的詮釋者、客觀見證世變的敘述者。

她的華麗轉身，讓我們看見女子不因婚姻而失去飛向世界的羽衣；明白女子把讀書當成看得更高更遠的天梯，擁抱追求大志的權利，展現自己，成爲千人共仰的典範。

課文X光

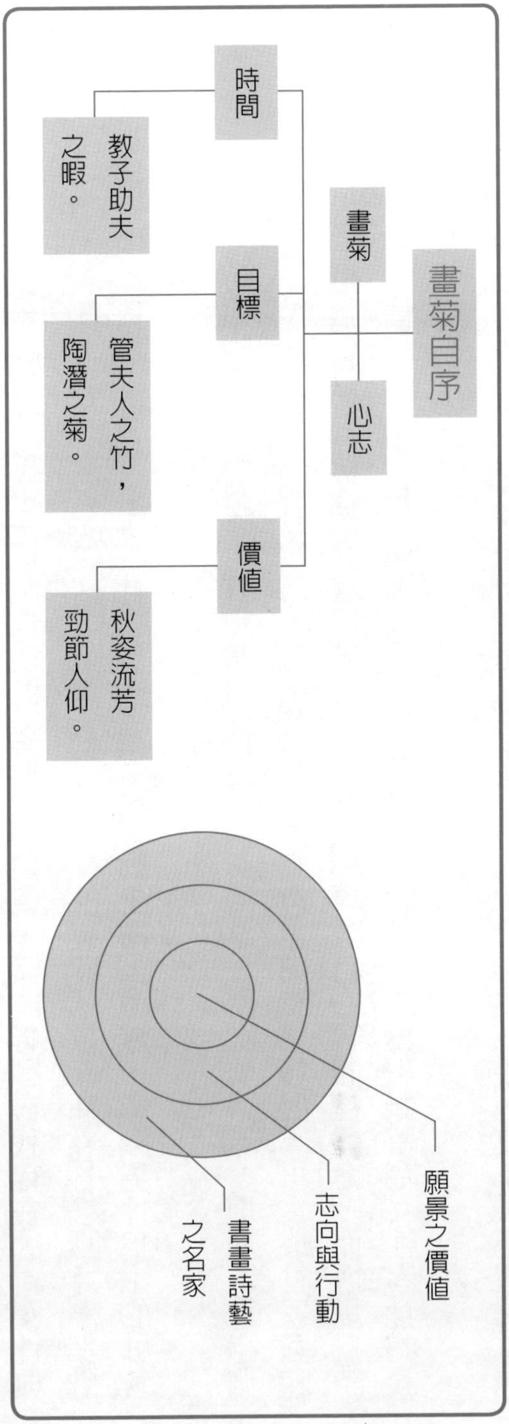

傾聽古文的聲音

人貴有志：設定目標，開啓粉絲追求偶像模式

人爲萬物之靈，志有萬端之異。學琴學詩均從所好，工書工畫各有專長，是故咳唾珠玉，謫仙闢詩學之源；節奏鏗鏘，蔡女撰胡笳之拍，此皆不墮聰明，而有志竟成者也。

這段的重點是人物的符號象徵：謫仙闢詩學之源、蔡女撰胡笳之拍，各以詩畫成就、代表作品作為志之所向。

文章以「人為萬物之靈，志有萬端之異」之總論，從人類歷史的共相落筆，展現這是超越男女性別的現象，也是天賦人權。透過人是萬物之靈，因為個人生命追求的「志」之不同，而形成百樣風景的事理，將論述的高度提升於俯瞰客觀視角。緊接著扣於藝文的選擇說明「學琴學詩均從所好，工書工畫各有專長」，呈現基於才情興趣鑽研範疇的差異性，形成各自專長，將觀察面由志的普遍性轉向才藝的特殊性。

繼這兩句總綱之後，以「是故」的結論，帶出例證——李白、蔡琰在詩學曲藝上的成就：「咳唾珠玉，謫仙闢詩學之源；節奏鏗鏘，蔡女撰胡笳之拍」，歸結於「此皆不墮聰明，而有志竟成者也」是小結，回扣首句之「志」，強化任何人只要心有志向，便能在學習中累積能力；也因內心所向引燃的熱情，而發揮天賦的聰明才智而專精有成。

這段敘述表面上談「志」、說「好」、言「專長」，論事理現象，實則含藏張李德和自我的表徵——因為雅好琴、詩，而以之為一生志業，致力專研厚積為擅長之藝。追求目標則是「謫仙闢詩學之源」、「蔡女撰胡笳之拍」，也就是能發展出具開創性、感動性的作品。

其中詩仙李白所代表才氣橫溢兼備各種詩體、技巧創新氣勢豪邁奔放，隱含張李德和志在詩壇創造絕高的地位與成就。而蔡琰（文姬）在兵亂中被匈奴所擄，留居南匈奴為妃的際遇，似乎與身處殖民相合；感慨悲苦身世，傾訴思鄉別子情懷的〈胡笳十八拍〉，透露出以詩寫情，反映時代的意圖。

由此可見張李德和對自我的期待並不止於吟風弄月，也非抒情寄事，而是懷抱盡力發揮詩樂潛能的企圖，自信歷史上爭得一席之地。

才女宏願：傳承文化，人格氣節創造自我價值

> 若夫銀鉤鐵畫，固屬難窺。儷白妃青，亦非易事。余因停機教子之餘，調藥助夫之暇，竊慕管夫人之墨竹，紙上生風；敢藉陶彭澤之黃花，圖中寫影。庶幾秋姿不老，四座流芬，得比勁節長垂，千人共仰，竟率意而鴉塗，莫自知其鳩拙云爾。

詩書畫藝，映照出文人的精神世界，也是他們顯現自我價值的方式。在張李德和詩文集中，處處可見她在小小的空間裡，悠遊自得的情態，如：「瀟瀟風雨響珠簾，煮茗敲詩興倍添」、「小軒風雨引微涼，讀到隨園第幾章」、「偶移籐榻濃陰下，臥看游魚啄落花。」藉著生活細節描寫，揭示個人悠暢情懷與生活情韻。

不過，她所追求的不僅是閒情雅趣的寄託，更蘊含以「筆花清秀四時開，瓊苑天生詠絮才」，展示才女獨特文人化的生活情志。在這篇〈畫菊自敘〉的後段，她一方面以「之餘、之暇」，透露出創作並未影響「停機教子」、「調藥助夫」爲人母，爲人妻的角色責任；另方面可以明顯看見她試圖跨越傳統女性持家相夫的框架，表達「竊慕」、「敢藉」、「庶幾」，想創造畫藝成就，與藉著菊花寄託氣節高度的企圖心。

雖然作者在最後以「莫自知其鳩拙云爾」，謙稱自己的畫作是率意塗抹，且只能利用相夫教子以外的時間從事創作，故婉言技巧尚拙，但難掩那股有志於丹青之道，全力以赴的心態和強烈創作的欲望。

這個段落中大量用典，如以「銀鉤鐵畫」表現書法、「儷白妃青」呈現繪畫之色彩斑斕、「停機教子」寫持家育兒。對仗的駢句既呈現精緻的文學表現手法，更藉以渲染文化典故的深厚意涵，這樣兼具文人學養與典麗符號的形式是張李德和有意爲之的策略。

「竊慕」二字語帶期盼、仰慕、欽羨之意；「敢藉」則表現出慎重虔誠的憧憬，含蘊這是終其一生追求的目標，是心志之所嚮往。下接「管夫人之墨竹，紙上生風」、「陶彭澤之黃花，圖中寫影」，具體的呈現書畫偶像——管夫人之竹，以及象徵陶淵明志節的菊。

張李德和心底願景中的管道昇，是琴棋書畫無所不能，縫紉、編織、繡花女紅樣樣專長的女子。尤擅於晴竹新篁，墨韻生動，筆觸清絕，（北京故宮博物院保留其所繪《水竹圖》等卷，臺灣故宮博物院藏《竹石圖》）。「敢藉陶彭澤之黃花，圖中寫影」，取代表陶淵明隱逸風骨、高潔志氣的菊花，凸顯自己畫菊不僅是爲留住秋天的風姿，更是期待含蘊「得比勁節長垂，千人共仰」的不屈節操。

所謂「畫如其人」、「四座流芬」不僅是菊，也是畫竹者的精神氣質。史載管道昇相夫教子，傳承書香畫藝，栽培子孫後代，「趙氏一門」三代人出了七個大畫家。元仁宗曾將其夫趙孟頫、管道昇及子趙雍的三段書跡裝爲捲軸，命藏之祕書監，曰「使後世知我朝有一家夫婦父子皆善書也。」管夫人兼具安內的懿德與留芳千古的才情，勾勒出張李德和作爲畫家與賢妻的典範，那是在日常歲月裡安頓美好，成就豐盈的生命姿態，也是悠然見南山所透顯著此中眞意，無須言說卻又飽含情思的藝術風格。

張李德和在序跋中所展示的大量引文及詮釋，無異是提升女性書寫的「自我銘刻」。在表現出對男性文人認同的同時，也爲女性塑造了一副德才兼備的理想形象。再者，延續明清「才女文化」所勾勒或表現出的女性形象，不僅吟詩弄墨，琴棋書畫無所不擅，更因蘊學抱能而煥發出獨立自信之美。因此這篇文章中，特別提及自己在停機教子、幫助丈夫調配醫藥的空閒時候，私下仰慕管夫人畫竹之才，企能展現清雅之趣。

但她的企圖心並不止於此，而在於「庶幾秋姿不老，四座流芬，得比勁節長垂，千人共仰」的愿想間，那以「畫藝」得永世之名，以「節操」成萬代之典範的遠程目標。應之於她所作〈畫菊〉詩中云：「浮金襯玉描來易，傲氣幽香寫出難。誰向籬邊描勁節，我來圖上賞秋光。點屏三徑霜姿麗，落筆千秋晚節存。筆染應邀陶令醉，光搖空惹蝶魂飛。墨韻數枝秋不老，花開滿紙色長新。」足見張李德和因才而煥發自信風姿，在殖民政府下勁節勵行的心志。

讓女性爲自己畫出鮮麗的形象，使詩人自喻梅蘭竹菊絕俗傲骨，以自己的名代表自己，而不是附屬於夫婿姓氏下的沒有聲音的影子。這是張李德和畫菊所寄寓的深意，期待承才女之傳統以藝留千古，繼勁節之風骨以志活出自我，發展出屬於自我認知與性別覺知的突破。

自敘顯現的角色：張李德和的傳統與現代

十六、七世紀江南地區經濟優裕，致使明清之後才女文化勃興，《紅樓夢》塑造能詩能文具有慧見的才女形象。從劉姥姥「因見窗下案上設著筆硯，又見書架上磊著滿滿的書，劉姥姥道：『這必定是那位哥兒的書房了。』」足以知林黛玉與男子抗衡的才學器識。

但才學越高，被埋沒於閨閣的嘆息越深；心志越堅，被傳統角色束縛的壓力越大。在〈秋懷〉一詩中張李德和透露出不甘屈於女子無才，慨然向學以掙脫女性長期被貶抑的眼光：「……未必無才皆淑德，懸知有學便名流。力能雪恥身何惜，生不逢辰死亦羞。」

另如「竹窗高臥樂無極，梅屋清吟興有餘。信是夙根深且厚，家藏萬卷好詩書。」、「……稾砧同道稱先輩，巾幗聯吟漫比肩。投玉愧終難贈玖，躍魚爭得及飛鳶。……」這些詩中，於「羨」與「愧」間顯現出女性意圖成爲「壇坫才無敵」者，其所自炫的不是兒女的成就，不是夫婿的輝煌，而是能與男性一樣讀盡「家藏萬卷好詩書」的博學多聞，能並肩吟詩誦章，享受「竹窗高臥樂無極」的心靈之趣。張李德和在一篇篇詩文所揭示女性嚮往的理想形象中，呈現其意識深處的對女性生命的願景與追尋，亦即一個以才與男性擁有平等地位的肯定，一個憑飽讀詩書而鳶飛魚躍於社會的機會。

這正是張李德和〈畫菊自序〉不以菊起筆，反先揭示「不墮聰明，而有志竟成者也」，並於文章總結強調「千人共仰」目標的原因。這是所有女性的心聲：「乘風不讓男兒志，破浪偏誇姹女胞。無限前途須自重，學成歸顯故山坳。」（張李德和〈長女留學臨別賦示〉）、「詎甘繡閣久埋頭，負笈京師萬里遊。雌伏胸愁無點墨，雄飛跡可遍寰球。書深莫被文明誤，學苦須從哲理求。安得女權平等日，漫將天賦付東流。」（黃金川〈女學生〉）

美國著名經驗派女性主義批評家艾琳．肖瓦爾特（Elaine Showalter）在《邁向女性主義的詩學》中將英美女性文學劃分爲模仿期、反抗期、自我發現。應之於張李德和的生命先是認同停機教子，調藥助夫，婚姻裡的角色，繼而「率意而鴉塗，庶幾秋姿不老，四座流芬」，以詩寫生活，建立人際網絡，傳承文化精神，達到「得比勁節長垂，千人共仰」的風骨氣節。也因此，文中顯現出恪遵婦職，心懷大志；有志竟成，突破傳統；詩學畫藝，品格氣節；才女形象，文化傳承的女性形象。

不過，就如維吉尼亞．吳爾芙所言，在男性主導的文學與學術傳統中，女性沒有自己的房間，沒有教育、經濟與社會資源，要想創作甚至在文學史上留名，實是難上加難。

現實中的張李德和能走出家庭，在公共領域中嶄露頭角的因素有教育（就讀今中山女高）、環境（家學淵源，請私塾教授詩文書畫）、個性（積極拜師學藝，參加比賽，志在得名；不甘於閨閣之解悶消遣，廣泛取材，關心社會，展現強烈企圖心）、處事的智慧（掌握本末緩急的原則，先孝順公婆、持家育子、協助夫婿，得到疼愛肯定之後，再參加詩會、邀集文人組詩社，進而聚地方人士蔚成嘉義地區的藝文活動、出任議員，爲女性爭取權利），諸多條件扭轉張李德和的人生。

而這正是當初選入十五篇古文，編審的想法：「代表本土素材和女性作家，顯現女性在相夫教子之餘，仍能規畫自己的人生，結合性別教育，呼應當代趨勢。」

換你來當作者

如果你有幸跟張李德和生活一天，你希望這天有哪些活動？請根據你對她生命事蹟與時代的了解，以「我和張李德和的約會」為題，發揮想像鋪陳你們之間發生的事情，彼此對人事物景的想法，最後以心得體悟總結。

走向現代化的突破與建構

日治時期繽紛的女性生活

臺灣被割讓給日本後，對抗從不曾停歇，激烈的原住民武力征戰、和緩的知識分子號召臺灣政治改革、開啓民智的社會社團、文化協會，到促進交易合理化，爭取合理權益的農民運動，亞細亞孤兒的悲痛在無數人生命與歷史、小說中低泣。〈一桿稱仔〉裡的秦得參其實是每個臺灣人，即使走向日本當〈送報伕〉，逃向中國的〈原鄉人〉，依舊無法立足於天地之間活得自尊自由。

殖民剝削的經濟政策，自普查臺灣資源訂下「工業日本，農業臺灣」的方向開始，一九〇八年完成從基隆到高雄的西部縱貫鐵路，整建基隆港、高雄港。接著是糖業試驗所，發展新式製糖廠、農業試驗所改良稻米，引進熱帶植物、築嘉南大圳，增加嘉南平原的蔗糖、稻田產量。一條條自高山蜿蜒而下的鐵路、一輛輛運材車、小火車將千年檜木、地底煤礦金礦自洗煤場、車站、港口運向日本。

一九一五年到一九二〇年間，繼臺北總統府、博物館、臺灣大學、臺大醫院、臺北公會堂（今中山堂），各縣市蓋起筆直的街道、商店洋樓、公園運動場等公共空間，提供市民生活所需，也改變了市容面貌。

一九三〇年後，以「工業臺灣，農業南洋」爲目標，推動南進政策，興建日月潭水力發電所，發展機械、石化等軍需工業，與紡織、食品加工等輕工業。

一九三二年的臺灣大事之一是臺北榮町七層樓高菊元百貨、臺南末廣町六層樓林百貨以摩登時尚的姿勢華麗登場。資本家、企業家夾著獨領風騷的驕傲，以當時最先進的建築技術，最上等的建材品質，矗立起城市繁榮的地標，裡面有象徵現代化的電梯、手搖式鐵捲門、避雷針、抽水馬桶。

對當地民眾而言，這是時髦與富足生活的象徵，臺南有句俗語說道：「天下第一倯（爽），戴草笠仔、穿淺拖仔（拖鞋），坐流籠（指電梯）。」走進林百貨搭搭電梯，買繡著四季花草的小手絹、手工縫製的手提袋、白色棉線勾出放射圖案的桌巾杯墊當嫁妝；或選購一身精緻和服的日本娃娃、買盒五感極致的和菓子送禮……是上流交際、豪華享受的記憶。

一九三五年日本在全省各地舉辦始政四十周年紀念臺灣博覽會，五十天展期中，高達三分之一的臺灣人湧向展覽場。這場政治秀展示了日本治理臺灣經濟、生產、教育、交通的成果，和爲南進政策鋪路的帝國精神。

臺灣光復到現在，日劇、哈日風、修復的日治時期建築退去被殖民的沉痛。書店、咖啡、文創進駐日式建築，復古的氛圍抹去殘留的歷史，人們沉浸於往昔暈黃的懷想裡。

臺灣人熱愛去日本旅遊，二〇二三年度臺灣訪日旅客達四二〇萬人次，占當年出國旅客總數近三成多；相當於臺灣每三點五個出國旅客，就有一人去日本。

或許每個人心中都有一張關於日本歷史文化、經濟工業的圖景，透過張李德和〈畫菊自序〉的心願，不妨回到因殖民而啓蒙現代化的臺灣，認識當時女性一步步走出傳統的種種行動，發現她們創造出的新生活。

一、傳統女性身不由己：依媒妁之言，成為賢妻良母

清時女性不僅社會地位卑微，命運也逃不了父系社會的系統運作，出身貧窮的女子被賤賣爲傭爲妾、被拋售賤棄淪落煙塵雨夜花，普通人家女兒在媒妁之言下以夫爲歸宿，毫無婚姻自主權。

日治時期設立女子學校，一方面偏重初等與職業教育，一方面以涵養婦德、培養「貞順溫和」的賢妻良母，少部分在母親兄長陪伴下赴日留學，學習家政、音樂、美術、插花、縫紉、烹調，目的仍限於培養賢妻良母與女性教師。

二、走入社會，開始獨立：憑一技之長就業，形成階級流動

日治時殖民下的限制明顯地呈現於階級之間，儘管趨向工商業結構的社會形態，所提供的就業機會增多，然而公職多半開放給日籍女性，工廠女工、中下級、工資低的勞力職務則以臺灣女性偏多。如採茶女、蓪草紙女工、編帽女工、裁縫師、咖啡館女服務生「女給」、百貨中的女性銷售員、以及客運、火車上的車掌小姐等。

學有專長者才能擔任的女教員、護士、助產士、電話接線生、美容師、銀行行員、郵局電信局員、編輯、記者等賴專業訓練培養。如張李德和畢業於臺北第三高等女子學校（今中山女高），故能任教於西螺公學、石中英畢業於「臺灣總督府醫學專門學校」，領有產婆執照，而得以於醫院任職；蔡旨禪〈誓志〉一詩表達以教學自立的主體性：「厭聽志弱是釵裙，發憤攻書期出群。不怕養親惟白手，終身計也舌耕耘。」

多元化的職業選擇，進入公共領域的機會打開爲女性豐富的未來想像，讓她們走出殖民政治、社會環境與傳統文化的局限，不僅與男性平等地爭逐於大千世界，並在新的層次顯現多樣性、豐富性的階級流動，活出鮮明飽滿的女性色澤。以張李德和而言，在家庭付出心血相夫教子的同時，在強烈的女性意識激使下結詩社、開書房、收集歌謠至爭得政治參與權。

三、系出名門的佼佼者：高校讀書，越界成為菁英

得日本明治維新的新觀念和教育所賜，各領域出現獨領風騷的女力。如臺南石中英的「芸香詩社」、大稻埕出名藝旦王香禪。她們不僅實踐鹽水才女黃金川在〈女學生〉所發出自勉，也懷抱女性未來的祈願：「詎甘繡閣久埋頭，負笈京師萬里遊。雌伏胸愁無點墨，雄飛跡可遍寰球。書深莫被文明誤，學苦須從哲理求。安得女權平等日，漫將天賦付東流」，以遊走各詩社記錄追尋自我的軌跡。

臺灣第一位女醫師蔡阿信、女畫家陳進、記者楊千鶴、文學少女黃鳳姿和黃金川都是留學日本而成爲佼佼者。從洪郁如《近代臺灣女性史——日治時期新女性的誕生》，我們看見一九二〇年前後，脫離纏足，接受日本新式教育，高等女校畢業，或至內地留學生構成的臺灣「新女性」。她們往往出身名門，「高女」學歷既是菁英階層婚姻策略的社會資本，也是未來教養育兒的文化資本，一定程度延續、複製或強化了在地社會舊有社經階層地位。

《躍動的青春：日治臺灣的學生生活》描述當時的女學生學校剪影：「一八九〇年代寬袖長裙大襟衫的女學童，一九二〇年代換上泳衣去海水浴場。……一旁戶外泳池，亮燦燦的陽光下，滿溢著水聲與池畔加油嬉笑喧譁聲。」假日裡，「波麗路樂音的喫茶店裡，女給巧笑倩兮地與臺北帝大生討論最新進口的西洋樂曲

大碟。榮町三丁目上，穿著海軍領水手服的高女學生們路過掛著年終大特價招牌的菊元百貨，討論著兒玉町野田書店的二手書交換會。」

這讓我們走進高等教育的課堂，透過教室、操場、社交空間轉換視角，看見日治臺灣女性的生活跟我們一樣走在體育課游泳、校外遠足、越野、登山、露營與出國讀書的路上，享受上一代所沒有的自由，做婚姻之外的青春之夢。

四、西化時尚，街頭就是舞臺：摩登新女性追新獵奇，自由戀愛婚姻自主

隨著放足運動、女性受教及走入社會工作的經濟收入，《臺灣民報》導入「新女性」議題逐漸開啓自主，一九二二年出現第一張日本女性裸體海報，顯見女性自身主體價值觀念的轉變。在鄭麗玲《阮 ê 青春夢：日治時期的摩登新女性》圖片中，一九三〇年代出現「毛斷女」modern girl，她們剪去頭髮（斷女），燙捲短髮，噴上香水，塗上唇膏，撐起洋傘，穿著旗袍或圓裙洋服，手挽皮包，足蹬高跟鞋敲響大稻埕的石板路，走在百貨櫥窗之間。

新式女子教育促成自主意識，催生自由戀愛，如陳君玉作詞、鄧雨賢作曲〈跳舞時代〉所述：「阮是文明女，東西南北自由志逍遙佮自在，世事如何阮不知阮只知文明時代，社交愛公開男女雙雙，排做一排，跳道樂道我上蓋愛。」約會路線則依「知識型女孩」、「空靈型女孩」、「運動型女孩」而不同。或去榮町通（衡陽路，臺北銀座）喝咖啡、迪化街波麗路吃西餐、「第一舞臺」看電影，去舞廳學習新舞步；或搭計程車經「三線路」（中山北路）的林蔭大道，去圓山球場或賽馬場觀賽；也有搭船到淡水、碧潭郊遊，甚至搭火車去北投泡溫泉。

五、詩社才女：著書揚名為自己發聲，傳承文化對抗殖民

以時代背景而言，詩社的形成有其社會文化與政治關係。日治後傳統漢詩文政策性的被利用充當文化交流的手段，如獎勵臺人結詩社、歷代總督以邀宴詩人、徵詩、賦詩並結集出版或頒發紳章、舉辦饗老宴和揚文會、東閣雅集，以及與本土詩人作漢詩組詩社等方式，懷柔及攏絡舊士紳階層。臺灣人則以詩社作爲傳承漢文化的據地，總計日治五十年間，臺灣南北各地詩社多達三百餘社，期能作爲臺灣人民族心理上與中國連繫的最後堡壘。日治後期，報紙漢文部被禁，教中文的書房、義塾全面被封閉，詩社成爲傳承民族精神所繫。

在「社會文學化，文學社會化」的風氣下，詩社蔚然勃發，女詩人藉聯吟得以與其他文人雅集唱和，擁有交際往來的空間。在與詩家間互動之外，她們或設帳課徒、聚友成社，或參加擊缽吟會掄元奪魁、在聯吟大會中以詩揚名。張李德和順此風潮，以才情與男性文人相唱和，既走出傳統角色的限制，又以漢詩結社傳承中國文化自居。

與張李德和同時期的女性作家如臺南石中英、鹽水黃金川都是「長自名門，幼嫻閨訓」的傳統女性，擁有「詠絮之才，不減班謝」才華，參與或組織詩社辦書房，出版詩集傳世。足見教育開啓智慧鍛鍊獨立、以寫作爲自己或他人發聲、個性積極奮發勇於挑戰，是女性在男性爲主的社會中建構自我主體，擴張權力的方式。

六、為底層走上街頭：發起社會運動，為弱勢伸張正義

一九二〇年代，出身高雄旗津的葉陶，辭去打狗公學校、高雄第三公學校教職，與簡吉投入農民運動，結識甫自日本回來的楊貴（筆名楊逵，著有《送報伕》、《壓不扁的玫瑰花》、《鵝媽媽要出嫁》），走向

婚姻，發起臺中婦女會，展現一個傳統女性的自我解放歷程。

受簡吉影響的高雄高女學生簡娥，也加入農民組合，上街頭發傳單，後因此被退學，發表「告諸姐妹」聲明入獄，憤而乾脆離家，積極協助教導農民識字。

謝雪紅從童養媳、十七歲成爲張樹敏小妾前往日本、中國，到在上海認識林木順成立臺灣共產黨，被遣送回臺後，與楊克煌在臺北開設「國際書局」，並取得臺灣文化協會與農民組合的領導權，成爲臺灣政治社會運動中最知名的女性。

一分鐘透視日治時期的女性生活

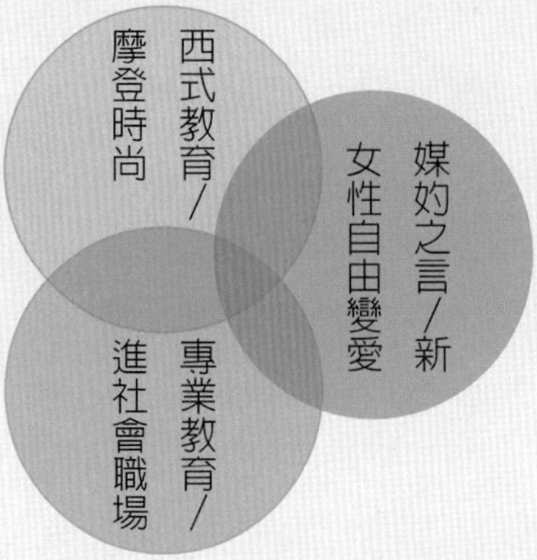

穿越時空，走進歷史

明治維新「脫亞入歐」的西化概念讓日本從封閉島國，變成東亞最先進國家。日本殖民臺灣複製了明治維新經驗，今天各縣市仍保留許多日治時期的建築，不僅改變了社會風貌，也奠立臺灣日後現代化基礎。請以一棟日治建築為場景，鋪陳一段當時的社會人文故事。

Note

Note

國家圖書館出版品預行編目(CIP)資料

誰說文言文很沒趣?：用文史放大鏡看高中必讀的15篇經典／陳嘉英著. -- 二版. -- 臺北市：五南圖書出版股份有限公司, 2025.02
面；　公分
ISBN 978-626-423-107-7(平裝)

1.國文科　2.閱讀指導　3.中等教育

524.31　　113020476

ZX2H

誰說文言文很沒趣？
用文史放大鏡看高中必讀的15篇經典

作　　者 — 陳嘉英
編輯主編 — 黃惠娟
責任編輯 — 魯曉玟
封面設計 — 韓衣非、封怡彤
出 版 者 — 五南圖書出版股份有限公司
發 行 人 — 楊榮川
總 經 理 — 楊士清
總 編 輯 — 楊秀麗
地　　址：106台北市大安區和平東路二段339號4樓
電　　話：(02)2705-5066　　傳　　真：(02)2706-6100
網　　址：https://www.wunan.com.tw
電子郵件：wunan@wunan.com.tw
劃撥帳號：01068953
戶　　名：五南圖書出版股份有限公司

法律顧問　林勝安律師

出版日期　2024年5月初版一刷
　　　　　2025年2月二版一刷
定　　價　新臺幣480元